U0109774

民國歷史與文化研究

十九編

第 **2** 冊

民國時期「教授治校」之研究（下）

戚 文 闖 著

花木蘭文化事業有限公司

國家圖書館出版品預行編目資料

民國時期「教授治校」之研究（下）／戚文闓 著 -- 初版 --
新北市：花木蘭文化事業有限公司，2024〔民113〕
目 4+238 面；19×26 公分
（民國歷史與文化研究 十九編；第2冊）
ISBN 978-626-344-787-5（精裝）
1.CST：大學自治 2.CST：中國
628.08　　　　　　　　　　　　　　　　113009356

ISBN-978-626-344-787-5

9 786263 447875

民國歷史與文化研究
十九編 第二冊　　　　　　ISBN：978-626-344-787-5

民國時期「教授治校」之研究（下）

作　　者　戚文闓
總 編 輯　杜潔祥
副總編輯　楊嘉樂
編輯主任　許郁翎
編　　輯　潘玟靜、蔡正宣　美術編輯　陳逸婷
出　　版　花木蘭文化事業有限公司
發 行 人　高小娟
聯絡地址　235　新北市中和區中安街七二號十三樓
　　　　　電話：02-2923-1455／傳真：02-2923-1452
網　　址　http://www.huamulan.tw 信箱 service@huamulans.com
印　　刷　普羅文化出版廣告事業
初　　版　2024 年 9 月
定　　價　十九編 6 冊（精裝）新台幣 16,000 元
版權所有 · 請勿翻印

民國時期「教授治校」之研究（下）

戚文闓　著

目

次

下　冊

第三章 實行「教授治校」的代表性大學

　　第二章在論述民國時期「教授治校」的階段演進時，已經分析了一些大學實行「教授治校」的情況，但為了行文章節結構考慮，也略過了清華大學、西南聯大等典型代表性大學。為了更深入理解「教授治校」的內涵，以及在各階段的運作機制、發展特點和存在的一些問題，本章特別選取各時期五所具有代表性的大學，予以細緻深入地考察。即創制期（1912～1920）的北京大學、發展期（1921～1928）的國立東南大學、擠壓期（1929～1945）的清華大學和國立西南聯合大學、復興期（1946～1949）的國立中央大學。雖然東南大學與中央大學是前後相繼的同一所大學，但由於所處發展階段、時代背景的差異，「教授治校」在體制結構形式上存在很大差異。

　　北大在蔡元培的主持下，通過借鑒德國大學理念和模式，建構起了以評議會、各科教授會為基本架構的民主治校體制，是創制期推行德國模式的典型代表。東南大學則借鑒美國模式，率先在國立大學引入董事會制，並在校內設立了評議會、教授會、行政委員會等組織機構，因呼應了政府、大學拓展經費來源渠道和教育民主化的現實訴求，而掀起了一股潮流，是發展期的典型代表。但如何平衡和配置董事會與校內評議會、教授會之間的權力，成了東大的難題。後期隨著董事會權力的不斷擴張，嚴重破壞了「教授治校」原則，引發了諸多矛盾和問題，最終董事會被廢除，後期的清華也是如此。

　　清華大學在繼承美國模式的基礎上，經過多年「教授治校」的實踐探索和在內外勢力壓制干預的影響下，至 20 世紀 30 年代初走出了一條適合自身發展

的本土化模式，廢除了掣肘「教授治校」發揮的董事會，形成以評議會、教授會和校務會議為核心的體制結構，並在梅貽琦出任清華校長後，進入黃金發展期。西南聯大則在繼承清華模式的基礎上，有所損益變革。而中央大學的「教授治校」則是在全國解放前夕的特殊環境之下形成的，猶如曇花一現，代表了復興期各校實行「教授治校」的發展特點，即教授會作為全校最高的權力機關，由其推選出教授代表組成各類事務委員會，處理日常校務管理。以上五所大學較好地反映了「教授治校」在不同階段的發展特點及出現的一些問題。

第一節　北京大學的「教授治校」(1917～1927)

北大的「教授治校」是在校長蔡元培的主導下建立的，最初目的是要匡正腐敗的校風，革除專制弊政。北大的前身是京師大學堂，校務管理均秉承總監督意志行事，官僚氣息濃重。民國建立後，政府要求學堂改為學校。1912 年 5 月，京師大學堂改為北京大學校，是當時唯一的國立大學，大學堂總監督也改稱為校長，總理校務，嚴復為首任校長。〔註1〕袁世凱上臺後，復古逆流衝擊著教育界，衙門作風和官僚習氣籠罩著北大，「一切校務都由校長與學監主任、庶務主任少數人辦理」，學長、教員根本無權過問。〔註2〕

多數教師也不以學術研究為職責，反以鑽營仕途為己任，不學無術者不乏其人。不少學生也將上大學作為陞官發財的階梯，校內彌漫著沉悶的氣氛。而且北大自 1912 年 10 月嚴復辭職後，在此後的四年裏，校長更迭頻繁，教育部先後任命章士釗（因事未到任，由馬良代理）、何燏時、胡仁源為北大校長。〔註3〕校長頻繁更換，致使一些政策難以穩定持久，改革北大更是無從

〔註1〕《為北京大學堂改稱並推薦嚴復任校長呈》（1912 年 5 月 3 日），高平叔編：《蔡元培教育論著選》，人民教育出版社，2017 年，第 11 頁。

〔註2〕《二十日之大會紀事：蔡校長訓詞》，《北京大學日刊》第 443 號，1919 年 9 月 22 日，第 2 版。

〔註3〕顧頡剛對這幾位北大校長的去職情況有所闡述：「教育部曾請嚴復來當校長，他怕事煩不幹；繼請章士釗當校長，他又因自己年輕，怕對付不了一班老教授，也不幹。後來請了浙江的數學家何燏時來當校長，他幹了不到一年，就被風潮趕跑了。此後一直由工科學長胡仁源代理校長，沙灘的紅樓就是由他計劃建造起來的。1916 年冬，北洋政府教育總長范源濂聘請蔡元培先生回國任北京大學校長。」參見顧頡剛：《蔡元培先生與五四運動》，鍾叔河、朱純編：《過去的大學》，同心出版社，2011 年，第 31 頁。蔡元培也提到：「北京大學的名稱，是從民國元年起的；民元以前，名為京師大學堂……政府任嚴幼陵君為北京大學校長。兩年後，嚴君辭職，改任馬相伯君。不久，馬君又辭，改任

談起。

　　1916 年，袁世凱死後，黎元洪繼任大總統，社會風氣有所改觀，教育總長范源濂提議由蔡元培出任北大校長。〔註4〕並專程給身在法國的蔡元培發電報，促其早日回國。〔註5〕因北大官僚習氣根深蒂固，弊病迭出，好友中勸蔡不要就職者頗多，「說北大太腐敗，進去了，若不能整頓，反於自己的聲名有礙」。〔註6〕但蔡心意已決，在寫給吳稚暉的信中表示，北大「雖聲名狼藉，然改良之策，亦未嘗不可一試，故允為擔任」。〔註7〕蔡元培所提之「改良之策」，主要是指德國大學的治理經驗，「教授治校」就是其中的重要一環。1917 年 1月，蔡元培正式上任後，即著手對北大進行大刀闊斧的改革，並將《大學令》中的相關規定予以落實。

一、北大「教授治校」的初步創立

　　北大「教授治校」的建立和完善過程，大致以五四運動為界，分為前後兩個階段：第一個階段是在五四之前，設立評議會、教授會及制定相關細則，為「教授治校」的初步創立和推行階段，也是蔡元培真正落實《大學令》相關規定的時期。第二個階段是在五四運動後，北大結合學校發展實際，又相繼設立了行政會議、教務會議、總務處等機構，為進一步健全完善和全面實施「教授治校」階段，在 1920 年基本完成建制。〔註8〕這種體制結構一直維持至 1927 年奉系軍閥攫取北京政權，將北大與北京其他國立高校合併為京師

　　　　何錫侯君，不久又辭，乃以工科學長胡次珊君代理。」參見蔡元培：《我在北京大學的經歷》，《東方雜誌》第 31 卷第 1 期，1934 年 1 月 1 日，第 5 頁。

〔註 4〕范源濂與蔡元培頗有交情。范源濂曾對人說：「蔡先生很偉大，他到北大作校長，是我作教育部長時，民五冬天從歐洲請回的。民國元年我到教育部作次長卻是他邀請的。我和他是肝膽相期的朋友。」參見梁容若：《記范靜生先生》，歐陽哲生等編：《范源濂集》，湖南教育出版社，2010 年，第 652 頁。

〔註 5〕范源濂：《致蔡元培電》（1916 年 9 月 1 日），歐陽哲生等編：《范源濂集》，湖南教育出版社，2010 年，第 337 頁。

〔註 6〕蔡元培：《我在北京大學的經歷》，《東方雜誌》第 31 卷第 1 期，1934 年 1 月 1日，第 5 頁。

〔註 7〕《復吳稚暉函》（1917 年 1 月 18 日），高平叔、王世儒編：《蔡元培書信集》上冊，浙江教育出版社，2000 年，第 286 頁。

〔註 8〕1920 年 9 月 9 日，北大公布《國立北京大學現行章程》，以評議會、各科教授會、行政會議、教務會議和總務處為主體的體制結構趨於完善，此後至 1927年間，在內部組織結構上並無變化。1924 年，北洋政府頒布《國立大學校條例》，規定國立大學得設董事會，北大拒絕設立董事會，並通過教授的抗爭迫使政府承認了北大體制。

大學校之前。

　　為了打破北大傳統集權式的管理格局，1917 年 3 月，蔡元培首先主持成立了新一屆評議會，作為全校最高的立法和權力機構，會員由教授互選產生，〔註 9〕讓教授代表參與議決學校重要事宜。並制定了《評議會規則》，對評議會的組成人員、職能權限作了具體規定。評議會由校長、學長和各科教授代表（每科二人，自行互選）組成，教授代表占絕對多數。職權也相當廣泛，討論和審議各學科的設立及廢止，講座種類，大學內部規則，學生風紀事項，審查大學學生成績及學位授予，以及教育總長及校長諮詢事件等。〔註 10〕可見，北大的《評議會規則》基本繼承了《大學令》中的相關內容，並有所補充。

　　北大隨後將制定的《評議會規則》和當選會員的履歷報請教育部備案，並附上說明，強調 1915 年胡仁源任校長時設立的評議會，「已逾改選之期」，而且「舊選各員且有離校著，欲實行集會，不得不改選一次」，故決定成立新的評議會，「依法改選十人為會員」。〔註 11〕評議會是北大「教授治校」精神理念的核心所在，為此後的校內改革打開了新局面。在北大任教的馬敘倫也指出：「評議會是北大首先倡辦的，也就是教授治校的計劃，凡是學校的大事，都得經過評議會，尤其是聘任教授和預算兩項。聘任教授有一個聘任委員會，經過委員會審查，評議會通過，校長也無法干涉。教授治校的精神就在這裡。」〔註 12〕

　　評議會能否真正保障教授在校務管理中擁有決策權，可以從評議會的組成人員比例來觀察，以下以 1917 年首屆評議會為例，見下表：

表 3-1　1917 年北大首屆評議會人員一覽表

資　格	校　長	學　長			
科別		文科	理科	法科	工科
本預科別					
評議員姓名	蔡元培	陳獨秀	夏元瑮	王建祖	溫宗禹

〔註 9〕蔣夢麟：《西潮・新潮：蔣夢麟回憶錄》，新星出版社，2016 年，第 111 頁。
〔註 10〕《北京大學評議會規則》（1917 年），中國蔡元培研究會編：《蔡元培全集》第 18 卷，浙江教育出版社，1998 年，第 228～229 頁。
〔註 11〕《指令北京大學該校評議會簡章及會員履歷準備案文》（民國六年四月十一日），王學珍、郭建榮主編：《北京大學史料》第 2 卷上冊，北京大學出版社，2000 年，第 132 頁。
〔註 12〕馬敘倫：《馬敘倫自述》，中國大百科全書出版社，2012 年，第 48 頁。

資　格	教　員						
科別	文科		理科		法科		工科
本預科別	本科	預科	本科	預科	本科	預科	本科
評議員姓名	胡適、章士釗	沈尹默、周思敬	秦汾、俞同奎	張大椿、胡濬濟	陶履恭、黃振聲	朱錫齡、韓述組	孫瑞林、陳世璋

資料來源：《本校評議會本年評議員一覽表》，國立北京大學編：《國立北京大學廿週年紀念冊》，北京大學廿週年紀念冊編輯處發行，1917 年，附表第 1 頁。

　　從上表可知，該屆評議會共有評議員 19 人，除校長及文、理、法、工四科學長等 5 人為當然會員外，其餘文、理、法、工四科互選教授代表則有 14人，占評議員總數的 73%。而評議會在議決各類事項時，遵循少數服從多數的民主原則，教授評議員因佔據絕對多數，從而保障了在校務決策中的主導地位。

　　因為評議會只能允許少數推選的教授代表參加，為了讓更多教授參與校務和各科事務的決策管理，北大又組織成立了學科教授會。1917 年 12 月 8日，評議會召開會議，議決通過了《學科教授會組織法》，規定：「本校各科各門之重要學科，各自合為一部。每部設一教授會。其附屬各學科，或以類附屬諸部，或各依學科之關係互相聯合，組合成部。每一合部，設一教授會。」職權為：「（1）討論議決本部之教授法良否；（2）本部教科書之採擇；（3）參與討論本部學科之增設及廢止；（4）本部應用書籍及儀器之添置。」同時每部設主任一人，任期二年，由「本部會員投票選舉」產生，教授會的成員除了教授外，還包括講師、外國教員。〔註13〕參會成員的廣泛性也保證了各科教授會管理決策的民主性、科學性。

　　教授會的設立得到了胡適等留學歐美教授的大力支持，胡適在寫給母親的信中提到：「大學現擬分部組織教授會，適亦為創此議之人，故非將此事辦妥，不能久離京也。」〔註14〕12 月 11 日，英文部和數學部教授會率先成立，經過教授會選舉，胡適和秦汾分別當選英文、數學門教授會主任。以下從數學、英文兩科教授會的第一次會議記事中，觀察其具體職權。數學門教授會於 12 月 11 日下午四時召開首次會議，秦汾、馮祖荀、王仁輔、羅惠僑、胡濬

〔註13〕《學科教授會組織法》，《北京大學日刊》第 22 號，1917 年 12 月 11 日，第 1版。
〔註14〕胡適：《胡適家書》，北京理工大學出版社，2015 年，第 147 頁。

濟、李祖鴻和石鴻翥七位教員參加，大會首先投票選舉出教授會主任，秦汾以
5 票當選，馮祖荀、李祖鴻各得 1 票；隨後各參會人員相繼發言，討論教科書
選用、授課時間和分班等具體問題。〔註15〕英文門教授會於 11 日夜裏七時在
校長室召開成立大會，十九位教員參會，大會也以投票的方式選舉出主任，胡
適以 10 票當選；隨後又討論「本部教科書之良否，及研究會暫定之本科課程
表」，第二學期預科教科書的採定等問題。〔註16〕可見，教授會的職責主要是
規劃和管理本系的教學工作，保障教授對本學科學術事務的決策權，也參與討
論學科的增設及廢止、本部應用書籍及儀器的添置等行政性事務。

　　自 1918 年 1 月起，北大其他學門也相繼成立了學門教授會，1919 年北大
廢門改系後，又相應改稱為各學系教授會。新成立的教授會經過投票，選舉出
了各學門教授會主任。〔註17〕教授會主任在協調各學科事務管理及與校長、學
長商討學校發展規劃等方面，發揮了重要作用。學長制被廢除後，文理科各
學系教授會及主任聯合組成文、理科教務處，辦理全校教務事宜，並選出馬寅
初為第一任教務長，「凡關於一學系之事，由本系教授會處理之；其有全校之
事，每週由教務長召集各教授會主任會議以決行之」。〔註18〕

　　經過蔡元培對北大管理體制、師資隊伍等方面的整頓與改革，至 1918 年 8
月紅樓〔註19〕落成之時，學校規模進一步發展。據統計，全校教員總數達 217

〔註15〕《數學教授會第一次會議記事》，《北京大學日刊》第 24 號，1917 年 12 月 13
　　　　日，第 2 版。
〔註16〕《英文部教授會成立紀事》，《北京大學日刊》第 24 號，1917 年 12 月 13 日，
　　　　第 2～3 版。
〔註17〕自 1917 年底北大相繼成立了英文、數學、國文、哲學、法文、德文、法律、
　　　　經濟、政治、化學、物理共 11 個學門教授會。經過各學門教授會選舉，英文
　　　　門教授會主任為胡適，數學門教授會主任為秦汾，國文門教授會主任為沈尹
　　　　默，哲學門教授會主任為陶履恭，法文門教授會主任為賀之才，德文門教授會
　　　　主任為顧孟餘，法律門教授會主任為周家彥，經濟（包括商業）門教授會主任
　　　　為馬寅初，政治門教授會主任為陶履恭，化學門教授會主任為俞同奎，物理門
　　　　教授會主任為何育傑。其後又成立了地質門教授會，主任為何傑；中國史學門
　　　　教授會主任為康心孚。參見王玉生：《蔡元培大學教育思想論綱》，光明日報出
　　　　版社，2007 年，第 227 頁。
〔註18〕《北京大學改組案提前實行》，《申報》，1919 年 4 月 12 日，第 7 版。
〔註19〕紅樓於 1918 年 8 月建成，呈工字形，因通體用紅磚、紅瓦砌築而得名，地上
　　　　4 層，地下 1 層。第一層為圖書館，第二層為教室和校部，第三、四層是教室，
　　　　地下室則為印刷廠，紅樓建成後，以其獨特的西式樓房風格，成為北大的標誌
　　　　和象徵。參見中共中央黨史研究室科研管理部編：《全國重要革命遺址通覽》
　　　　第 1 冊，中共黨史出版社，2013 年，第 6 頁。

人，其中教授有 90 人，且全校教授的平均年齡只有 30 歲，多數傾向革新、學識豐富；學生總數達 1980 人，其中研究生 148 人，北大也成為「全國規模最大的一所高等學校」。〔註20〕作為親歷者的馮友蘭（1915 年至 1919 年間在北大哲學系讀書）也指出：「從 1917 年到 1919 年僅僅兩年多時間，蔡先生就把北大從一個官僚養成所變為名副其實的最高學府。」〔註21〕

　　1919 年，五四運動爆發後，蔡元培對於北大學生參與示威遊行，火燒趙家樓、毆打章宗祥之舉甚為不滿，後又聽聞北洋政府有意任命胡仁源〔註22〕為北大校長，遂以「此次大學校學生，因愛國之故，激而為騷擾之舉動，元培實尸其咎」為由，〔註23〕提出辭職。但當學生被捕後，蔡元培又「完全站在學生方面，抗拒各種摧殘學生的壓力，對於釋放學生一事，奔走尤力」。〔註24〕在蔡元培離職期間，評議會與教授會於 5 月 13 日召開聯席會議，討論「挽蔡」及維持校務事宜，會議議決「由評議會、教授會各舉出委員三人」組成委員會，襄同蔡元培委託的理科學長溫宗禹維持校務。評議會選出法科學長王彥祖和張大椿、胡適兩位教授為代表，教授會選出黃右昌、俞同奎、沈尹默三人為代表，但如遇到「較重大之事務，仍由兩會開臨時會議議決施行」。〔註25〕北大並未因校長蔡元培的離開而動搖，「教授治校」初見成效。

二、北大「教授治校」的健全與完善

　　經過五四運動的刺激之後，蔡元培決意進一步健全和完善「教授治校」，〔註26〕以便更好地維護學校的發展穩定。1919 年 9 月，蔡元培返校後，在全

〔註20〕蕭超然、沙健孫等編：《北京大學校史（1898～1949）》，北京大學出版社，1988年，第 68 頁。

〔註21〕馮友蘭：《三松堂全集》第 14 卷，河南人民出版社，2000 年，第 217～218 頁。

〔註22〕1919 年 6 月 6 日，北洋政府正式任命胡仁源為北京大學校長，但此舉遭到北大教授和學生的一致反對，後又發布免職令。參見《總統令任命胡仁源署北京大學校長》，《申報》，1919 年 6 月 8 日，第 4 版。

〔註23〕何作霖：《我在北京親歷「五四」運動的一些回憶》，廣東省政協文化和文史資料委員會編：《廣東文史資料精編》下編‧第 1 卷（民國時期政治篇）下冊，中國文史出版社，2008 年，第 547 頁。

〔註24〕張國燾：《我的回憶》上冊，東方出版社，2004 年，第 46 頁。

〔註25〕《評議會、教授會聯合布告》，《北京大學日刊》第 378 號，1919 年 5 月 15日，第 2 版。

〔註26〕蔡元培在 1923 年發表的一篇文章中提到：「五四風潮以後，我鑒於為一個校長去留的問題，生了許多枝節，我雖然抱了必退的決心，終不願為一人的緣故，牽動學校，所以近幾年來，在校中設立各種機關，完全倚幾位教授為中堅，決

體學生歡迎會上發表的演說中表示：「德國大學學長、校長均每年一換，由教授會公舉；校長且由神學、醫學、法學、哲學四科之教授輪值；從未生過糾紛，完全是『教授治校』的成績。北大此後亦當組成健全的教授會，使學校決不因校長一人的去留而起恐慌。」〔註27〕進一步健全和完善北大「教授治校」體制，成了蔡元培返校後的首要任務。

（一）評議會規則的修正

為進一步規範評議員的選舉辦法，1919年10月21日，評議會議決通過了《評議會選舉法》，主要有兩點：「（1）不分科亦不分系，但綜合全校教授總數互選五分之一。（2）此外加入教務長，庶務主任，圖書館主任，儀器室主任，但無表決權。」〔註28〕雖然增加了部分行政人員，但僅有參與議事之權，並無表決權，人員的增加也有利於決策的民主化、科學化。選舉法對參會教授代表的人數作了規定，且不分科系，也保障了弱勢學科教授在評議會中的發言權。自此之後，評議會會員由全體教授互選產生，約每5人中推舉1人。當時北大教授約80餘人，推舉的評議員維持在17人左右，教授代表佔據絕對優勢，「凡校中章程規律，均須經評議會通過」。〔註29〕

1920年4月1日，北大召開評議會討論通過了評議員陳百年針對原《評議會規則》存在的缺陷而提出的修正案。〔註30〕修正案的通過是使得「評議內容更加全面和具體，立法內容也更為廣泛和權威」。〔註31〕評議會的職能也得以具體規範，如將審議學生風紀事項、審查學生成績及學位事項的權力下放到教務會議，推動了評議會工作的制度化和規範化。《評議會規則修正案》在調整原先職能的同時，也進一步擴大了評議會的職權，校內各機關的設置與廢立、財政、人事任命等事宜也須經評議會審議。具體職權變更見下表：

不至因校長問題發生什麼危險了。」參見蔡元培：《關於不合作宣言》，高平叔編：《蔡元培教育論著選》，人民教育出版社，2017年，第482頁。

〔註27〕蔡元培：《我在北京大學的經歷》，《東方雜誌》第31卷第1期，1934年1月1日，第5頁。

〔註28〕吳虞：《吳虞日記》上冊，四川人民出版社，1984年，第648頁。

〔註29〕蔣夢麟：《過渡時代之思想與教育》，商務印書館，1933年，第460頁。

〔註30〕《北京大學評議會記錄（五）》（1920年4月1日），中國蔡元培研究會編：《蔡元培全集》第18卷，浙江教育出版社，1998年，第321～323頁。

〔註31〕王玉生：《蔡元培大學教育思想新探》，電子科技大學出版社，2014年，第221頁。

表3-2 「五四」前後北大評議會職權的變更

《評議會規則》（1917年）	《評議會規則修正案》（1920年）
各學科之設立及廢止	各學系之設立、廢止及變更
講座之種類	校內各機關之設立、廢止及變更
大學內部規則	各種規則
關於學生風紀事項	各行政委員之委任
審查大學學生成績及請授學位者之合格與否	本校預算
教育總長及校長諮詢事件	教育總長及校長諮詢事件
凡關於高等教育事項將建議於教育總長者	凡關於高等教育事項將建議於教育部者
	關於校內其他重要事項

資料來源：依據《規程一覽：評議會規則》，國立北京大學編：《國立北京大學廿週年紀念冊》，北京大學廿週年紀念冊編輯處發行，1917年，第13～14頁；《北京大學評議會記錄（五）》（1920年4月1日），中國蔡元培研究會編：《蔡元培全集》第18卷，浙江教育出版社，1998年，第321～323頁整理而成。

按照蔡元培原先的構想，北大在設立評議會、學科教授會之後，將來要組織行政會議，把教務之外的事務，均採取合議制，依據事務性質，組織各專門委員會來處理各類事務。〔註32〕北大體制的後續改革、健全也基本沿此思路進行。此時蔡元培提出行政、教務等事務分權的設想，很大程度上是受了蔣夢麟等留美教員的影響，〔註33〕充分反映了美國大學分權管理的理念。蔣夢麟獲得過哥倫比亞大學教育學博士學位，對美國教育制度十分熟悉，1919年初，蔣夢麟被聘為北京大學教育系教授後，便積極參與到北大的體制改革中。

（二）行政機構的設立

1919年12月9日，北大召開評議會臨時會議，由蔡元培提出的預算委員會、審計委員會、聘任委員會等9個行政委員會名單獲得通過。〔註34〕各專門委員會操一部分行政之權，分管所屬行政事務，委員由校長從教員中推舉，但

〔註32〕《二十日之大會紀事：蔡校長訓詞》，《北京大學日刊》第443號，1919年9月22日，第2版。

〔註33〕蔡元培在發表的《我在北京大學的經歷》一文中，就指出在蔣夢麟來北大任職之後，即請蔣組織「設立教務、總務兩處，及聘任財務等委員會，均以教授為會員」。參加蔡元培：《我在北京大學的經歷》，《東方雜誌》第31卷第1期，1934年1月1日，第12頁。

〔註34〕《北京大學評議會記錄（三）》（1919年12月9日），中國蔡元培研究會編：《蔡元培全集》第18卷，浙江教育出版社，1998年，第309～310頁。

須徵得評議會通過,「每委員會人數自五人至九人設委員長一人,由校長於委員中推舉之,以教授為限」,任期一年。〔註35〕為了審查及督促各行政委員會及各事務機關的工作,北大又設立了行政會議,由各行政委員會委員長組成,作為全校最高的行政機構和評議會決議事項的執行機構。

1920 年 9 月 9 日,北大評議會召開特別會議,通過了《國立北京大學現行章程》和《行政會議規則》,進一步調整和規範了行政會議、各行政委員會等機構的職責。〔註36〕行政會議的成員主要以教授為限,由校長及各行政委員會委員長、總務長組成,負責執行評議會的議決事項,及以下事項:「(1)規劃本校行政事宜,建議於評議會。(2)審查及督促各行政委員會及各事務之機關之任務。(3)評議各行政委員會相關或爭執之事件。(4)審查各行政委員會及各事務機關之章則。」〔註37〕行政會議及各行政委員會均採取合議制,按照少數服從多數的原則實行集體決策,有效防止了個別人獨斷專制,也能集思廣益科學民主決策。

各行政委員會及行政會議的設立是北大健全「教授治校」體制最為重要的一步。如其中的聘任委員會,職能就在於「審查各方面薦來教職員之資格」,〔註38〕掌握著擬聘和續聘教師的聘任權,關係到一校新任教師的准入,故其成員一般由北大各科系中學術、聲望和資歷上較高的教授擔任。〔註39〕聘任委員會以集體商議的方式聘請教師,也改變了以往由校長一人掌控教師聘任的局面,保證了學校任用的教職員,「決不以校長一人為進退,更不應該以校長感情意氣為去留」。〔註40〕而且委員會成員由各系的教授、學術精英組成,易能較好地甄別和吸收擬聘教師,有利於學校和學科的發展。蔣夢麟也曾言:

〔註35〕 野雲:《北京大學之新組織》,《申報》,1919 年 12 月 10 日,第 6 版。

〔註36〕 《北京大學評議會記錄(九)》(1920 年 9 月 9 日),中國蔡元培研究會編:《蔡元培全集》第 18 卷,浙江教育出版社,1998 年,第 349～352 頁。

〔註37〕 《北京大學行政會議規則(修正案)》(1920 年 9 月 18 日),中國蔡元培研究會編:《蔡元培全集》第 18 卷,浙江教育出版社,1998 年,第 358 頁。

〔註38〕 《學事一束:北京大學新組織》,《教育雜誌》第 12 卷第 4 期,1920 年 4 月 20 日,第 5 頁。

〔註39〕 以 1923 年北大聘任委員會的成員為例,其成員有:陳大齊(哲學系教授)、王星拱(化學系教授)、胡適(英國文學系教授)、何育傑(物理系教授)、顧孟餘(經濟學系教授)、王世杰(法律學系教授)、沈兼士(中國文學系教授)。參見李艷莉:《崇高與平凡──民國時期大學教師日常生活研究(1912～1937)》福建教育出版社,2017 年,第 53 頁。

〔註40〕 經亨頤:《教師專任問題》(1922 年 3 月),張彬等編:《經亨頤集》,浙江大學出版社,2011 年,第 153 頁。

「評議會有權制訂各項規程，授予學位，並維持學生風紀。各行政委員會則負責行政工作。北大於是走上教授治校的道路。學術自由、教授治校，以及無畏地追求真理，成為治校的準則。」〔註41〕

（三）教務、事務機構的設立

為了溝通文、理科的界限，提高教學水平和培養綜合性優秀人才，北大廢除了學長制，而設立了教務會議和教務處，專門負責學校的教學管理事務。

教務會議以教務長及各學系主任組成，協助校長規劃教務和督促進行，具體職權為：「（1）增減及支配各學系之課程。（2）增設或廢止學系，建議於評議會。（3）薦舉贈予學位之候補人於評議會。（4）關於其他教務上之事件。」〔註42〕教務處仍由教務長與各學系主任組成，為執行教務機構。教務長由各學系主任互選產生，任期為一年，但可以續任。各學系主任則由各本學系教授會教授互選，任期二年，也可以續任。〔註43〕

教務會議的參會人員由教務長和各學系主任組成，克服了原先各科各自為政的混亂狀態，實現了學校教務的統一規劃管理。而教務長一般由學術聲望高的教授擔任，如第一任教務長為馬寅初，其後有顧孟餘、胡適、蔣夢麟等人擔任；各學系主任也由本學系的教授擔任，並由教授會選舉產生（學系如若僅有教授一人者，即為主任；二人者，按期輪值，以先入學者為始；三人以上互選），〔註44〕充分體現了民主治校的精神。

為了保證全校人事、財務及其他事務的順利進行，北大又設立了總務處。按照《國立北京大學現行章程》中的規定，總務處管理全校事務，「設總務長一人，總掌事務，總務委員若干人，分掌各部事務」；總務長由校長在總務委員中委任，「以教授為限（不得由教務長兼任），任期二年，但得續任一次」；總務委員也由校長委任，教授兼任，任期三年，可以續任。〔註45〕總務長、總務委員皆由教授專任或兼任，也體現了「教授治校」的原則理念。

〔註41〕蔣夢麟：《西潮・新潮：蔣夢麟回憶錄》，新星出版社，2016年，第111頁。

〔註42〕《北京大學教務會議規則（修正案）》（1920年9月18日），中國蔡元培研究會編：《蔡元培全集》第18卷，浙江教育出版社，1998年，第359頁。

〔註43〕《國立北京大學現行章程》（1920年9月9日），中國蔡元培研究會編：《蔡元培全集》第18卷，浙江教育出版社，1998年，第351～352頁。

〔註44〕野雲：《北京大學之新組織》，《申報》，1919年12月10日，第7版。

〔註45〕《國立北京大學現行章程》（1920年9月9日），中國蔡元培研究會編：《蔡元培全集》第18卷，浙江教育出版社，1998年，第352～353頁。

圖 3-1　蔡元培時期北京大學的教學行政組織結構圖

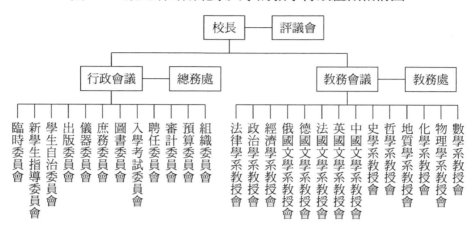

資料來源：吳惠齡、李譽編：《北京高等教育史料》第一集（近現代部分），北京師範
　　　　　學院出版社，1992 年，第 11 頁。

　　至此，北大確立了層次分明、結構相對完善的「教授治校」體制。評議會
司立法和決策，為全校最高的立法機構和權力機構；行政會議為全校最高的行
政執行機構，執行評議會通過的決議，成員以教授為限；教務會議則統一領導
全校的教務管理工作；總務處主管全校的人事、財務等事務工作；各學系教授
會則負責規劃本學系的教學管理工作。各機構貫徹「教授治校」的原則理念，
分工明確，各司其職，推動了北大向現代化大學轉型。

三、北大「教授治校」確立的因素及特點

（一）北大建立「教授治校」的影響因素

　　就外部因素而言，北大「教授治校」的開創與成功確立，符合民初頒布的
《大學令》等教育法規，因而有法可依，為其順利推行減少了諸多阻力。如
1912 年教育部頒布的《大學令》，規定大學須設立評議會和各科教授會。1917
年頒布的《修正大學令》也同樣規定大學設評議會，由各科學長及教授互選若
干代表組成。《修正大學令》雖然沒有規定設教授會的內容，但《修正大學令》
頒行後，原有《大學令》並行不悖。〔註46〕因而，各校所設各科教授會仍可繼
續存在。1924 年教育部頒行的《國立大學校條例》中，也明確規定國立大學
設評議會、教授會等組織。以上教育法令的頒行，客觀上為北大「教授治校」

〔註46〕《教育部公布修正大學令》（1917 年 9 月 27 日），潘懋元、劉海峰編：《中國近
　　　　代教育史資料彙編‧高等教育》，上海教育出版社，2007 年，第 381～382 頁。

的推行提供了法律保障和參照範本。

　　但最主要的因素則在於校內校長、教授群體的支持和推動。其中校長蔡元培的主導參與和改造北大的魄力，發揮了關鍵性作用。有人將北大建立的「教授治校」制比作「虛君共和」制，〔註47〕而實行「虛君共和」制的前提和關鍵就在於「虛君」——蔡元培。北大「自上而下」的校務體制改革的順利進行，「教授治校」的成功確立，皆與蔡元培發揮首創作用及其治校理念、人格魅力和開明民主的作風等個人因素密不可分。

　　首先，蔡元培曾遊學歐洲德、法等國，並在德國萊比錫大學留學多年，耳濡目染德國大學的治理模式，深受19世紀初建立柏林大學的洪堡等德國教育家的影響，〔註48〕認為「歐洲各國高等教育之編制，以德意志為最善」。〔註49〕而在此時期，當時的歐美、日本等國的大學也都在仿傚德國大學模式。「20世紀初的世界主要大學，帶有大約一個世紀之前的德國思想家所傳播、並在19世紀的德國大學體現出來的大學的思想印記。德國大學的知識成就及在德國和全世界的聲譽之隆，達到了頂點。」〔註50〕歐美、日本等國基於德國模式而建立的研究型大學也如雨後春筍般湧現。而德國大學的重要傳統便是「教授治校」，「德國各大學，或國立，或市立，而其行政權集中於大學之評議會。評議會由校長、大學法官、各科學長與一部分教授組成之。校長及學長，由評議會選舉，一年一任。」〔註51〕面對北洋時期複雜動盪的時局，蔡元培也決意通過建立「教授治校」制來維護學校的穩定和獨立，「使學校決不因校長一人的去留而起恐慌」。〔註52〕

　　其次，蔡元培為清末翰林、民國元老，且學識淵博，在教育界享有很高的地位，可謂德高望重，深得師生信服，故能調和各派、統領全校。某種程度

〔註47〕石鍾揚：《一個時代的路標：蔡元培‧陳獨秀‧胡適》，陝西人民出版社，2013年，第70頁。

〔註48〕羅久芳：《我的父親羅家倫》，商務印書館，2013年，第53頁。文中的「馮波德（Wilhelm Von Humholdt）」，現在多翻譯為「洪堡」。

〔註49〕蔡元培：《大學改制之事實及理由》，《教育雜誌》第9卷第10期，1917年10月，第25頁。

〔註50〕（美）愛德華‧希爾斯：《學術的秩序——當代大學論文集》，李家永譯，商務印書館，2007年，第52頁。

〔註51〕蔡元培：《大學教育》，高平叔編：《蔡元培教育論著選》，人民教育出版社，2017年，第606頁。

〔註52〕蔡元培：《我在北京大學的經歷》，《東方雜誌》第31卷第1期，1934年1月1日，第11～12頁。

上，蔡元培類似於馬克斯·韋伯所說的「卡里斯馬」型人物，此類人具有「超自然、超人或至少是特別卓越的人格力量」。〔註53〕蔣夢麟評價蔡元培是集中西「兩大文化於一身，其量足以容之，其德足以化之，其學足以當之，其才足以擇之」；且在其主持北大期間，「凡持之有故，言之成理者，悉聽其自由發展」，〔註54〕故而贏得了各派教授的認同和支持。甚至「舊派」教授中狂放不羈的黃侃也對其十分欽佩，曾言：「余與蔡子民志不同，道不合，然蔡去，余亦決不願留，因環顧中國，除蔡子民外，亦無能用余之人。」〔註55〕正如北大教授顧孟餘所言：「此制度之精神，在以教授治理校務，用民治制度，決定政策，以分工方法，處理各種興革事業。然非校長之清公雅量，則此制度不克成立，非師生絕對信賴校長，此制度不易推行也。」〔註56〕

從蔡元培的角度而言，北大實行「教授治校」亦是其善於用人、無為而治的一種治術。胡適曾說：「蔡先生能充分信用他手下的人，每委人一事，他即付以全權，不再過問；遇有困難時，他卻挺身負其全責；若有成功，他每嘖嘖歸功於主任的人，然而外人每歸功於他老人家。因此，人每樂為之用，又樂為盡力。跡近無為，而實則盡人之才，此是做領袖的絕大本領。」〔註57〕也正因為蔡元培對手下的教師十分地信任和瞭解，所以才完全有理由賦予教師相當的自主權，「鼓勵他們自由發揮教學水平，參與學校重大事宜的決策，並且營造一個互動的、自由交流觀點和互相尊重的環境」。〔註58〕

最後，除了校長蔡元培發揮主導作用外，「教授治校」改變了過去由校長等少數人獨斷專制的格局，賦予了教授參與校務決策管理的權力，自然也受到教授群體的歡迎與支持。校內教授也積極參與其中，建言獻策，支持和完善北大「教授治校」。如胡適、秦汾等人積極組織各科教授會，率先成立英文門和數學門教授會。陳百年等人對《評議會規則》存在的缺陷，專門提出修正案，

〔註53〕（美）羅納德·L·約翰斯通：《社會中的宗教——一種宗教社會學》，袁亞愚、鍾玉英譯，四川人民出版社，2012年，第91頁。

〔註54〕蔣夢麟：《西潮·新潮：蔣夢麟回憶錄》，新星出版社，2016年，第277～278頁。

〔註55〕高平叔：《蔡元培年譜長編》第2卷，人民教育出版社，1999年，第208頁。

〔註56〕顧孟餘：《憶蔡子民先生》，《東方雜誌》第37卷第8期，1940年4月16日，第63～64頁。

〔註57〕胡適：《致羅隆基》，《胡適全集》第24卷，安徽教育出版社，2003年，第228頁。

〔註58〕（美）約翰·E·丘伯、泰力·M·默：《政治、市場和學校》，蔣衡等譯，教育科學出版社，2003年，第59頁。

並獲得通過，使得評議內容更加具體全面，立法內容也更具廣泛性和權威性。沈尹默也與蔡元培長談，讓其注意如若與北洋政府的政策相悖，時有被趕走之結果，故向蔡提議，為維護學校穩定，「與其集大權於一身，不如把大權交給教授，教授治校」。〔註59〕教授群體的普遍支持也是北大「教授治校」順利推行的重要因素。

（二）北大「教授治校」的特點

北大的「教授治校」主要借鑒了德國大學的治理模式，教授在大學的決策管理中起主導性作用，擁有對學校各項事務絕對的管理權。評議會作為最高權力機構，統籌管理學校行政、學術上的重要事宜；作為基層一級的各學門（系）教授會，負責各系事宜，不受他人干涉。北大還參照德國大學，設置了研究所和講座，研究所分為四門：國學、外國文學、社會科學和自然科學研究所，〔註60〕是師生共同交流的重要場所。各學系依照需要，「設講座教授若干人，以學科之名稱名之，例如中國文學史教授」，講座教授的聘任由校長提出，並經聘任委員會和評議會議決，並強調「寧存缺額，不求充數」。〔註61〕但北大也並非對德國模式生搬硬套，而是結合實際，損益變革，比如講座教授的權力不是很大，各學系教授會的組成人員，也並不像德國大學那樣僅局限於講座教授、正教授，而是講師、外國教員也皆為會員，保障了低銜教師在各科教學事務決策中的發言權，民主性更為廣泛。此外，依據大學法令，國立大學校長由教育部聘任，大總統任命，北大在現實環境下也只能遵守，難以如德國大學那樣，由評議會從教授中選舉校長。

同時，北大也一定程度上借鑒吸收了美國大學分權管理的經驗，以提高辦事效率。蔣夢麟曾將評議會、行政會議、教務會議和總務處等機構，稱作北大「本教授治校之宗旨」成立的四大新組織：「（一）評議會，司立法。（二）行政會議，司行政。（三）教務會議，司學術。（四）總務處，司事務。」〔註62〕1920 年 3 月，在《北京大學日刊》刊發的一篇文章中，也自豪地宣稱：「歐洲

〔註59〕沈尹默：《我與北大》，《文史資料選輯》編輯部：《文史資料精選》第 5 冊，中國文史出版社，1990 年，第 432 頁。
〔註60〕《1920 年研究所簡章》，朱有瓛主編：《中國近代學制史料》第 3 輯下冊，華東師範大學出版社，1992 年，第 68 頁。
〔註61〕《教授制大綱（草案）》（1922 年 2 月），中國蔡元培研究會編：《蔡元培全集》第 24 卷，浙江教育出版社，1997 年，第 553 頁。
〔註62〕蔣夢麟：《過渡時代之思想與教育》，商務印書館，1933 年，第 459 頁。

大學組織，有德模克拉西之精神而乏效能。美洲大學反之。北大合歐美兩洲大學之組織，使效能與德模克拉西並存，誠為世界大學中之最新組織。」〔註63〕評議會、行政會議、教務會議，以及各學系教授會的建立，使得大學的立法、行政和學術事務工作分割開來，形成一種權力分立、層級明晰的格局，體現了分權制下的民主參與和分權管理的理念。各機構成員均以教授為主體，且分工明確，各司其職，既有分權也有集權，各方既相對獨立，又互相聯繫、密切配合。評議會在體制中起立法和最高決策的作用，行政會議及其下級所設的各類委員會、教務會議、總務處等機構則起服務與輔助的作用，執行評議會的決議。

北大「教授治校」體制的確立，讓教授群體成為參與校政管理的主體，調動了這些學術人員的創造性和積極性，徹底改變了舊北大由校長、學監少數人專制獨斷之弊，推動了北大各項事業的快速發展。北大也成為提倡大學自治、學術自由的重要陣地和「全國最高的學府和新文化的領袖」。〔註64〕這種「教授治校」、無為而治的民主治校模式，也保障了北大在軍閥混戰、政局動盪的政治環境下，以及校長多次宣布辭職或遊學歐美期間，〔註65〕仍能保持獨立穩定、蓬勃發展。正如馬敘倫所說：「表面看來，校長只有『無為而治』，什麼權力好像都被剝奪了；但是，北大在連續幾年風波動盪裏面，能夠不被吞沒，全靠了他。」〔註66〕1922年12月，胡適在北大成立25週年紀念會上也指出，評議會、教授會等「組織上的變化」，使北大「從校長學長獨裁制變為『教授治校』制」，且具有以下三方面的影響：「（1）增加教員對於學校的興趣與情誼；（2）利用多方面的才智；（3）使學校的基礎穩固，不致因校長或學長的動搖而動搖全體」。〔註67〕胡適所提的以上三點，基本概括了「教授治校」對北大發展穩定的重要影響和意義。北大的這種體制一直維持至1927年奉系

〔註63〕《北京大學新組織》，《北京大學日刊》第562號，1920年3月15日，第3版。

〔註64〕何炳松：《三十五年來中國之大學教育》，莊俞、賀聖鼐編：《最近三十五年之中國教育》，商務印書館，1931年，第101頁。

〔註65〕蔡元培自1917年就任北大校長，至1927年離職，期間多次宣布辭職不在校或遊學歐美，他自己也曾言：「綜計我居北京大學校長的名義，十年有半；而實際在校辦事，不過五年有半。」參見蔡元培：《蔡元培自述》，中國言實出版社，2015年，第125頁。蔡元培在職而不在校期間，主要由蔣夢麟作為代理校長代為處理校務。

〔註66〕馬敘倫：《馬敘倫自述》，中國大百科全書出版社，2012年，第48頁。

〔註67〕胡適：《回顧與反省》，《胡適全集》第20卷，安徽教育出版社，2003年，第103頁。

軍閥掌權後，將北京國立高校合併為一所大學。南京國民政府建立後，提倡校長集權治校，強化對大學的實際控制，經蔣夢麟改造後，北大也轉變為「校長治校」制，至戰時與清華、南開組建西南聯大後，才又重新融入「教授治校」制。

第二節　國立東南大學的「教授治校」(1921～1928)

如果說北大建立的「教授治校」體制是以德國模式為藍本，那麼東南大學移植借鑒的則是美國模式。民國時期的教育家常導之也明確指出：「從前之北京大學，可說是粗有歐洲大學之規模；東南大學，則顯似以美國 College 為規模。」〔註68〕美國大學的特點表現為注重實用主義和服務地方社會，且無論公立，還是私立大學大多都設有董事會，作為聯繫地方社會和管理學校財政等事宜的機構。

20 世紀 20 年代初期，北洋軍閥各派為爭奪中央政權而互相征伐，戰爭不斷，教育經費被挪用作軍費成為常態。1921 年，新建立的國立東南大學（以下簡稱東大），為了解決經費短缺問題，尋求社會贊助，拓展經費來源渠道，借鑒美國大學理念，率先在國立大學中設立董事會。但董事會權力並不大，僅為議事諮詢機構，對於「校務負輔助指導之責」。〔註69〕為了推進民主治校，發揮教授在學校事務管理上的作用，東大又設立了評議會、教授會和行政委員會等機構，實行「教授治校」。校長只管大政，具體校務管理則由以上三會負責。

一、東大的建立與美國模式的引入

1912 年，南京臨時政府成立後，教育總長蔡元培就提出暫定國立大學五所，在北大之外，再於南京、漢口、四川、廣州各籌辦一所大學。〔註70〕但囿於中央財政拮据，教育經費緊缺，計劃最終擱淺。經費匱乏問題也始終是影響在東南、西南等地設立國立大學的最主要因素。

〔註68〕常導之：《歐美大學之比較及我國高等教育問題》，《教育雜誌》第 20 卷第 8 期，1928 年 8 月 20 日，第 4 頁。

〔註69〕《改南高為東南大學計劃及預算書》(1920 年)，上海財經大學校史研究室編：《郭秉文與上海商科大學》，上海財經大學出版社，2010 年，第 144 頁。

〔註70〕蔡元培：《我在北京大學的經歷》，《東方雜誌》第 31 卷第 1 期，1934 年 1 月 1日，第 5 頁。

　　五四運動爆發後，國務總理錢能訓召開緊急會議，參會的警察總監吳炳湘、警備司令段芝貴等人主張解散北京大學，以解決學潮問題。〔註71〕5月5日的閣議時，要求解散北大者甚力，教育總長傅增湘、北大校長蔡元培「力持不可」，相繼辭職，「欲以示威之舉」。〔註72〕在此形勢之下，5月22日，南方江浙教育界的代表人物黃炎培（江蘇教育會副會長）及蔣夢麟〔註73〕等人致信北大新派領袖胡適，提議如若北大不幸被解散，「同人當在南組織機關，辦編譯局及大學一二年級，捲土重來，其經費當以捐募集之」；如若北大「不散，子公自仍復職。同人當竭全力辦南京大學」；並在最後表示：「南方大學必須組織，以為後來之大本營，因將來北京還有風潮，人人知之。〔註74〕足見江浙教育界人士希望在南方興辦大學之熱切。黃、蔣二人提議通過以「捐募」的方式，解決在南京建立新大學的經費問題，也為其後新建大學引入董事會，以籌集資金提供了啟示，在東南建立一所新的國立大學的動議也再次被激活。〔註75〕

　　1920年8月，范源濂〔註76〕重長教育部後，宣布將進一步擴充和發展高等教育。有鑑於此，南京高等師範學校校長郭秉文〔註77〕便積極聯絡東南地區

〔註71〕 吳忠弼：《上海罷市救亡史》，中國社會科學院近代史研究所近代史資料編輯部編：《近代史資料》第24冊（五四愛國運動資料），知識產權出版社，2006年，第553頁。

〔註72〕 《紀事〈英文滬報〉》，陳占彪編；《五四事件回憶》，生活·讀書·新知三聯書店，2014年，第115頁。

〔註73〕 蔣夢麟時任上海《新教育》月刊主編，1919年9月就職北大，任教育學教授兼總務長。

〔註74〕 《黃炎培、蔣夢麟致胡適》（1919年5月22日），中華職業教育社編：《黃炎培教育文集》第2卷，中國文史出版社，1994年，第271～272頁。

〔註75〕 黃炎培、蔣夢麟的提議實則也含有南北新舊派之爭，想借在東南新建國立大學之際，將北大新派力量轉移至東南。南北新舊之爭的詳細情形，可參見耿雲志：《近代中國文化轉型研究導論》，四川人民出版社，2008年，第312～316頁。

〔註76〕 1912年初，教育部成立後，范源濂任教育次長，教育總長蔡元培辭職後，繼任教育總長，至1913年7月辭職，赴上海任中華書局總編輯。袁世凱死後，1916年7月，任段祺瑞內閣教育總長，舉薦蔡元培任北京大學校長。1917年11月辭去教育總長後，赴美國考察教育。1920年8月，又再度出任靳雲鵬內閣的教育總長，1921年12月辭職。

〔註77〕 郭秉文（1879～1967），字鴻聲，江蘇江浦縣人，著名教育家。1896年畢業於上海清心書院。1908年獲庚款資助赴美留學，1911年獲俄亥俄州伍斯特學院理學士學位後，即入哥倫比亞大學師範學院攻讀教育學，1912年獲教育學碩士學位，之後繼續研究教育史，1914年以《中國教育制度沿革史》論文獲該

教育界、商界等社會名流，於 1920 年 10 月草擬了在南京建設國立大學的理由書、計劃及預算書。〔註 78〕經教育部審議，決議「就南京高等師範之一部、擴充建設東南大學」，並委任郭秉文為籌備員。〔註 79〕國立東南大學應運而生。

籌建東大雖已經中央教育部門批准，但由於適逢軍閥混戰，軍費開支巨大，致使「教育經費不但不能增加，即規定之原額，亦不能維持」。〔註 80〕故而如何解決經費問題，籌得充足資金以維持新建大學的運作，成為當務之急。郭秉文早年留學美國，攻讀教育學專業，受過系統的教育專業訓練，並獲哥倫比亞大學教育學博士學位，對美國教育制度自然了然於胸。哥倫比亞大學體現民主辦學精神的管理規範，也給郭秉文留下了深深的印痕。而且還有大批留美學生聚集於此，當時的南高師及其後的東大可謂是「歸國留美學生的大本營」，〔註 81〕這些都為美國大學理念和辦學模式的推行創造了有利條件和適宜環境。

籌備處決定仿照美國大學設立董事會，廣邀社會各界名流參加，以尋求社會贊助和加強與社會的聯繫，拓展經費來源渠道。董事會僅為議事諮詢機構，對於「校務負輔助指導之責」。〔註 82〕1921 年 1 月，東大頒布了《國立東南大學董事會簡章》，對其職權作了進一步限定，主要有兩項：「（1）輔助學校之進行；（2）保管私人所捐之財產」。〔註 83〕國立東南大學也成為「中國近代

校哲學博士學位。郭秉文也是獲得哥倫比亞大學師範學院博士學位的第一位中國人。歸國後，參加了南京高等師範學校的籌建工作，初任教務主任，後為代理校長，1919 年被正式任命為校長。1920 年他致力於籌建國立東南大學，東大成立後，兼任首任校長至 1925 年，被譽為「東南大學之父」。參見徐傳德主編《南京教育史》，商務印書館，2012 年，第 337 頁。

〔註 78〕《南方開辦第二國立大學先聲》，《申報》，1920 年 10 月 3 日，第 10 版。
〔註 79〕《國立東南大學籌備處成立》，《興華》第 18 卷第 1 期，1921 年 1 月 20 日，第 14 頁。
〔註 80〕郭秉文：《五十年來之中國高等教育》，申報館編印：《最近之五十年》，1923 年，第 9～10 頁。
〔註 81〕由留美學生創辦的中國科學社及其主辦的《科學》雜誌也設在東大；教育學科更是集結了郭秉文、陶行知、陳鶴琴、鄭宗海等畢業於美國哥倫比亞大學的留學生。參見張雪蓉：《美國影響與中國大學變革（1915～1927）——以國立東南大學為研究中心》，華齡出版社，2006 年，第 6 頁。
〔註 82〕《改南高為東南大學計劃及預算書》（1920 年），上海財經大學校史研究室編：《郭秉文與上海商科大學》，上海財經大學出版社，2010 年，第 144 頁。
〔註 83〕《國立東南大學董事會簡章》（1921 年 1 月），中國第二歷史檔案館藏，國立中央大學檔案，檔案號：648-317。

大學史上第一所設立校董會的國立大學」。〔註84〕

1921 年 3 月，東大董事會正式成立，董事中除推舉張謇、蔡元培、王正廷、袁希濤、江謙、黃炎培等十三人外，另推舉錢新之、榮宗敬二人為董事，一併呈請教育部函聘。〔註85〕從推舉的董事人員的籍貫、履歷來看，〔註86〕江浙籍人士占很大比例，且集中分布於教育界和工商界。正如報刊時評所說：「所舉諸董事或為耆德碩學，或為教育名家，或為實業鉅子，於社會事業均極熱心。東南大學得此助力，其發達之速可預卜矣。」〔註87〕除此之外，在官本位的中國社會中，地方政府官員的鼎力支持也是推動學校等教育文化事業發展的基本保障。為此，1923 年，東大又將江蘇督軍齊燮元、江蘇省長韓國鈞列為名譽董事。同時，東大作為一所國立大學，為便於指導、實施政府的教育政策，教育部選派部內專門司司長任鴻雋作為部派代表參加董事會。正是在董事會各校董的影響號召下，各方人士積極捐錢捐物，解決了學校經費短缺的困境，為東大的快速發展做出了重要貢獻。

東大參照美國大學的模式，將董事會所擁有的校內事務管理權，「按照自己的意願把權力委託給校長和教授」。〔註88〕設立董事會的真正目的是通過校董出面集資、爭取各類基金組織的資助和廣納私人捐贈等，以解決經費困境。〔註89〕同時也是為了「促進和提高學者的工作」，而非如企業董事會那樣以

〔註84〕許小青：《政局與學府：從東南大學到中央大學（1919～1937）》，中國社會科學出版社，2009 年，第 54 頁。
〔註85〕《南京教育界雜訊》，《申報》，1921 年 4 月 2 日，第 8 版。
〔註86〕校董中：張謇是近代著名實業家和教育家；蔡元培為首任教育總長、北京大學校長；王正廷曾任多屆內閣的外交總長；袁希濤曾任教育部視學及次長、代理總長；郭秉文為南高校長；聶雲臺為上海總商會會長；穆藕初，時任上海華商交易所理事長；陳光甫為上海銀行公會會長；余日章為中華基督教會總幹事；嚴家熾，時任江蘇省財政廳長；錢新之為上海交通銀行經理，後任上海銀行公會會長；榮宗敬，實業巨頭，我國近代麵粉業、棉紡等民族工業的奠基人；江謙，原南高校長；沈恩孚，江蘇省教育會骨幹，時任江蘇省公署秘書長；黃炎培，江蘇教育司首任司長，江蘇省教育會副會長。1923 年，東大董事會復列江蘇督軍齊燮元、江蘇省長韓國鈞為名譽董事。參見劉正偉：《督撫與士紳：江蘇教育近代化研究》，河北教育出版社，2001 年，第 297 頁；王德滋主編：《南京大學百年史》，南京大學出版社，2002 年，第 68 頁。
〔註87〕《東南大學設立董事會》，《南大百年實錄》編輯組編：《南大百年實錄·中央大學史料選》上卷，南京大學出版社，2002 年，第 116 頁。
〔註88〕（加）約翰·范德格拉夫：《學術權力——七國高等教育管理體制比較》，王承緒等譯，浙江教育出版社，2001 年，第 107 頁。
〔註89〕田正平主編：《中外教育交流史》，廣東教育出版社，2004 年，第 613 頁。

「股東獲得更多的利潤」為目標。〔註 90〕校長郭秉文也強調：「共和國之實際，在學校內注重共和精神之培養，如職教員間之協力辦事，學生方面提倡自治，發展自動之機會，養成互助之精神。」〔註 91〕突出教育管理的主體性，包含教授治校、學生自治等多個層面。

二、東大內部的治理結構及其特點

為了使教授參與校務決策，在大學內部結構的具體運作方式上，與北大以德國大學為範本構建的治理模式相比，東大則採納了美國大學「教授治校」模式。但兩校在「崇尚學術自由，堅持學者治校和學生自治」等原則方面基本一致。〔註 92〕

（一）東大內部的治理結構

校長郭秉文較為推崇「學者治校」之理念，主張大學應由教育家獨立辦理，以保持學府的學術性和純潔性。為了推進民主治校，發揮教授在學校事務管理上的作用。1921 年 3 月 16 日，東大制定公布了《國立東南大學大綱》，〔註 93〕對內部組織機構的職權作了具體規定。

校長只管大政，具體校務管理則由評議會、教授會和行政委員會，分別負責學校的議事、教學和行政事宜，從而形成了權責分明的「三會制」，也是一種以「政議分開」為原則，「合議制」與「責任制」相結合的體制。〔註 94〕三會中均有教授參與，保障了教授在校務、教務和系務決策管理中，均享有充分的發言權，以激發調動其積極性，推動學術研究和人才培養，實現「教授治校」。〔註 95〕各會的性質、職能和成員構成見下表：

〔註 90〕（美）約翰‧S‧布魯貝克：《高等教育哲學》，王承緒等譯，浙江教育出版社，2002 年，第 38 頁。

〔註 91〕郭秉文：《戰後歐美教育近況》，《新教育》第 2 卷第 4 期，1919 年 12 月，第 394 頁。

〔註 92〕田正平、周谷平等主編：《教育交流與教育現代化》，浙江大學出版社，2005 年，第 136 頁。

〔註 93〕《國立東南大學大綱》（1921 年 3 月 16 日），《南大百年實錄》編輯組編：《南大百年實錄‧中央大學史料選》上卷，南京大學出版社，2002 年，第 127～131 頁。

〔註 94〕冒榮：《至平至善、鴻聲東南：東南大學校長郭秉文》，山東教育出版，2003 年，第 187 頁。

〔註 95〕張雪蓉：《美國影響與中國大學變革（1915～1927）——以國立東南大學為研究中心》，華齡出版社，2006 年，第 67 頁。

表 3-3　東南大學評議會、教授會和行政委員會的職權

組織機構	性　質	成　員	職能權限
評議會	全校最高議事機構	校長、各科主任、各系代表（教授）、行政各部代表	（1）本校教育方針；（2）用於經濟之建設事項；（3）重要之建築及設備；（4）系與科之增設廢止或變更；（5）關於校內其他重要事項。
教授會	教務機構	全體教授、校長、各科各系主任	（1）建議系與科之增設廢止或變更於評議會；（2）贈予名譽學位之議決；（3）規定學生成績之標準；（4）關於其他教務上公共事項。
行政委員會	行政事務機構	委員與校長就本校教職員中委任若干人充之	（1）規劃全校公共行政事宜；（2）審查行政各部事務；（3）執行臨時發生之各種行政事務。

資料來源：《國立東南大學大綱》（1921 年 3 月 16 日）、《國立東南大學一覽》（1923 年 4 月），《南大百年實錄》編輯組編：《南大百年實錄‧中央大學史料選》上卷，南京大學出版社，2002 年，第 127～131、139～142 頁。

　　從上表可知，評議會作為學校的議事機構，職能為議決討論學校的大政、教育方針，也具有一定的立法性質。校長郭秉文也指出：「評議會為本校議事機關，一切大政方針，均將於此取決，於本校發展前途，關係實異常重要。」〔註96〕其所通過的決議經校長批准後，各行政部門須立即執行。為便於商榷校務起見，評議會之下還設有各類事務委員會，其常設者有 8 個委員會，即學生自治委員會、運動委員會、圖書委員會、出版委員會、校舍建築委員會、招生委員會、遊藝委員會、推廣教育委員會。〔註97〕此類委員會的主任和委員，多以教授兼任，也為教授參與、討論校務提供了便捷。作為行政機構的行政委員會中的副主任、行政各部主任，如教務部、事務部、會計部、文牘部、出版部等，亦由教授兼任。其他各科系主任必為教授更不必說，這也是校長郭秉文「學者治校」思想的重要體現。〔註98〕

　　與《大學令》和北大借鑒德國大學設立各科教授會不同，東大參照美國模式，設立了校一級的教授會，作為全校的教務機構，以全體教授和各科系主

〔註96〕《國立東南大學評議會會議記錄》（1921 年 10 月 20 日），中國第二歷史檔案館藏，國立中央大學檔案，648-514。
〔註97〕《國立東南大學大綱》（1921 年 3 月 16 日），《南大百年實錄》編輯組編：《南大百年實錄‧中央大學史料選》上卷，南京大學出版社，2002 年，第 131 頁。
〔註98〕朱斐：《郭秉文創辦東南大學》，《民國春秋》，1999 年第 1 期，第 10 頁。

任、校長組成，負責指導全校的教務管理工作。1922 年 4 月，東大與南高師
（1923 年併入東大）又專門制定了《教授會章程》，對教授會的職權、開會時
間等作了明確規定。職權在《國立東南大學大綱》（1921 年）中規定內容的基
礎上，又增加了兩條：「凡關於教務之公共章程或規則，概須在教授會提出通
過，方為有效」；「凡教務問題之涉及兩系以上者，得在教授會解決之」，足見
教授會的重心主要集中在教務管理方面。教授會於每學期召開常會二次，當
有教授五人以上提議，或有特別待議之事項發生時，亦得召集臨時會議。教
授會開會時採取民主決議：「教授會會員，皆可在教授會提出議案。」「凡議
案非一時可決，或認為有研究之必要者，得推定委員若干人從事審查，俟下次
開會時報告大會。委員之人數及推定方法，由眾公決。」召開教授會必須有過
半數會員列席，方可開會，「議案表決必須有到會會員過半數之贊成方為通
過」。〔註99〕當學校遇有重大事務討論時，則召開評議會、教授會聯席會議討
論決定，以充分反映教授們的訴求。如在 1922 年 12 月 20 日，經東大評議會、
教授會聯席會議商議決定，正式將南高師併入東南大學。〔註100〕

圖 3-2 國立東南大學組織結構圖

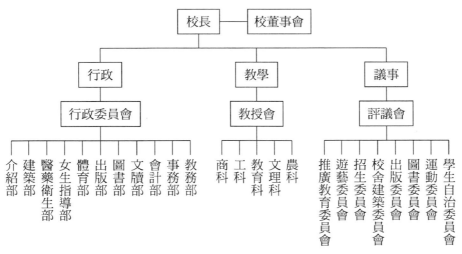

資料來源：朱斐主編：《東南大學史（1902～1949）》第 1 卷，東南大學出版社，2012
年，第 83 頁。

〔註99〕《國立東南大學與南高師教授會章程》（1922 年 4 月），中國第二歷史檔案館
編：《中華民國史檔案資料彙編》第 3 輯·教育，鳳凰出版社，1991 年，第 249
～250 頁。

〔註100〕張雪蓉：《美國影響與中國大學變革（1915～1927）──以國立東南大學為研
究中心》，華齡出版社，2006 年，第 255 頁。

在設立校一級教授會的同時，東大還設立有科教授會及系教授會，「以一科或一系之教授組織之會議關於一科或一系之事件會議時以科主任或系主任為主席」。〔註101〕從而形成校、科系兩級教授會組織，為教授參與教學管理提供了多重平臺。行政委員會作為全校的行政事務機構，下設11個部，職能是協助校長處理校務、規劃和審查學校行政事務等，成員也主要為教授。

至此，東大在管理體制上形成了美國式的「教授治校」模式。〔註102〕美國學者亞伯拉罕・弗萊克斯納生也指出：「依靠典型的美國方式。董事會擁有基金和財產，選擇校長，實施某種總的監督。不管有什麼不同的說法，也不管能找出什麼例外的情況，董事會一般既不干涉校長的工作，也不干預教師的工作……一旦選好校長，它們通常就將大學的日常管理交給校長和教師。」〔註103〕東大的董事會也是如此，一般不直接干預學校內部事務的管理，「校董會之組織，所以求學校之素質，故校董之職權，實以推舉校長，審查預算為最重要」。〔註104〕校務管理主要由校長及評議會、教授會和行政委員會具體負責，評議會和教授會的設立也正體現了「教授治校」、「民主管理」的一面。

（二）東大治理模式的特點

東大在借鑒美國大學模式的基礎上，逐漸發展成為一所與北大齊名，且學科門類齊全、規模最大的高等學府，時有「北有北大，南有東大」、「東南最高學府」之譽。〔註105〕東大與北大雖都建構起了「教授治校」體制，但兩者由於參照物不同，也存在諸多差異。

其一，東大設立有校、科系兩級教授會，而北大則僅設立有各科（系）教

〔註101〕《國立東南大學一覽》（1923年4月）《南大百年實錄》編輯組編：《南大百年實錄・中央大學史料選》上卷，南京大學出版社，2002年，第140頁。

〔註102〕美國大學是在堅持學術自治原則的前提下來承擔社會責任的。為了在學術自治與社會責任之間有效地保持平衡，美國大學實行董事會之下的教授治校，這就是說，基層的教授會保證了學術自治的權力；而同時，董事會的設置又加強了大學與社會的互動聯繫。雖然美國大學教授的權力因董事會的設置而有所削弱，但是，董事會與教授會之間的權力保持了相對平衡，大學校長在此期間也發揮了重要協調作用。以上參見茹寧：《大學學術場域論：府學關係的視角》，中央編譯出版社，2014年，第218頁。

〔註103〕（美）亞伯拉罕・弗萊克斯納：《現代大學論：英美德大學研究》，徐輝、陳曉菲譯，浙江教育出版社，2001年，第158頁。

〔註104〕《東南大學校董會開會詳情（再續）》，《申報》，1921年6月10日，第11版。

〔註105〕張雪蓉：《美國影響與中國大學變革（1915～1927）——以國立東南大學為研究中心》，華齡出版社，2006年，第6頁。

授會，教授在基層的權力很大。同時北大的評議會、各科教授會還擁有選舉評議員、教務長和系主任的權力，掌握著全校主要的校政管理大權。而東大更多體現的是教授參政議政的權力，並主要在學術事務管理方面擁有決策權，教授會即是學校的教務機構。但東大也通過推選教授代表參加評議會、行政委員會等機構，達到教授對學校行政事務的參與決策。

其二，東大的教務工作主要由教授會負責，成員由全體教授和校長、各科各系主組成，比北大的教務會議在人員構成上相對廣泛。同時東大在行政委員會之下也設有教務部，負責執行教務工作。分工更加明確，教授會負責審議討論教務相關事宜，形成決議後再交由教務部具體執行。

其三，東大評議會在人員構成上，由校長、各科主任、各系教授代表和行政各部代表組成，行政人員佔有一定比例；而北大評議會則由校長、主任教員和全體教授推選的教授代表組成，教授代表比例占主導地位。因而，東大評議會相較於北大而言，教授治校的權力有所弱化。

以上諸多差異也一定程度上反映了德、美兩國大學治理模式上的不同。東大在校內設立有評議會、教授會和行政委員會等機構，來具體負責校內日常事務，使全校的教授均有機會參與學校的決策管理。「凡校中一切要務，悉由評議會議決，再由行政委員會執行」，教授會則「議決章程及議事細則」。〔註106〕從而形成董事會主外（重心在籌集經費），其他三會主內（處理校務）的權力格局。這種授權式下的大學組織形式有以下優點：一是解決了董事會大部分成員多為校外人士，而不熟悉校內事務的尷尬處境，也減輕了這些商業鉅子、社會賢達董事的工作壓力。二是因董事會不定期召開，這種組織結構也克服了董事會雖召開全體會議，而未能有效解決問題的困境。

此外，東大作為一所國立大學，其所設立的董事會，相較於教會大學、私立大學的董事會，在功能定位上也有所差異。東大董事會重在解決經費問題，權力並不算大，校內日常管理由評議會、教授會等機構負責，不同於私立大學董事會，掌握著校政決策大權。這與國立東南大學作為一所綜合性大學，規模較大，各種事務管理複雜繁多也有很大關係。東大建立不久，依據社會需求和自身發展實際，將學科迅速擴展為文理、農、工、商和教育五科，約二十餘系，〔註107〕僅靠董事會一個議事機構顯然也難以應付。

〔註106〕國立中央大學秘書處編撰組編印：《國立中央大學沿革史》，1930年，第14頁。
〔註107〕田正平主編：《中外教育交流史》，廣東教育出版社，2004年，第611頁。

三、衝突與調適：董、評、教三會的權力消長

東大建立之初，董事會權力較小，一般不干預學校內部的具體事務，職權「以推舉校長，審查預算為最重要」。〔註108〕校務管理由評議會、教授會和行政委員會負責，評、教兩會的設立也是實行「教授治校」的重要體現。但後期隨著董事會權力的不斷增長及對校內事務的過度干預，並漸有取代評議會之勢，嚴重破壞了「教授治校」的原則，引發部分教授的不滿，並在校外政治、黨派勢力的介入運作下，終至發生「易長」風潮，董事會也終被廢除。

（一）董事會權力的擴張

董事會加強了學校與地方社會的互動聯繫，確實為東大的快速發展提供了諸多便利。在董事會的號召影響之下，私人和一些社會團體、企業紛紛捐錢捐物，助力東大發展。

據統計，在董事會的影響下：「穆藕初先生捐助器具院建築費 6000 元，又捐助銀 5 萬兩，選送東南大學畢業生，留學歐美，又捐助銀 5000 兩，選送高師教員留學美洲中校，鑒於國內體育人才之缺乏，已決定派高師體育教員張信孚前往，研究體育；穆杼齊捐南匯造橋生試驗費 1000 元；上海額粉公會補助改良小麥試驗費，每年 6000 元，又擬擴充試驗場 40 畝以上，約購地費 46000餘元，購地事尚在磋商之中；上海紗廠聯合會補助改良植棉試驗費，每年 2 萬元；上海合眾蠶桑改良會補助本年蠶桑試驗費 4000 元；各省高等專門學校補助採集各省植物標本費 18000 元。」〔註109〕名譽校董江蘇督軍齊燮元還將為其父祝壽用的 15 萬元捐出，作為新建圖書館之用。〔註110〕為表示感謝，東南大學特將圖書館以齊父的名字命名為「孟芳圖書館」。〔註111〕為了更好地發揮董事會的作用和提高工作效率，東大還將董事會成員大致分為兩類，即辦事校董和經濟校董，〔註112〕以便各取所長，更好地發揮董事會的優勢。

鑒於董事會對於推動學校發展起到的重大作用，1923 年，郭秉文建議修

〔註108〕　《東南大學校董會開會詳情（再續）》，《申報》，1921 年 6 月 10 日，第 11 版。

〔註109〕　《東南大學校董會開會詳情（續）》，《申報》，1921 年 6 月 9 日，第 10 版。

〔註110〕　《致函齊燮元請於本封翁壽辰倡捐建築東南大學圖書館函》（1921 年 8 月 15日），中國第二歷史檔案館藏，國立中央大學檔案，檔案號：648-555。

〔註111〕　衣萍：《窗下隨筆》，北新書局，1930 年，第 13 頁。

〔註112〕　董事中黃炎培、袁希濤、沈恩孚三人皆為著名的教育家，被聘為辦事校董。穆藕初、聶雲臺、錢新之三人皆為實業或金融鉅子，在經濟領域有很強的號召力，被聘為經濟校董。參見朱斐主編：《東南大學史 1902～1949》第 1 卷，東南大學出版社，2012 年，第 87 頁。

改章程，擴大董事會的職權，力圖將其提升為全校最高的權力機構，同時也想借機增強校長的權威。〔註113〕1924年6月25日，在郭秉文的主持下，東大修訂的《國立東南大學校董會簡章》經教育部核准後公布。簡章進一步明確了董事會的組織形式、校董資格、職權、名額及任期等具體內容。職權範圍也進一步擴大：「（1）決定學校大政方針；（2）審核學校預算決算；（3）推選校長於教育當局；（4）決定學校科系之增加、廢止或變更；（5）保管私人所捐之財產；（6）議決學校其他之重要事項。」〔註114〕與1921年頒布的舊簡章相比，當時的董事會的職權僅為「輔助學校之進行」和「保管私人所捐之財產」的諮詢機構，〔註115〕並不干涉學校大政方針、科系設立廢止等校內事務。新簡章公布後，董事會的性質已發生實質性的變化，學校內外重要事務均由其決定，已從原先的議事、諮詢機構，轉而成為了全校最高的權力機構。

董事會權力的不斷擴張，尤其是對校內事務干預的加強，壓縮了評議會等機構的權限範圍。東大教授梅光迪就明確指出，當年評議會，為校中最高議事機構，「教授中有辦事認真者，每當討論一事，則據其此事本身之是非，引古證今，往復辦難」；但當董事會掌握校政大權後，便由董事會及校長等「親信者，在密室中已先定，任爾書狀有廣長之舌，徒增彼等之背後竊笑耳」。〔註116〕

董事會和校長權力的不斷增強，也打破了董事會主外，評議會、教授會等主內的權力格局，與原先貫徹的「教授治校」原則發生衝突。同時，教授們也擔心董事會成員中除郭秉文為本校人員外，餘則皆為社會各界名流，並無教授參與，容易引來校外官僚、財閥干涉學校大政，損害學術自由和教育獨立，造成大學權力中心的外移。而當郭秉文準備取消評議會，以進一步擴大董事會權力後，「教授治校」的原則精神再次遭到嚴重破壞，部分教授與董事會、校長之間的矛盾也進一步激化，最終演化為「易長」風潮。

（二）「易長」風潮中評議會、董事會的存廢問題

郭秉文結合兩年來的學校組織經驗及短期的赴美考察所得，於1923年11

〔註113〕 張雪蓉：《美國影響與中國大學變革（1915～1927）——以國立東南大學為研究中心》，華齡出版社，2006年，第71頁。

〔註114〕 《國立東南大學校董會簡章》（1924年6月25日），《南大百年實錄》編輯組編：《南大百年實錄·中央大學史料選》上卷，南京大學出版社，2002年，第117頁。

〔註115〕 《國立東南大學董事會簡章》（1921年1月），中國第二歷史檔案館藏，國立中央大學檔案，檔案號：648-317。

〔註116〕 梅光迪：《九年後之回憶》，《國風半月刊》第9期，1932年11月24日，第25頁。

月在上海召開的董事會會議中，提議改革學校組織，〔註117〕決定取消評議會，將其主要職權移交給董事會。〔註118〕此舉嚴重破壞「教授治校」的制度原則，「自評議會無故取消，喪失作用後，校政大端，如變更科系，經濟分配，以至庶務設施，從不須教授過問。即偶有問題發生，亦支吾敷衍，從不須教授調查」。〔註119〕引起諸多教授的不滿，並與學校當局交涉，請求盡快恢復評議會。

許多教授以教授會為平臺，強調「評議會之廢止，並未經校內正式合法手續通過」，質疑其合法性，否認董事會取消評議會的決議，並推選教授修訂「評議會章程」，呼籲盡快恢復評議會。〔註120〕評議會的取消也是其後「易長」風潮中，「倒郭派」列出的郭秉文五大罪狀之一。〔註121〕另外，董事會對某些系科的胡亂裁撤，更加劇了與教授之間的矛盾。

1924年4月27日，董事會召開常會，決議停辦工科，理由是「江蘇境內已辦有工科大學及工專等校幾所，且有較為完備者，現在工科學生，數尚不多，而設備方面，又不能有適應需要之擴張，如仍照常進行，不特發展難期，仰恐貽誤學子」，並將所撥工科經費移作他用。〔註122〕針對裁撤工科一事，工科主任茅以升公開質疑董事會停辦工科的合法性，並專門致函校長郭秉文，強調執掌一科的主任竟事前未知，毫無發言權，「準此以觀，他科他系均可任意廢止，大學前途何堪設想？」〔註123〕停辦工科不久，西洋文學系也慘遭裁撤，梅光迪（西洋文學系主任）、吳宓等著名教授相繼出走，造成已取得很大成就的西洋文學系毀於一旦。吳宓也指出裁撤西洋文學系，「表面理由為節省經費，實則另有用心」，並認為「經此變後，與吾人同心同德之士，幾於悉行

〔註117〕《東南大學校董會常會上海商科大學委員會常會聯席會議記錄》（1923年11月15日），中國第二歷史檔案館藏，國立中央大學檔案，檔案號：648-317。

〔註118〕關於東南大學取消評議會的經過，以及合法與否的爭論，可參見牛力：《東南大學取消評議會史實考辨》，《民國檔案》，2016年第4期。

〔註119〕《段子燮、蕭純錦致校長辦公處函》（1924年10月23日），中國第二歷史檔案館藏，國立中央大學檔案，檔案號：648-313。

〔註120〕《東大易長風潮之昨訊》，《申報》，1925年4月7日，第11版。

〔註121〕「倒郭派」攻擊郭秉文主要集中在「取消評議會、無公開決算、停辦工科、放棄校務、接近本省督軍」五項事情上，參見《東大校董為郭秉文受誣聲明》，《申報》，1925年2月13日，第12版。

〔註122〕《校董會關於工科之決議案》（1924年4月27日），《南大百年實錄》編輯組編：《南大百年實錄·中央大學史料選》上卷，南京大學出版社，2002年，第176頁。

〔註123〕《茅以升致郭秉文函》（1924年5月3日），中國第二歷史檔案館藏，國立中央大學檔案，648-388。

驅逐，而此校只餘科學實業家之教員，與市儈小人之執政而已」。〔註124〕將董事會領導下的學校執政當局指為「市儈小人」，以示不滿。

　　1924年9月，江浙戰爭（江蘇督軍齊燮元與浙江督軍盧永祥相爭）爆發，隨後又引發了第二次直奉戰爭，以奉系獲勝而告終，直系的齊燮元失去奧援，選擇東渡日本避難。奉系控制北京之後，力圖清理直系勢力，校長郭秉文因與江蘇督軍齊燮元來往甚密，並聘請齊為董事會的名譽董事，因而遭到波及。校內不滿郭氏的部分教授遂乘勢集結，與校外勢力聯合發起「倒郭」運動，並借機將掣肘「教授治校」運行的董事會，一併除去。1925年1月6日，代理教育部部務的教育次長、國民黨人士馬敘倫，發布解除郭秉文校長職務的訓令，改聘胡敦復為校長。〔註125〕一時引起社會各界軒然大波。東大校內也迅即形成「擁郭」與「倒郭」兩派。「擁郭派」以農學院院長鄒秉文、理學院院長孫洪芬和圖書館主任洪範九等人為核心，主張仍以郭秉文為校長，反對政治勢力介入大學，在校內屬於多數派。而「倒郭派」則以歷史系教授柳詒徵、經濟系主任蕭純錦和物理系教授胡剛復等人為核心，主張改進校務，在校內為少數派。〔註126〕兩派各自陳述本方立場，並接連發表宣言和通電，互相攻訐，開啟了持續數月的東大「易長」風潮。〔註127〕

　　教育部免郭的訓令下達後，郭秉文以受董事會委託之名，赴美考察教育，離開了東大，初步達到了「易長」目的。2月22日，蕭純錦親赴北京游說活動，與教育次長馬敘倫會談，請求恢復評議會，以回歸「教授治校」，同時呈請進一步取消董事會。經過蕭純錦各方面接洽，恢復評議會及在「郭免職後推翻董事會一層已為各方所共認」。〔註128〕此外，因董事會與江蘇省教育會〔註129〕

〔註124〕　吳學昭編：《吳宓書信集》，生活‧讀書‧新知三聯書店，2011年，第94頁。

〔註125〕　《教育部解除郭秉文校長職務的訓令》，東南大學高等教育研究所編：《郭秉文與東南大學》，東南大學出版社，2011年，第280頁。

〔註126〕　陸陽：《胡氏三傑：一個家族與現代中國科學教育》，上海三聯書店，2013年，第190頁。

〔註127〕　自1925年1月郭秉文被教育部免去校長職務後，東大校長更迭頻繁，胡敦復因校內「拒胡」運動，而終未就任，1925年8月，教育部改派胡敦復為國立北京女子大學校長；其後陳逸凡、蔣維喬、秦汾等先後被任命為校長，但均未正式履職，直至1926年校長一職實際上仍是空缺。

〔註128〕　《附：蕭純錦致胡剛復、柳翼謀之親筆函》（1925年2月22日），中國社會科學院近代史研究所中華民國史研究室編：《胡適來往書信選》上冊，社會科學文獻出版社，2013年，第231頁。

〔註129〕　江蘇省教育會是一個主要由江南士紳組成的民間團體，在東南地區有很大的

聯繫密切，故廢除董事會，也能打擊和削弱江蘇省教育會對學校的把持控制，而這也符合執政府和國民黨雙方的目標。為了使深陷風潮中的東南大學盡快步入正軌，教育部決定取消董事會和恢復評議會，以全面整頓東大。

1925 年 3 月 7 日，馬敘倫發布了兩道教育部訓令，其一為重新成立評議會，「查國立大學校條例第十四條規定：國立大學校設評議會。該校應即遵照辦理，並由該校教授等自行互選評議員，刻日成立評議會。」〔註130〕其二為撤銷董事會，「查國立大學校條例第十三條，國立大學校得設董事會，原為協助學校進行起見，乃該校校董會近年以來，常有侵越權限情事，勢將益滋糾紛，應即暫行停止行使職務。」〔註131〕兩道訓令同時下發，既通過取消董事會，打擊了江蘇省教育會及校內部分教授支持的「擁郭」行動。又通過恢復評議會，迅速填補了董事會撤銷後的權力真空，也為教育部指派的新校長盡快赴任掃除了障礙。

（三）教授會權力的增長與董事會的廢除

教育部取消董事會和恢復評議會的兩道訓令雖已下達，但校內「擁郭派」佔據著主導地位，新校長胡敦復也因遭到「擁郭派」師生的聯合抵制，而終未就任。「倒郭派」想要依令重建大學權力結構的計劃未能及時如願，雙方斗爭仍在繼續。鑒於「易長」風潮後，校內無人主政的局面，以及董事會、評議會存廢仍未穩定之際，教授會開始迅速填補權力真空，得以成為維持校務的最高權力機構。

1925 年 3 月 19 日，教授會召開全體大會，決議成立校務會，代行校長職權，由教授會推選出 6 名教授組成。因時任行政委員會副主任的任鴻雋已辭職離開，導致行政委員會無人負責，故大會決定撤消行政委員會，職權也移交校務會代行。〔註132〕經教授會審議通過後，又制定公布了《校務會組織大綱》，

　　　　　影響力，「在 1927 年國民黨到來以前，主導著江蘇省的教育事務」。參見（美）葉文心：《民國時期大學校園文化（1919～1937）》，馮夏根、胡少誠等譯，中國人民大學出版社，2012 年，第 69 頁。

〔註130〕《教育部關於東大成立評議會的訓令》，《南大百年實錄》編輯組編：《南大百年實錄·中央大學史料選》上卷，南京大學出版社，2002 年，第 182 頁。

〔註131〕《教育部關於東大校董會停止行使職權的訓令》，《南大百年實錄》編輯組編：《南大百年實錄·中央大學史料選》上卷，南京大學出版社，2002 年，第 182 頁。

〔註132〕朱斐主編：《東南大學史（1902～1949）》第 1 卷，東南大學出版社，2012 年，第 126 頁。

對校務會的職權、人員等方面作了明確規定，同時還強調校務會在審議制定學校大政方針、科系增減和對外重要宣言等事項時，未得到教授會同意，不得決定或執行。〔註133〕可見，此時的教授會已不再是原先的教務機構性質，轉而成長為全校最高的權力機構，由其派生出的校務會須對其負責，在議決重要事項時，必須徵得教授會同意，方可執行。

在教授會和校務會的主持下，校內秩序日漸穩定。1925 年 7 月，蔣維喬出任代理校長，開始積極改組學校的組織行政，重點是要恢復評議會。為此，又專門成立了以張子高為主任的草擬全校組織大綱委員會，經過近一個月的討論，於 8 月公布了《國立東南大學評議會草案》。草案雖然恢復了評議會，但也保留了董事會。草案對評議會的人員構成、職權作了較大修改，大幅增加了教授代表的名額。評議會中，除校長和秘書長為當然會員外，其他會員均為教授（各科教授會互選 6 人，校級的教授會互選代表 5 人）。但在職權方面，涉及學校的大政方針、科系增減等事項時，均由評議會與董事會共同決定。〔註134〕可見，此草案雖然增強了評議會中教授參與治校的發言權，並讓評議會與董事會處於平等地位，但在職權上兩會共同決議重要事務，勢必又會引發新的爭端，顯然難以令人滿意。

蔣維喬代理校長不久，1925 年 10 月，教育總長章士釗簽發部令，委派秦汾暫行兼任東大校長，伍崇學為副校長，到校聯合改組東大，並帶去了經教育部批准過的新的學校規程。〔註135〕但此時江浙風雲又起，浙江直系軍閥孫傳芳派兵向江蘇的奉軍發動進攻，奉軍戰敗，江蘇督軍楊宇霆被迫離寧，孫傳芳軍進駐南京。由執政府任命的新校長秦汾見此現狀，不敢赴南京上任，並致電教育部請辭，隻身前往上海避難去了。

教授會對於教育部胡亂派員改組東大，以及任意修改東大章程的做法十分不滿。10 月下旬，以教授會的名義向社會發表宣言，稱：「日前教部章士釗，妄假中央威信，速下停辦命令，蘇省當局明知是非所在，而高壓之下，正義難伸。」對於秦汾的不辭而別也表達了不滿，「秦汾兼任本校校長，時浙奉問題，醞釀正烈，謠諑繁興，不可終日，秦竟辭職以去，教部之於東大，但知破

〔註133〕《校務會組織大綱》（1925 年 3 月），中國第二歷史檔案館藏，國立中央大學檔案，檔案號：648-318。

〔註134〕《國立東南大學評議會草案》（1925 年 8 月），中國第二歷史檔案館藏，國立中央大學檔案，檔案號：648-514。

〔註135〕《秦汾、伍崇學為東大正副校長》，《申報》，1925 年 10 月 17 日，第 7 版。

壞而不能維持，官僚政客，毫無辦學之能力與誠意」。為了避免再次遭受政治勢力的干擾和維護學校的獨立穩定，教授會提出了涉及「教授治校」的四項主張：「（1）根據教授治校之精神，繼續維持學校，以冀造成超然之學府，不受任何黨系之把持，亦不容官僚政客之破壞；（2）校政既由教授共同主持，即歸本會完全負責；（3）本校組織大綱遇有修改必要時，須經本會詳加討論正式通過，方為有效；（4）部派籌備員擅草規程，呈部批准，該規程事前迄未徵求本會同意，遽爾披露，藐視本會；且昧於本校過去歷史及各科系現狀，任意變更，不切實情，甚至巧立名目，添論冗員，尤為荒謬，此種規程，實係遠反公意，同人等始終一致否認。」〔註136〕隨後，教授會又邀請蔣維喬返校主持校務，貫徹「教授治校」之精神，維持學校穩定，並重新成立了修改組織大綱委員會，以抵制和應對北洋政府再擅草章程。

新組建的修改組織大綱委員會，經過數月的激烈討論，最終決定廢除董事會，並於1926年8月上報教育部核准通過。《修正國立東南大學組織大綱》對1924年的舊大綱作了較大修正，最為明顯的便是取消了董事會。其中「會議」一章中，詳列了評議會、教授會、各科教授會、預算委員會、聘任委員會和行政會等機構的職權、成員及其他規定。

董事會被廢除後，其職權多轉移至評議會和新設立的預算委員會。評議會的權力進一步擴大，成為商榷校務的重要機構。值得注意的是，教授會的權力也得以空前增強，且明確細分為校級的教授會和各科教授會兩種，而且對科教授會的規定也更加詳細。校級的教授會在人員構成上增加了總務處主任、教務部主任、圖書部主任、群育部主任等人，權力也隨之加大，除議決教務上的一切公共事項外，還議決和審議評議會的提議事項，從而形成對評議會的權力制衡。此外，教授會的職權中還增加了「選舉校長」一項。

修正的新大綱還對各組織機構中教授代表人數作了明確規定，其中評議會中，由校教授會推選5人，各科教授會各推選1人。預算委員會中，由校教授會推選3人，科教授會各推選1人。聘任委員會中，由校教授會推選5人。以上規定，也保障了教授代表在各種會議中的主導地位，集中體現了「教授治校」的精神理念。另外，從《修正國立東南大學組織大綱》中也不難看出，教授會的權力已經超過了評議會，真正成為名副其實的全校最高的權力機構。清

〔註136〕 《東大教授會發表宣言》，《申報》，1925年10月27日，第10版。

華於 1926 年 4 月公布的《清華學校組織大綱》也有這一趨向。〔註 137〕但從構成人員上看，由於增加了一些行政職員，此時的教授會（校級）已非純粹的教授組織，不過教授群體依然佔據主導地位。〔註 138〕

新大綱的頒布，使教授會成為全校最具公信力的組織，教授們過去一再倡導和主張的「教授治校」，也經此章程而得到了制度性呈現。其後教授會在學校的重大事務決策中發揮主導作用，抗拒校外各種政治勢力對東大的侵入。值得一提的是，《修正國立東南大學組織大綱》雖然明確廢除了董事會，教授會、評議會也成為掌握校務決策大權的主要機構，「教授治校」的制度理念得以彰顯。但受政局影響，此大綱僅僅維持了兩年多。隨著北伐的進行和國民黨新政權的接收改組，東大教授會於 1927 年 3 月 18 日召開了最後一次會議，決議「因時局關係，自本日起暫行停課」。〔註 139〕南京國民政府建立後，短暫關閉了東大，而後又在國民黨的直接領導下復校更名，幾經周折，正式改名為國立中央大學。〔註 140〕國民政府為加強對中央大學的實際控制，倡導校長集權治校，壓制教授治校。1928 年 11 月，頒布《中央大學本部組織大綱》，取消了評議會，教授會雖然得以保留，但人員構成又進一步擴大，「以校長、秘書長、秘書、高等教育處長、各院院長、教授、副教授及講師組織之」，〔註 141〕且只作為諮詢機構，不參與校務決策，繼承國立東南大學衣缽的中央大學，已失去了「教授治校」的精神理念。

綜上所述，20 世紀 20 年代初，新成立的國立東南大學通過借鑒美國模

〔註 137〕如《清華學校組織大綱》中也規定有評議會職權中的第一、第二、第三、第六各項，「評議會在議決之前，應先徵求教授會意見」；「評議會之議決，經教授會三分之二之否認時，應交評議會覆議。」參見《清華學校組織大綱》（1926年 4 月 15 日），王學珍、張萬倉編：《北京高等教育文獻資料選編（1861～1948）》，首都師範大學出版社，2004 年，第 562 頁。

〔註 138〕《修正國立東南大學組織大綱》中規定總務處主任，「協助校長執行校務，由校長於教授中聘任之」，但其他教務部主任、圖書部主任和群育部主任，則規定「各部設立主任一人，職員若干人，由校長延聘之」，沒有明確指明於教授中延聘。

〔註 139〕《公告》（1927 年 3 月 19 日），中國第二歷史檔案館藏，國立中央大學檔案，檔案號：648-350。

〔註 140〕（美）葉文心：《民國時期大學校園文化（1919～1937）》，馮夏根、胡少誠等譯，中國人民大學出版社，2012 年，第 79 頁。

〔註 141〕《中央大學本部組織大綱》（1928 年 11 月 15 日），《南大百年實錄》編輯組編：《南大百年實錄·中央大學史料選》上卷，南京大學出版社，2002 年，第275 頁。

式，在國立大學中首次引入董事會制，作為諮詢機構，權力並不大，目的在於構建起溝通與東南地方政、學、商界的權勢網絡，使之成為學校籌措經費的重要來源，以解決經費短缺問題。東大在設立董事會的同時，也秉持「教授治校」的原則理念，設立了評議會、教授會和行政委員會等機構來具體管理校務。「凡校中一切要務，悉由評議會議決，再由行政委員會執行」，教授會則負責「議決章程及議事細則」。〔註142〕從而形成董事會主外（主要是籌集經費），其他三會主內（具體處理校務）的權力格局。

但校長郭秉文鑒於董事會在籌措經費、溝通地方等方面的諸多便利，決意增強其權力，並撤銷了評議會，將其職權轉移給董事會，致使「教授治校」的原則理念大受破壞。校內一部分堅守「教授治校」原則的教授奮起反抗，要求恢復評議會。適逢政局變動，及校外政治黨派勢力的介入運作，終致引發「易長」風潮，郭秉文被迫出走。而在校內及教育部圍繞董事會、評議會的存廢爭論之際，教授會迅速填補權力真空，並結合實際狀況修正組織大綱，實行「教授治校」。

其實如若郭秉文不執意增強董事會權力和校長權威，取消評議會，破壞「教授治校」之原則精神，引發校內部分教授不滿，憑其在校內多年之根基和大部分師生之擁護，定不至於落得被迫出走的結局。〔註143〕而且董事會在前期雖然權力不大，只作為輔助學校事業發展的諮詢機構，但卻籌集到了社會各界及私人的許多物質捐款，對於推動學校的發展起到了很大作用。學校內部運行也井然有序，校長只管大政，具體校務則由教授為主體的評議會、教授會等機構負責，也激發了教授的積極性和主人翁意識，推動了教學科研和人才培養。後期董事會權力急劇膨脹，造成評議會形同虛設，最終被撤銷，嚴重背離了「教授治校」的原則理念，導致部分教授對校長不滿，引發「易長」風潮，並決定廢除掣肘教授治校的董事會。從中也反映出國立大學董事會制度與「教授治校」制存在的問題，即在借鑒美國大學模式的同時，如何結合中國大學自身的傳統與實際，平衡和把握董事會與教授治校代表性組織評議

〔註142〕國立中央大學秘書處編撰組編印：《國立中央大學沿革史》，1930年，第14頁。
〔註143〕回瀟涵在綜合考察近代國立東南大學「教授治校」的實踐發展史的基礎上，則認為東南大學「教授治校」失敗的原因主要有以下三方面：一是擺脫不了校董會在經濟上的掣肘；二是受到社會政局變化的影響；三是教授群體之間的鬥爭和教授離散。參見回瀟涵：《近代國立東南大學「教授治校」研究》，蘇州大學碩士學位論文，2021年。

會、教授會的職權範圍，是一個重要難題。如若未能處理好這層關係，在實際操作中便會引發諸多問題、衝突，東大董事會權力擴張前後的校內狀況就是很好的證明。其後的清華大學也與東大類似，在董事會屢屢阻礙學校發展計劃，破壞「教授治校」原則的情形下，清華師生發起了「改隸廢董」運動，最終也廢除了董事會。

第三節　清華大學的「教授治校」（1926～1937）

　　北洋時期，當時的清華學校即在「少壯派」教授的主導下，借鑒美國大學治理模式，依循「教授治校」的原則，於1926年制定公布了《清華學校組織大綱》，設立了評議會、教授會兩個重要的組織機構，[註144]開啟了清華「教授治校」的時代，學術自由、教授治校也成為清華的傳統。第二章中已作過詳細論述，此處不再贅述，本節主要探討南京國民政府建立後，1928至1937年間清華「教授治校」的相關問題。

　　東南大學「教授治校」失敗的原因有三：一是擺脫不了校董會在經濟上的掣肘；二是受到社會政局變化的影響；三是教授群體之間的鬥爭和教授離散。

　　南京國民政府建立後，推行一系列「黨化教育」政策，以加強對教育的全面控制。1929年，教育部又頒布了《大學組織法》《大學規程》等一系列教育法規，倡導校長集權治校，抑制「教授治校」，以便更好地控制大學，「教授治校」轉入低潮期。而清華自1926年實施「教授治校」後，教授群體依託評議會、教授會等組織，掌握著全部校政大權，如規定教育方針、各學系及機關設立、財政和人事任免等事項，而這顯然與國民政府強化對大學控制的方針相悖，故而很快遭到壓制。

一、國民政府對清華「教授治校」的壓制

　　北洋時期，政局動盪，政府對教育控制較為寬鬆，「凡學校之章程以及學生管理法，皆由校長參酌本地情形而定」，[註145]各校制定的章程較能反映本校師生的實際訴求。《清華學校組織大綱》（以下簡稱「大綱」）即是在校長曹雲祥的主持下，由教職員大會推選出的改組委員會制定的。但南京國民政府

〔註144〕《清華學校組織大綱》（1926年4月15日），《清華週刊》第25卷第3期，1926年4月，第161～162頁。

〔註145〕郭秉文：《中國教育制度沿革史》，商務印書館，1922年，第114頁。

建立後，為加強對大學的實際控制，將各國立大學章程制定轉歸中央教育行政部門審議決定。

1928年6月，國民政府大學院〔註146〕接管北平各大學校，將清華學校改為國立清華大學，經大學院院長蔡元培提議，於8月21日任命羅家倫為清華校長。〔註147〕作為清華國學研究院四大導師之一的梁啟超也及早預料到，新政府接管清華後，「該校為黨人所必爭，不久必將全體改組」。〔註148〕事實也的確如此，為了抓住清華這塊「肥肉」，大學院會同外交部重新制定了清華大學章程，於9月6日公布了《國立清華大學條例》（以下簡稱「條例」）。〔註149〕新頒《條例》旨在削弱評議會、教授會的權力，壓制「教授治校」，以加強中央教育機關和校長的權力，實現對清華的全面干預。

新頒《條例》與早先由清華教授主導制定的《清華學校組織大綱》相比，《大綱》中關於評議會和教授會的內容均列為一章，包含數條，占很大篇幅，足見其地位之重要。但在新《條例》中，關於評、教兩會的內容僅各占一條，重視度可見一斑，而且職權也有所縮減。《條例》第十八條規定：「國立清華大學設教授會，以本大學全體教授組織之，審議下列事項：一、課程之編制；二、學生之訓育；三、學生之考試成績及學位之授予；四、其他建議於董事會或評議會之事項。」《條例》中規定教授會，成員雖仍「以本大學全體教授組織之」，為純教授組織，但在職權中卻刪去了原《大綱》中，教授會選舉教務長、推舉系主任之權等項內容，無形中取消了教授會的人事推選權。

《條例》第二十二條規定：「國立清華大學設評議會，以校長、教務長、秘書長及教授會所互選之評議員四人組成之，其職權如下：一、制定大學各部分之預算；二、審議科系之設立或廢止；三、擬訂校內各種規程；四、建議於本大學董事會之事項。」〔註150〕與原《大綱》相比，評議會成員中增加了行

〔註146〕南京國民政府於1927年6月成立大學院，作為全國最高學術教育行政機關，1928年冬被撤銷。

〔註147〕《大學院長蔡元培等提議簡任羅家倫為清華大學校長》（1928年8月21日），臺北「國史館」藏，國民政府檔案，檔案號：001-032320-00007-001。

〔註148〕梁啟超：《致梁思成》（1928年6月10日），《梁啟超家書》，百花文藝出版社，2017年，第154頁。

〔註149〕《大學院會同外交部訂定國立清華大學條例》（1928年9月6日），臺北「國史館」藏，國民政府檔案，檔案號：001-091010-00001-000。

〔註150〕《國立清華大學條例》（1928年9月），上海法學編譯社編：《法令大全》下冊，上海法學編譯社出版，1929年，第627～628頁。

政職員秘書長（承校長之命處理全校行政事務，由校長聘任之），且減少了 3 位教授代表名額。在職權方面，也刪去了原《大綱》中由評議會審議全校教育方針，議決校內各機關之設立、廢止及變更，議決教授、講師與行政部各主任之任免，委任各種常任委員會等項內容。評議會對教授、行政各部主任和常任委員會的任免權也被剝奪，對校內各機關的設立、廢止亦無權過問。

國民政府通過制定和頒布《國立清華大學條例》，在削弱清華教授治校權力的同時，也進一步加強校長和董事會的權力，並將上述教授會、評議會被剝奪的人事任免權及相關職權，轉歸校長和董事會。除各系教授、講師若干人，由所設的聘任委員會審查聘任外，舉凡教務長、秘書長、各系主任、各行政事務機關主任及事務員、留美學生監督處監督等人員，均由校長聘任或任命。〔註151〕由此校長掌握了全校主要的人事任免權。

原《大綱》中並沒有列明董事會的內容，因為當時的董事會的職權僅為「專司籌備基金，核算用款」，不干涉學校其他一切行政。〔註152〕但新《條例》中卻增列董事會一章，其職權也大為擴大，具體職權如下：

（甲）推舉校長候選人三人，呈請大學院會同外交部擇一，轉呈國民政府任命之（但在董事會未成立以前，大學校長經由大學院會同外交部呈請國民政府任命之）。

（乙）決議下列關於國立清華大學事項：一、重要章制；二、教育方針；三、預算；四、派遣及管理留學生之方針與留學經費之支配；五、通常教育行政以外之契約締結；六、其他關於設備或財政上之重要計劃。

（丙）審查下列關於國立清華大學事項：一、決算；二、校長之校務報告。

（丁）建議清華大學基金之保管辦法於保管機關，並得商請該機關將基金數目及保管狀況隨時詳晰通知董事會。〔註153〕

可見，新《條例》將原評議會中規定教育方針、審定預決算等職權，轉交

〔註151〕《國立清華大學條例》（1928 年 9 月），上海法學編譯社編：《法令大全》下冊，上海法學編譯社出版，1929 年，第 626～629 頁。

〔註152〕《清華學校的董事會》（1922 年 4 月），清華大學校史研究室編：《清華大學史料選編》第 1 卷（清華學校時期），清華大學出版社，1991 年，第 248 頁。

〔註153〕《國立清華大學條例》（1928 年 9 月），上海法學編譯社編：《法令大全》下冊，上海法學編譯社出版，1929 年，第 623～625 頁。

給董事會決議，這也為董事會干預學校內部事務管理打開了窗口。而董事會權力大增，評議會、教授會的權力則被限定在純粹的教學研究事務上，嚴重威脅到了清華「教授治校」的原則理念，引起清華教授的普遍不滿。

二、清華教授堅守和維護「教授治校」的努力

評議會和教授會是清華「教授治校」的核心所在，也是教授參與學校事務決策管理的重要組織保障。對於董事會掣肘學校發展改革和粗暴干涉清華校務，破壞「教授治校」的行為，教授們並未坐以待斃，而是予以堅決抵制，並依靠評議會、教授會等機構，首先圍繞清華基金問題與董事會展開鬥爭和博弈。

（一）教授會、評議會與董事會的矛盾衝突

1928 年 11 月 2 日，清華教授會召開會議，約 40 位教授出席，會議除選舉評議員外，還通過了對董事會關於基金及設備的四項建議案：「（1）徹底清查追究以前基金損失；（2）每年將基金公布一次；（3）設財務委員會實際管理基金，並由本大學推人參加（該會人選注重專門知識）；（4）提出一部分基金作為建築自然歷史館，擴充圖書館與圖書儀器；及建築學生宿舍之用。」隨後評議會也召開會議，積極聲援和支持教授會通過的建議案。11 月 14 日，評議會對董事會也提出了三項建議：「（1）提出一部分基金，作特別建築設備之用。圖書、儀器購置和圖書館、男女宿舍、自然歷史館等建築費用，總計需 105 萬元。除外部如羅氏基金會給予補助外，尚需撥付庚款基金至少 85 萬元；（2）自民國十八年起至二十年止，每年送留學十人，以公開考試方法選擇之；（3）裁撤留美自費學生津貼。」〔註 154〕但董事會對教授會、評議會所提建議及建設方案，卻「毫不置意，任便否決」，〔註 155〕引發評、教兩會教授的極大不滿。

從教授會、評議會所提的建議案來看，與校長羅家倫提出的改革計劃一致之處也頗多，如建議徹查基金、動用部分基金興建館舍發展學校等內容。另外，評議會也極為支持羅家倫提高教授待遇，以吸引人才的辦法。評議會也專門制訂有吸引優秀人才的優惠政策：教授定期休假，由學校供給休假旅費，並可以資助一些教授繼續進修深造；「上課鐘點少，較其他大學進修的時間多；

〔註 154〕 羅家倫：《整理校務經過及計劃》，《國立清華大學校刊》第 12 期，1928 年 11 月 23 日，第 3～4 版。
〔註 155〕 《軒然大波之清華風潮》，《申報》，1929 年 4 月 16 日，第 11 版。

圖書館、化驗室的經費也比其他學校充足」。〔註156〕清華校內逐漸形成了以校長、教授會和評議會為一方，聯合反對董事會一方的對立格局。

清華大學依據新頒布的《國立清華大學條例》，於1928年9月組織成立了新的董事會。函聘蔡元培（因司徒雷登辭職未就而由蔡替代）、楊杏佛、張歆海、唐悅良、任鴻雋、李書華、余同甲、凌冰、朱胡彬夏等9人為董事，〔註157〕無舊董事留任。11月29日下午，董事會在南京中央研究院召開第一次會議，〔註158〕著重討論了教授會、評議會所提出的基金清查和管理使用問題。

清華基金本有850餘萬元，在北洋政府時期，一向由外交部總次長及美國公使三人組成的基金保管委員會管理，具體管理則由外交部委派的管理基金秘書負責。秘書與外交部朋比為奸，將基金現款偷偷換做公債，數額達1348700元。南京國民政府初期，北京商業銀行又倒去481000元，大有銀行倒去5萬元等。據統計，單就以上耗失不下300萬元，餘下存於銀行的共計400餘萬。為防止基金再行流失，清華教授會建議董事會呈請政府徹底清查基金數額。此次董事會聽取建議後，決定推選楊杏佛、美國花旗銀行經理貝納德和由監察部委派一人，聯合徹查基金，以掃除積弊。在基金管理方面，董事會採納了清華教授會、評議會的建議，組織成立了財務委員會，來管理清華基金的存放、出納和投資等事宜。〔註159〕

在11月30日的會議討論中，董事會公布了《國立清華大學基金財務委員會組織章程》，該委員會由教育部和外交部聘請委員七人組成，其餘人員為「中美銀行家，各一人；教育、外交兩部，各派一人；清華大學董事一人；清華大學現任教授一人；清華大學畢業生一人」，專門負責基金的保管、存放等事項。〔註160〕基金財務委員會的設立，改變了以往由外交部總次長和美國公

〔註156〕蔣廷黻：《蔣廷黻回憶錄》，嶽麓書社，2017年，第138頁。
〔註157〕各董事中，唐悅良、任鴻雋被選為常務董事，而蔡元培、楊杏佛代表大學院（後改為教育部），張歆海代表外交部，其餘則皆為著名學者教授。參見蘇雲峰：《從清華學堂到清華大學（1928～1937）》，生活・讀書・新知三聯書店，2001年，第20頁。
〔註158〕此次會議出席董事有蔡元培、唐悅良、張歆海、楊杏佛、任鴻雋、凌冰、余同甲等人，列席者有教育部長蔣夢麟、清華校長羅家倫，蔡元培為會議主席。
〔註159〕《清華董事會重要決議》，《安徽教育行政週刊》第1卷第36期，1928年12月3日，第23～24頁。
〔註160〕《國立清華大學基金財務委員會組織章程》，《國立清華大學校刊》第25期，1928年12月24日，第4版。

使三人保管基金的局面，同時接受了教授會建議清華教授加入委員會的提議，使得基金的保管更加透明公開化。但在討論「動用基金，作擴充學校圖書儀器設備，增添建築問題」時，董事會卻以關係重大，「尚在審查中」為由，未予通過。〔註161〕

董事會又專門制定了五項原則，來強調基金不可動用，對學校預算也作了具體規定，要求學校年度預算按照新原則重新改定。具體辦法為：「（1）學校基金無論如何不得動用；（2）1928 年度預算，因 1927 年度決算，未經學校交來，無從審核，在現在改革初期，應以量入為出為原則；（3）學校經常費中，應以總預算中 1/10 為圖書購置費，1/10 為儀器購置費；（4）教職員薪俸，應由董事會規定薪額等級標準，以後增加，應照標準執行；（5）新建築如必須者，當由經常費中設法撙節移用，其大宗建築，在整理期中暫緩進行。」〔註162〕董事會對基金的使用堅持以「量入為出」為原則，實際上等於否決了教授會、評議會及校長羅家倫所提動用基金興建館舍、增添設備的發展計劃。

除了否決動用基金外，董事會還通過了取消市政工程學系的決議，羅家倫雖再三力爭，也毫無結果。市政工程學系的教職員接到校長來電後，迅疾發出聲明，反對撤銷。並列舉了數條不能取消的理由，希望董事會從速覆議取消此案。清華評議會、教授會及同學會，也予以積極聲援。〔註163〕評議會得知此事後，當即召集會議，「以董事會之議真相不明，無從討論」，隨即致電羅家倫，表示「取消工程系萬不能辦到」，並請羅就近與常務董事任鴻雋、唐悅良商洽，撤銷此案。〔註164〕學生會於 12 月 13 日在三院十二號召開會議，決定：「（1）電董事會請速再開會並撤銷取消工程系原案（通過）；（2）電請董事會覆議關於本校建築案先決問題；電請董事會請覆議量入為出原案（通過）；（3）電請校長留京力爭案（待得校長回來日期確信再發）（通過）。」〔註165〕

〔註161〕《董事會開會後之重要消息》，《國立清華大學校刊》第 17 期，1928 年 12 月 5 日，第 2 版。

〔註162〕蘇雲峰：《從清華學堂到清華大學（1928～1937）》，生活・讀書・新知三聯書店，2001 年，第 21～22 頁。

〔註163〕《市政工程學系教職員昨發出聲明書》，《國立清華大學校刊》第 20 期，1928 年 12 月 12 日，第 1 版。

〔註164〕《本校第八次紀念周　馮秘書長報告》，《國立清華大學校刊》第 20 期，1928 年 12 月 12 日，第 1 版。

〔註165〕《學生會評議會消息》，《國立清華大學校刊》第 22 期，1928 年 12 月 17 日，第 2 版。

教授會也於 12 月 14 日召開會議，議決了三項案件，其中第二項決議：「用教授會名義具正式函致董事會，請其覆議取消裁撤市政工程系案。函內並說明該系不能裁撤之理由（原函已由評議會起草，遂即通過）。」〔註166〕會後，教授會便致書董事會，明確反對取消市政工程系，稱：「對於本校已成立之市政工程系則議決於下學期裁撤，聞命之下不勝驚疑。貴會不准即時借用基金或為鞏固本校前途起見老成持重，敝會現不欲即有論列，惟市政工程學系敝會認為有存在之必要。」並列舉了四項理由，即市政工程人才適合現代需要，較其他工程人才急需；其他工科大學皆無此系，清華市政工程系在教育界負有特殊使命；而且市政工程系在清華已有穩固的基礎，冒然裁撤損失較大；該系學生有 54 人，在清華 13 個系中，除政治、經濟、化學三系外，人數為最多，約占新生 1/5。〔註167〕市政工程學系全體學生也發表宣言，希望「董事會本其維護本校之熱忱，對於本案慎加考慮，從速覆議，取消此案」，並表示「不達目的，誓不中止」。〔註168〕

在教授會、評議會和學生的一致反對下，常務董事唐悅良也不得不「分轉各董事徵求意見」。〔註169〕但董事會仍堅持撤銷的決議，並呈請教育部予以通過，市政工程系被撤銷，直到清華「改隸廢董」後，經評議會通過才重新恢復。

（二）「改隸廢董」運動

圍繞基金問題和市政工程系的裁撤問題，清華教授會、評議會、校長和學生會等方與董事會之間的矛盾衝突，漸成劍拔弩張之勢。1929 年 4 月，董事會在南京召開的第二次會議上，雙方矛盾進一步激化，清華師生遂發起「改隸廢董」運動，要求國民政府將清華由教育、外交兩部共管，改歸教育部專轄，同時廢除董事會制度。

1929 年 4 月 1 日至 4 日，董事會在南京中央研究院召開會議，到會者除

〔註166〕《教授會第三次會議》，《國立清華大學校刊》第 22 期，1928 年 12 月 17 日，第 1 版。

〔註167〕《國立清華大學教授會致董事會書》，《國立清華大學校刊》第 22 期，1928 年 12 月 17 日，第 3 版。

〔註168〕《國立清華大學工程學系全體學生宣言》，《國立清華大學校刊》第 23 期，1928 年 12 月 19 日，第 3～4 版。

〔註169〕《關於工程系問題之消息》，《國立清華大學校刊》第 25 期，1928 年 12 月 24 日，第 2 版。

羅家倫外，有董事唐悅良、楊杏佛、張歆海、凌冰、余同甲等人。董事會經過討論，決定「從速澈查基金，修改財務委員會章程，並建議於基金保管委員會」。〔註170〕張歆海、凌冰提議恢復清華的留學政策，獲得通過，決定「每年派定三十人，以造就人才」。〔註171〕清華又重新回到了留美預備學校的舊路。在討論羅家倫提出的學校發展計劃，和教授會代表馮友蘭提出的擴充學校、整頓留美學務等建議時，董事會仍堅持「量入為出」原則，拒絕動用基金。

馮友蘭是以清華教授會代表的身份列席會議的，並專程攜帶了一批學校發展計劃文件，來支持羅家倫向董事會申請動用四十萬元基金，作為擴建校舍、添置設備的費用。但董事會並未把教授會放在眼裏，「詭稱議案甚多，把清華的申請擱置」，還不准馮友蘭列席會議，後經過據理力爭，才允許馮列席，討論教授會建議改組董事會的提案，但對發言時間作了限制，以15分鐘為限。〔註172〕這些使得清華校長羅家倫和教授會代表馮友蘭頗為不快。會後，羅家倫決定辭去清華校長，以示抗議，並表示：「弟抱建設清華為完善學府之政策而來，而政策既受阻撓，弟決向國府辭職。進退光明，毫無愧怍。」〔註173〕其後羅於11日以「辦學政策不行，設施諸感困難」為由，正式向國民政府提交辭呈。〔註174〕

董事會拒絕動用基金，壓制清華長遠發展，粗暴干涉清華校務和蔑視教授會權威的做法，激起了清華師生的強烈不滿和反對。由此，清華師生發起了要求廢除董事會，改隸教育部專轄的「改隸廢董」運動。

4月6日，教務長吳之椿與楊振聲、葉企孫等評議員商議，因董事會兩次否決評議會的決議，已有四位評議員決定向教授會引咎辭職，以示未能盡責之罪。同時，因校長羅家倫憤而提出辭職，決定立即召開教授會，討論維持校務事宜。教授會經開會討論決定，向南京國民政府請願建議：「（1）撤銷清華

〔註170〕 《董事會開會消息》，《國立清華大學校刊》第55期，1929年4月5日，第1版。

〔註171〕 《學生會代表與董事余同甲先生談話詳記》，《清華大學校務改造特刊》第1期，1929年4月11日，第4版。

〔註172〕 馮友蘭：《馮友蘭自述》，中國人民大學出版社，2011年，第299～300頁。

〔註173〕 《羅家倫函告董事會開會情形》，《國立清華大學校刊》專號，1929年4月5日，第1版。

〔註174〕 《國立清華大學校長羅家倫呈國民政府為辦學政策不行懇請准予辭職》（1929年4月11日），臺北「國史館」藏，國民政府檔案，檔案號：001-032320-00007-007。

董事會和基金會。（2）將清華納入教育系統，歸教育部管轄，外交部不得干預清華事務。（3）批准動用基金四十萬元。（4）批准清華改制，正式成立清華大學。」〔註175〕清華全體學生也於4月7日召開代表大會，支持教授會提出的撤銷董事會和改歸教育部直轄的建議。〔註176〕同時，學生代表大會還發表了《請求取消董事會改隸教育部宣言》，列明瞭董事會阻礙清華發展所存在的五大問題。即（1）徹查基金未能盡責；（2）裁撤本校工程系；（3）阻礙發展計劃；（4）削減大學預算，恢復留學政策；（5）少數把持，不能尊重教授會意見。宣言中還明確指出董事時聚時散，負責不專；與學校關係疏遠，情形隔膜；董事個人各有其他任務，來去匆匆，決議草率等諸多缺點。〔註177〕

4月8日，教授會再次召開會議，決定由評議會代替教授會草擬一份改組董事會的方案，上「呈國府採納」，而對於校長羅家倫辭職一事，則「無人言之」。〔註178〕由此也可以看出教授會與羅家倫之間關係之淡漠，奠定了日後「驅羅」的基調。同日，評議會也響應教授會的決議，召開會議，宣布：「呈請國民政府取消董事會制度，實行教授治校，校長由教授推舉呈請國民政府任命之」，並選派二名代表親赴南京呈報。〔註179〕5月初，教授會正式選派葉企孫和楊振聲兩位代表南下赴京，向國民政府及教育部請願，「徹查清華基金，及改轄教部」。〔註180〕

「改隸廢董」運動，除了反對董事會專權，阻礙清華長遠發展外，也意在擺脫外交部對清華的控制，實現教育行政獨立。正如馮友蘭所說：「改隸廢董」是外交部和教育部之間「一番爭權奪利的鬥爭，最後教育部得到勝利」。〔註181〕原先的「清華學校係根據美國庚子賠款而設立，故向隸外交部。主其事者均外交系中人，官派與洋派兼而有之，曾不知教育為何事，學術為何事

〔註175〕馮友蘭：《馮友蘭自述》，中國人民大學出版社，2011年，第300頁。

〔註176〕《四月七日全體同學議決》，《清華大學校務改造特刊》第1期，1929年4月11日，第1版。

〔註177〕《國立清華大學全體學生為請求取消董事會改隸教育部宣言》，《清華大學校務改造特刊》第1期，1929年4月11日，第2～4版。

〔註178〕吳宓：《吳宓日記》第4冊（1928～1929），吳學昭整理，生活・讀書・新知三聯書店，1998年，第239頁。

〔註179〕《評議會第六次會議消息》，《國立清華大學校刊》第56期，1929年4月10日，第1版。

〔註180〕《國內要電三：行政院各部會政訊》，《申報》，1929年5月11日，第7版。

〔註181〕馮友蘭：《五四前的北大和五四後的清華》，鍾叔河・朱純編：《過去的學校》，湖南教育出版社，1982年，第60頁。

也。」〔註182〕外交部也一向「視清華為外府，緊抓不放」。〔註183〕先前清華的歷任校長及董事會成員，也多出自外交部。牟乃祚曾發文對清華「為什麼要直隸於教育部」作了回答，指出外交部對於基金的流失、管理失當負有不可推卸的責任，「基金的損失，是無可掩飾的事實，是在外交部手下損失的，外交部懷著鬼胎，不敢將清華放手，深怕一旦徹查，他們的黑幕終被揭穿」。〔註184〕有人還專門發文爆料，稱董事會通過的議決案是外交部傳統政策的體現，而外交部的傳統政策就是「把持清華，營私舞弊」！〔註185〕清華師生也深知外交部是阻礙清華發展的重要因素，在呈請國民政府的電函中，指明「清華大學之不能發展，實由外交部藉口外交把持校政」，請其徹查改革。〔註186〕

校長羅家倫也積極參與運作，支持廢除董事會，清華改歸教育部，目的也是希望掃清阻礙校長集權的障礙，以便於擴張個人權力，實現自己的改革計劃，同時也是幫助支持其入主清華的教育部，與外交部爭奪對清華管轄權的表現。

4月16日，羅家倫在上海接受記者採訪，將清華基金的損失、董事會的積弊情況，公之於眾。「號稱八百餘萬的清華基金中，有十年公債六十二萬零六百元，京綏鐵路股票五萬二千元，中國銀行股票二十萬元⋯⋯銀行存款現金約四百萬餘元，存在何處銀行，則不得知。」清華處在「兩部共管及董事會統治之下，任何措施不能進行，如教育部指令，謂每月匯美餘款可以撥校，而外交部指令則謂應存外部，即係顯著之例。而董事會又係有權無責之機關，本屆董事除任鴻雋先生一人外，其餘又無一人於清華改為國立大學後到校視察實際情形。」〔註187〕羅的談話將外交部保管基金的不良行徑公開化，

〔註182〕 浦江清：《清華園日記‧西行日記》，生活‧讀書‧新知三聯書店，1999年，第4頁。

〔註183〕 張朋園、陳三井等訪問：《郭廷以先生訪問紀錄》，臺北：「中央研究院」近代史研究所，1987年，第190頁。

〔註184〕 牟乃祚：《同學們對於此次運動應有的認識》，《清華大學校務改造特刊》第1期，1929年4月11日，第1版。

〔註185〕 凡：《打倒外交部的傳統政策》，《清華大學校務改進特刊》第1期，1929年4月11日，第2版。

〔註186〕 《國民政府文官處函行政院有關國立清華大學全體學生電請徹查改革外交部把持該校校政弊端一案》（1929年5月9日），臺北「國史館」藏，國民政府檔案，檔案號：001-091010-00001-007。

〔註187〕 《羅家倫與上海記者談話》，《國立清華大學校刊》第61期，1929年4月26日，第2～3版。

亦將董事會的積弊問題拋出，引發社會各界的廣泛關注，外交部在輿論壓力下也變得更加被動。而教育部則積極支持清華師生發起的「改隸廢董」運動。4月19日，行政院開會決定對羅家倫辭職予以慰留，並表示將責令外交部、教育部聯合，將清華「預算詳加審核，必令經費確定」。〔註188〕有上級部門作為後盾，羅家倫選擇繼續留任，積極推動「改隸廢董」運動。清華大學全體學生也選派代表親赴南京，請求政府改訂《國立清華大學組織條例》，改隸廢董。〔註189〕

　　行政院在4月30日取得美國公使的認可後，決定將清華基金全部交由「中華教育文化基金董事會」負責管理，每月經費也概由其代領代發。〔註190〕與此同時，羅家倫又與蔡元培、戴季陶和陳果夫等國民黨高層聯繫，以獲取支持，推動「改隸廢董」。戴季陶、陳果夫在羅的游說之下，於5月10日召開的國務會議上提出議案，建議清華由外交、教育兩部共管，改由教育部專轄，並修改組織條例，取消董事會。〔註191〕為確保萬無一失，羅家倫在會前還親自去拜謁了主持會議的行政院長譚延闓，最終建議案得以順利通過。〔註192〕5月15日，行政院遵照決議案，轉令教育部和外交部「遵照辦理」。〔註193〕「改隸廢董」運動取得勝利。

三、清華「教授治校」體制的完善及特點

　　「改隸廢董」運動的成功，為清華的發展掃清了主要障礙。經過此次勝利之後，教授會的威望也大為提高，實權大為增強。〔註194〕清華「教授治校」

〔註188〕《國民政府指令國立清華大學校長羅家倫為呈請辭職一案業經行政院決議慰留》（1929年4月19日），臺北「國史館」藏，國民政府檔案，檔案號：001-032320-00007-010。
〔註189〕《國立清華大學全體學生代表曹盛德等呈國民政府為請改訂國立清華大學組織條例》（1929年4月23日），臺北「國史館」藏，國民政府檔案，檔案號：001-091010-00001-003。
〔註190〕清華大學校史編寫組編：《清華大學校史稿》，中華書局，1981年，第99頁。
〔註191〕《國民政府文官處函行政院有關國務會議委員戴傳賢提議國立大學改由教育部專轄》（1929年5月11日），臺北「國史館」藏，國民政府檔案，檔案號：001-091010-00001-009。
〔註192〕羅家倫：《一個饒有興趣的鬥爭》，《文化教育與青年》，商務印書館，1946年，第103〜104頁。
〔註193〕《行政院長譚延闓函國民政府文官處》（1929年5月15日），臺北「國史館」藏，國民政府檔案，檔案號：001-091010-00001-010。
〔註194〕馮友蘭：《馮友蘭自述》，中國人民大學出版社，2011年，第300頁。

的體制也逐步走向正規和穩固。

（一）清華「教授治校」體制的完善

董事會被廢除後，其職權自然要被重新移交、分配。1929 年 6 月 12 日，教育部呈請行政院頒布了《國立清華大學規程》，對清華內部的組織結構進行了調整。規程中也刪除了原《國立清華大學條例》中「董事會」的內容，而增加了基金一章。〔註195〕董事會被取消後，其職權主要為評議會和教授會所分化繼承，評、教兩會的權力自然也進一步擴大，如評議會有權隨時調查基金的保管及使用情況。《國立清華大學規程》作為一份關於清華大學組織規程和辦事規則的法規文書，在此後很長時期一直是清華的章程性文件，這也保障了清華體制的穩定性。

以下從 1926 至 1929 年公布的三份關於清華組織規程的章程性文件中，評議會、教授會的職權、人員構成方面變化，來具體觀察清華「教授治校」體制的發展完善歷程。見下表：

表 3-4　清華評議會職權的演變（1926～1929）

條例、章程	《清華學校組織大綱》（1926 年 4 月）	《國立清華大學條例》（1928 年 9 月）	《國立清華大學規程》（1929 年 6 月）
成員	以校長、教務長及教授會互選之評議員七人組織之。	以校長、教務長、秘書長及教授會所互選之評議員四人組成之。	以校長、教務長、秘書長、各院長及教授會所互選之評議員七人組織之。
職權	（1）規定全校教育方針；（2）議決各學系之設立、廢止及變更；（3）議決校內各機關之設立、廢止及變更；（4）制定校內各種規則；（5）委任下列各種常任委員會：財務委員會、訓育委員會、出版委員會、建築委員會；（6）審定預算、決算；（7）授予學位（8）議決教授、講師與行政部各主任之任免；（9）議決其他重要事件。	（1）制定大學各部分之預算；（2）審議科系之設立或廢止；（3）擬訂校內各種規程；（4）建議於本大學董事會之事項。	（1）議決重要章制；（2）審議預算；（3）依據部定方針，議決建築及他項重要設備；（4）依據部定方針，議決各學系之設立或廢止；（5）依據部定方針，議決本大學派遣及管理留學生之計劃，與留學經費之分配；（6）議決校長交議之事項。

〔註195〕 《國立清華大學規程》（1929 年 6 月），《國立清華大學校刊》第 80 期，1929 年 6 月 14 日，第 3～4 版。

表 3-5　清華教授會職權的演變（1926～1929）

條例、章程	《清華學校組織大綱》（1926 年 4 月）	《國立清華大學條例》（1928 年 9 月）	《國立清華大學規程》（1929 年 6 月）
成員	以全體教授及行政部各主任組織之。	以本大學全體教授組織之。	以全體中國教授組織之，外國教授，亦得同等參加。
職權	（1）選舉評議會及教務長；（2）審定全校課程；（3）議決向評議會建議事件；（4）議決其他教務上公共事項。	（1）課程之編制；(2)學生之訓育；（3）學生之考試成績及學位之授予；（4）其他建議於董事會或評議會之事項。	（1）教課及研究事業改進之方案；(2)學風改進之方案；（3）學生之考試成績及學位之授與；（4）建議於評議會之事項；（5)由校長或評議會交議之事項。

資料來源：依據《清華學校組織大綱》（1926 年 4 月 15 日），《清華週刊》，1926 年第 25 卷第 3 期，第 161～163 頁；《國立清華大學條例》（1928 年 9 月），上海法學編譯社編：《法令大全》下冊，上海法學編譯社出版，1929 年，第 627～628 頁；《國立清華大學規程》（1929 年 6 月），《國立清華大學校刊》第 80 期，1929 年 6 月 14 日，第 3～4 版中關於評議會、教授會的相關規定整理而成。

　　從上表可知，1926 年，由清華「少壯派」教授主導制定的《清華學校組織大綱》中，評議會職權涵蓋學校的教育方針制定、學科廢立、財政和人事等諸多方面，組成人員中只有校長、秘書長 2 位行政人員，其餘為教授會互選代表 7 人，兩者比例為 2：7，教授代表占絕對多數，在校務決策中佔據主導地位。

　　但自南京國民政府建立之後，為了加強對清華的控制，開始壓制「教授治校」，倡導校長集權治校，並將評議會、教授會的部分職權轉交校長、董事會。在 1928 年 9 月由大學院會同外交部制定的《國立清華大學條例》中，對評議會的構成人員進行了調整，增加了行政人員秘書長，同時減少了三位教授代表，兩者比例變為 3：4，教授代表只占微弱優勢。而且原評議會職權也被壓縮，制定教育方針、重要規則、審議預算等項內容被轉歸董事會所有。隨著清華師生發起「改隸廢董」運動的勝利推進，教授治校的權力在鬥爭中得以增強。在 1929 年 6 月公布的《國立清華大學規程》中，評議會的構成人員再度發生變化，行政人員方面，仍然只有校長、教務長和秘書長 3 人，而文、理、法、工四個學院的院長則由教授會提名推選，餘則皆為教授會互選代表 7 人，行政人員與教授會推選出的代表比例為 3：11，教授會代表再度占絕對多數。

　　教授會在此期間權力也大為增強，並制定了《國立清華大學教授會議事

細則》，依據實際情況調整了教授會的人員構成，剔除了行政部各主任，而增加了外國教授，以「全體中國教授組織之，外國教授亦得同等參加」。細則中還對開會時間、投票方式等內容作了規定：教授會每月開常會一次，於第一個星期四舉行。如遇困難，得提早或延遲，但相差不得逾一星期。以教授總數的三分之一（休假教授不計在總數之內）為開會的法定人數。討論的議案分兩類，「普通議案，以投票總數之過半數，可票通過之；但校長、校務會議，或評議會提出或經會員五人請求認為重要之議案，以到會會員過半數之票，可通過之」。投票方法，則以舉手為原則；但遇到會會員五人請求時，則用不記名書面投票法。〔註 196〕教授會通過建議於評議會和審議校長、評議會交議之事項，對學校重要事務的決策管理發揮重要影響，鞏固和完善了清華「教授治校」的體制。

約翰·E·丘伯指出：「眾多的利益集團積極參與激烈的競爭，奪取公共威權，獲勝者能贏得法定權利（legal right）使他們的價值觀念深入學校教育中去。」〔註 197〕清華教授在取得「改隸廢董」運動的勝利之後，也迫切希望深入貫徹「教授治校」的制度理念。但在董事會被廢除後，校長的權力無形中也有所增強，羅家倫也希望繼續擴大校長權力，以掌控清華貫徹中央政府「黨化教育」之方針。原先潛藏的矛盾開始激化。

羅家倫雖然聯合教授會、評議會取得了「改隸廢董」運動的勝利，但在隨後的院長如何產生問題上，與教授會發生了分歧。羅家倫希望各院院長由其直接聘任，教授會則認為院長係學術領導，應由他們公開選舉產生。最終雙方各作了讓步，「教授會對每一院長公推出兩個候選人。校長在兩位候選人中擇一任命，但在擇任時，充分考慮會上票數的差別」。〔註 198〕

就其本質而言，羅家倫顯然不願意放棄對院長任命的主導權，因為這勢必影響校長的權威，也不符合南京方面倡導校長集權治校，以便更好地控制教育的方針。但在現實中，面對清華早已確立的「教授治校」傳統和教授民意，羅家倫自知已無翻盤的勝算，為了維護學校發展大局，只有選擇妥協接受。時為

〔註 196〕《國立清華大學教授會議事細則》（1931 年 4 月 2 日通過），王學珍、張萬倉編：《北京高等教育文獻資料選編（1861～1948）》，首都師範大學出版社，2004 年，第 637 頁。

〔註 197〕（美）約翰·E·丘伯、泰力·M·默：《政治、市場和學校》，蔣衡等譯，教育科學出版社，2003 年，第 47 頁。

〔註 198〕陳岱孫：《往事偶記》，商務印書館，2016 年，第 72～73 頁。

法學院院長的陳岱孫，對其間過程也有較為詳細的描述：「根據大學組織法，院長應由校長任命。但教授會認為教務長、秘書長主要是學校行政人員，可以由校長直接任命；而院長作為各學院教學學術工作的領導人，應由教授會公開選舉，但為了符合組織法的規定，可於選舉後再由校長任命。可能羅家倫在當時已經覺得教授會過問的事情太多了，甚至侵及於明文規定的校長的權限，故在這一問題上提出了異議。但教授會也固執己見。經過協商，雙方做了讓步。教授會對每一院長公推出兩個候選人。校長在兩位候選人中擇一任命，但在擇任時，充分考慮會上票數的差別。從 1929 年以後，這種決定各學院院長人選的程序便成為清華體制的一個傳統。」〔註 199〕

　　1930 年中原大戰爆發後，閻錫山與汪精衛在北平組建「國民政府」，清華部分教授和學生趁機發動「驅羅」運動，致使羅家倫辭職離校，一切校務由校務委員會負責處理。隨後佔據平津的閻錫山任命喬萬選為清華校長，也遭到清華師生的聯合抵制，發起了「拒喬」運動。在此期間，清華教務長、秘書長相繼辭職，文理學院院長也因事離校，校務會議陷入癱瘓狀態，教授會成為校務管理的主要機構，並徵得教育部同意，取得選舉代理教務長、秘書長的權力。〔註 200〕這樣教授會掌握了學校重要的人事選舉權（包括各院院長、教務長和秘書長），權力驟然擴大，也真正促成了「教授治校」的既定事實，並得到教育部等政府部門的認可，初步取得了合法地位。當 1931 年，蔣介石指派 CC 系的吳南軒為清華校長，堅持院長由校長全權任命，準備否定「教授治校」制，以實現校長集權治校時，遭到了清華師生的驅逐，迫使吳南軒最終去職。吳南軒辭職後，教育部任命正身處美國的梅貽琦（時為留美學生監督處監督）為校長，未到校之前，由翁文灝代理校務。〔註 201〕1931 年 12 月，梅貽琦由美國回到清華就任校長後，「始終保持教授治校的原則，遇事公開討論，集思廣益，擇善而從」，〔註 202〕清華「教授治校」體制得以進一步鞏固完善，迎來「校史中的黃金時代」。〔註 203〕

〔註 199〕陳岱孫：《往事偶記》，商務印書館，2016 年，第 72～73 頁。
〔註 200〕清華大學校史研究室編：《清華大學九十年》，清華大學出版社，2001 年，第 54 頁。
〔註 201〕《行政院第四十次國務會議》，《申報》，1931 年 9 月 24 日，第 10 版。
〔註 202〕劉崇鋐：《悼念先師梅月涵先生》，王雲五、羅家倫等：《民國三大校長》，嶽麓書社，2015 年，第 163 頁。
〔註 203〕何炳棣：《讀史閱世六十年》，中華書局，2014 年，第 95 頁。

（二）清華「教授治校」體制的特點

與北大、東大確立的「教授治校」制度體制相比，清華有其自身特點。它反映出中國近代大學在移植借鑒西方大學制度理念的同時，也注意結合自身發展實際，進行本土化改造，探索適合自身發展的體制模式。

第一，清華「教授治校」體制的建立與完善是教授群體通過主動鬥爭，獲取治校權力的結果，實現途徑呈現「自下而上」的特點。以「少壯派」教授為代表的清華知識分子群體，自覺伸張教授參與治校的權利，並在「教授治校」的原則理念下積極推動清華體制改革，以教授群體之力突破各種障礙與限制，不斷完善「教授治校」制度體制的構建。而北大、東大等校「教授治校」的確立，則主要是在校長的主導設計下進行的，其他教授則起輔助作用，呈現「自上而下」的特點。以上兩校體制中的教授治校權力的獲得，較多體現教授群體被動接受的色彩，得與失均不在自己掌握中，加上校內教師之間存在不同的利益集團，如北大有新舊派、英美派、法日派之分，東大有擁郭派、倒郭派之別，人事利益糾紛不斷，「教授治校」制度根基較為脆弱，缺乏持久的穩定性。相比於北大、東大，清華「教授治校」的確立具有自然生成的特點，由教授「自下而上」通過主動鬥爭而獲得，因而也更加持久穩定。事實也確實如此，清華自1926年初步確立「教授治校」體制後，經過30年代初較為動盪時期的重塑與完善，至梅貽琦長校時，迎來黃金時期，並一直維持至1948年底，〔註204〕始終如一，從未中斷。

第二，在制度設計上，相比於北大、東大，清華「教授治校」體制的分權制衡特點更為突出。清華評議會為重要的議事機構，議決學校重大事務，如審議預決算、制定章程、學系廢立等；校務會議負責處理學校日常行政事務，教授會則主要負責學校的教務事務，如教學科研事業改進方案、學位授予等。但評議會在議決學校重大事項時，須先徵求教授會的意見。學校大綱進行修訂時，由評議會開會以三分之二通過提出後，也須由教授會討論決定。而當教授會成員中有三分之二否認評議會議決的事項時，評議會須重新覆議。〔註205〕教授會對評議會具有一定的否決權，從而形成對評議會的制衡，防止其過分專斷。北大的教授會則僅設在各科系，負責各科系教學管理事務，並未設立校級

〔註204〕馮友蘭：《三松堂自序》，東方出版中心，2016年，第349頁。
〔註205〕《清華學校組織大綱》（1926年4月15日），《清華週刊》第25卷第3期，1926年4月，第161～162頁。

的教授會，在職權上也未對評議會形成某種制衡。

第三，清華「教授治校」的代議制特點更為突出。評議會的成員以校長、教務長、秘書長、各院院長和教授會互選的代表組織；校務會議由校長、教務長、秘書長和各院院長組成。而各院院長的產生則由教授會先推選出二人，再由校長就二人中擇一聘任。可知，在評議會和校務會議成員中，除校長、教務長、秘書長等當然會員外，其餘人員均由教授會選舉產生。校務會議、評議會和教授會之間呈現出一種遞進的關係，評議會類似教授會的常務機構，而校務會議又類似評議會的常務機構。三者間的相互關係可以直觀表述為：

（1）「三長」（校長、教務長、秘書長）＋各院院長＝校務會議

（2）校務會議＋教授代表＝評議會

（3）評議會＋其他教授＝教授會

如在 1929 年，清華大學依據《國立清華大學規程》，校務會議由校長梅貽琦、教務長張子高、秘書長何清儒和文學院長馮友蘭、法學院長蕭遽、理學院長葉企孫組成。而評議會中除了校長、教務長、秘書長和各院院長之外，其餘成員由教授會互選評議員七人，當時推選的七位教授評議員為蔣廷黻、吳正之、浦逖生、陳通夫、施嘉煬、鄭桐蓀、楊武之。〔註 206〕

此外，清華教授治校的權力範圍也更為廣泛，不僅僅局限於一般的學術性事務，也涵蓋其他非學術的行政性事務，教授掌握著完全的治校權。而東大教授治校的權力範圍主要集中在教務管理方面，其他行政性事務則由校長及行政委員會負責，東大「教授治校」體現的更多的是教授的參與權。

四、清華「教授治校」成功維持的原因

清華大學之所以能在南京國民政府強化「校長治校」，推行「黨化教育」，加強教育控制的背景下，仍保留了評議會、教授會等組織，堅守住「教授治校」的傳統和理念，主要有以下幾點原因。

首先，校內有一批留學歸國的「少壯派」教授，不斷推動清華的改革與發展，也是「教授治校」原則理念的堅定維護者。「清華當時的教授大部分都是三四十歲，對事業有進取心，不滿足於僅僅是維持現狀的局面，他們要求有一個在可以撇開校長的情況下，自動推動學校工作的力量。」〔註 207〕而且清華教

〔註 206〕《國立清華大學一覽》（1929 年），王強主編：《民國大學校史資料彙編》第 7 冊，鳳凰出版社，2014 年，第 9～10 頁。

〔註 207〕陳岱孫：《往事偶記》，商務印書館，2016 年，第 70～71 頁。

授多是庚款留學生，具有相同的留學背景和相似的價值觀，在文化和情感方面也多有共鳴，服膺和推崇「教授治校」的制度理念，具有較強的合作精神，對於推動清華的改制與發展發揮了重大作用，並深得學生群體的歡迎和支持。清華早期作為留美預備學校，校園生活上也呈現歐美化的一面，推崇個性自由。當校內外勢力意欲打破「教授治校」的傳統原則時，清華教授依託教授會、評議會等機構與校內外反對勢力博弈鬥爭，掀起了清華「改隸廢董」、驅羅（家倫）、拒喬（萬選）和驅吳（南軒）等一系列運動，將壓制教授治校權力發揮的董事會廢除，並由外交部、教育部共管改為教育部管轄，教授會的權力也在這些鬥爭中不斷坐大，令「教授治校」的制度理念在清華日漸穩固。

其次，清華雖然在國民政府接管後改為「國立」大學，但在經費來源上有其特殊性，不同於其他國立大學的經費全由政府劃撥。清華經費除政府撥款外，美國庚子賠款的基金佔有很大比例。據曾任清華歷史系主任的蔣廷黻所說：「除了政府所撥的經費外，清華另一個經費來源是退回的庚款，在當時每年可有四十萬元。美方按年繼續撥付，於是經費越積越多。就經費說，清華的確是中國大學中的天之驕子。」〔註208〕正因為如此，也保證了清華在教育經費上相對獨立的地位，從而免於受到政府過多的干預，國民政府企圖以經濟封鎖壓制清華的辦法難以奏效。經濟獨立支撐著清華學術獨立精神的涵育和發展，清華有底氣來反抗政府任命的政客型校長，敢於抵制試圖破壞清華「教授治校」的校內外勢力。

最後，梅貽琦對推動清華「教授治校」的真正落實和長久維持發揮了重要作用。梅貽琦在清華任教多年，人脈與資望均「獨一無二」，且早年留學美國，對歐美大學的辦學理念十分熟悉。梅貽琦治理清華，別人稱之為「無為而治」，梅本人則常以「吾從眾」三字自喻。〔註209〕他始終認為「教授是學校的主體，校長不過就是率領職工給教授搬搬椅子凳子的」。〔註210〕並提出了影響深遠的「大師論」，即「所謂大學者，非謂有大樓之謂也，有大師之謂也」。〔註211〕在其擔任校長期間，堅持教授治校的理念原則，進一步完善教授會、評議會等組織機構，憑藉其尊重教授、虛懷若谷的個人品格，將清華「教授治校」推向更高、更穩固的階段。清華大學在「事實上變成校長、教授互相

〔註208〕蔣廷黻：《蔣廷黻回憶錄》，嶽麓書社，2017年，第137頁。
〔註209〕黃延復：《梅貽琦教育思想研究》，遼寧教育出版社，1994年，第157頁。
〔註210〕清華大學校史編寫組編：《清華大學校史稿》，中華書局，1981年，第106頁。
〔註211〕梅貽琦：《梅貽琦談教育》，遼寧人民出版社，2015年，第7頁。

尊敬、合作無間、共同治校，最和諧、美滿、高效的新局面」，使得20世紀30年代的清華「不但是校史中的黃金時代，也構成全國高教史中最令人豔稱的一章」。〔註212〕此外，與其他學校相比，清華教師、學生中雖也存在國民黨或共產黨組織，但黨派作用影響不大。〔註213〕這也保障了清華校內較少受到黨派政治勢力的侵擾，有利於學校的團結穩定和「教授治校」的運行。

清華樹立的「教授治校」典範，不僅推動了本校各項事業的快速穩定發展，也對其他大學產生了重要影響，深深影響了抗戰時期及戰後高等教育事業的發展。抗日戰爭爆發後，清華「教授治校」的治理模式，又得以在西南聯大繼承和發揚，制度的延續性也並未因戰爭而中斷。

第四節　國立西南聯合大學的「教授治校」（1937～1946）

國立西南聯合大學（以下簡稱西南聯大或聯大）的校風表現為「教授治校，學術自由，科學民主，著重實幹」，而這一校風直接繼承了北大、清華和南開三校的傳統，其中的「教授治校」則主要承接於清華的傳統。〔註214〕作為一所三校合併而成的國立大學，三校雖有不同的風格與特色，但卻有一共同的原則：「學術獨立、教育神聖」。〔註215〕在此原則之下，西南聯大注意結合自身發展實際，對清華模式有所損益和發揚，形成了以常務委員會、校務會議和教授會為核心的治理結構。

一、西南聯大「教授治校」的確立

抗戰爆發後，地處平津的清華、北大慘遭蹂躪，南開校園更是遭到日軍轟炸，幾被夷為平地。1937年8月，國民政府「為使抗敵期中戰區內優良師資不至無處效力，各校學生不至失學，並為非常時期訓練各種專門人才以應國家需要起見」，專門制定了《設立臨時大學計劃綱要草案》，選定在長沙、西安

〔註212〕何炳棣：《讀史閱世六十年》，中華書局，2014年，第95頁。

〔註213〕蘇雲峰：《清華校長人選和繼承風波》，「中央研究院」近代史研究所集刊，1993年第22期下，第183頁。

〔註214〕戴世光：《懷念抗戰中的西南聯大》，西南聯合大學北京校友會編：《笳吹弦誦情彌切——國立西南聯合大學五十週年紀念文集》，中國文史出版社，1988年，第25頁。

〔註215〕江帆：《西南聯大剪影》，《讀書通訊》第35期，1942年2月1日，第14頁。

等地籌設臨時大學若干所。以國立北京大學、國立清華大學和私立南開大學在長沙組成長沙臨時大學，臨時大學以原各校校長任籌備委員會常務委員赴當地選址籌備。〔註216〕

（一）長沙臨時大學時的初步創立

清華、北大等校之所以選擇南遷長沙，據清華教授陳岱孫所說，主要原因是清華大學在戰前見華北形勢不妙，便將原計劃在清華園裏蓋一座文法大樓的 40 萬元預算，在長沙嶽麓山下建築了一整套的校舍，以備南遷之用。〔註217〕這些房屋校舍為學校南遷長沙提供了諸多便利。而且清華早在 1935 年華北局勢危機之際，便開始向南方撤離一部分設備器材與圖書，其後成為西南聯大工學院最重要的設備。〔註218〕1937 年 8 月 28 日，教育部長王世杰密諭指定張伯苓（南開大學校長）、梅貽琦（清華大學校長）、蔣夢麟（北京大學校長）為長沙臨時大學籌備委員會常務委員，負責勘定校址、支配經費、接收師生等事宜。〔註219〕籌備委員會也是此後常務委員會的雛形。經過各方努力，11 月 1 日，由三校聯合組成的長沙臨時大學（以下簡稱「臨大」），在長沙市韭菜園聖經書院正式復課。

北大、清華和南開在合組長沙臨時大學的同時，三校師生都堅信抗戰必定贏得最後勝利，故各校均保留了原先的一套獨立體系，以待勝利後盡快復校。長沙臨時大學也未設校長，校務主要由三校校長和教育部部派代表組成的常務委員會負責。三常委各有分工，蔣夢麟負責總務，梅貽琦負責教務，張伯苓則負責建築和設備。常務委員會之下設有秘書、教務、總務和建築設備四部，每部再分為若干組處理經常事務。為了分別辦理各類事務，臨大又陸續設立各種專門委員會，並聘請教授主持。如：圖書委員會、文學院院務會議委員會（因文

〔註216〕 《教育部設立臨時大學計劃綱要草案》（1937 年 8 月），北京大學、清華大學等編：《國立西南聯合大學史料》1．總覽卷，雲南教育出版社，1998 年，第53 頁。在西安以北平大學、北平師範大學、北平研究院、天津北洋工學院（原北洋大學）等院校為基幹組成西北臨時大學。

〔註217〕 方靳、方群：《陳岱孫教授談西南聯大》，雲南省政協文史資料研究委員會，西南聯合大學北京、昆明校友會等合編：《雲南文史資料選輯》第 34 輯，雲南人民出版社，1988 年，第 2 頁。

〔註218〕 張曼菱：《西南聯大行思錄》，生活·讀書·新知三聯書店，2013 年，第 17 頁。

〔註219〕 《教育部關於任命長沙臨時大學負責人的密諭》（1937 年 8 月 28 日），王學珍、張萬倉編：《北京高等教育文獻資料選編（1861～1948）》，首都師範大學出版社，2004 年，第 753 頁。

學院設在南嶽聖經學校，故特設委員會予以管理）、防空委員會等組織機關。

　　為了節省開支和提高教學管理效率，臨大對北大、清華、南開三校中科系相同或相近者進行了整合重組，重組後的長沙臨時大學共設四個學院（文、理、工、法商）十七個學系。各學系皆設立教授會，由該系教授組成，負責各系的課程編制，工作分配及籌劃設備等事宜，教授會主席由常委會從各系教授中推選。〔註220〕各系教授會主席名單如下：

　　　一、關於文科者：

　　中國文學系　教授會主席　朱自清（清）

　　外國語文系　教授會主席　葉公超（北）

　　歷史社會系　教授會主席　劉崇鋐（清）

　　哲學心理教育系　教授會主席　馮友蘭（清）

　　　二、關於理科者：

　　物理系　教授會主席　饒毓泰（北）

　　化學系　教授會主席　楊石先（南）

　　生物系　教授會主席　李繼侗（清）

　　算學系　教授會主席　江澤涵（北）（未到前推楊武之代）

　　地質地理氣象系　教授會主席　孫雲鑄（北）

　　土木系　教授會主席　施嘉煬（清）

　　機被系　教授會主席　李輯祥（清）

　　電機系　教授會主席　顧毓琇（清）

　　化工系　教授會主席　張子丹（南）

　　　三、關於法商科者：

　　經濟系　教授會主席　陳總（清）

　　政治系　教授會主席　張佛泉（北）

　　法律系　教授會主席　戴修瓚（北）

　　商學系　教授會主席　方顯亭（南）〔註221〕

〔註220〕《長沙臨時大學籌備委員會工作報告書》（1937年11月17日），北京大學、清華大學等編：《國立西南聯合大學史料》第1卷·總覽卷，雲南教育出版社，1998年，第4頁。

〔註221〕《長沙臨時大學各學系設置》（1937年10月），北京大學、清華大學等編：《國立西南聯合大學史料》第1卷·總覽卷，雲南教育出版社，1998年，第58頁。括號中的清、北、南為清華、北大和南開的簡寫。

從以上名單中可知，在 17 位學系教授會主席之中，出自清華的有 8 位，北大的有 6 位，南開最少，僅有 3 人，這與當時三校的師生比例有很大關係。長沙臨時大學在校學生共有 1452 人，清華占絕大多數，有學生 631 人，北大則有 342 人、南開 147 人；另有在戰時特殊情況下的借讀生 218 人。臨大共有教師 148 人，也是清華最多，有 73 人，北大則有 55 人，南開 20 人。清華在師生人數上佔了將近一半。〔註 222〕而這顯然又與清華在戰前較早做好了南遷準備有關。清華師生在長沙臨時大學居於主導地位，也為臨大和後續西南聯大「教授治校」的推行創造了有利條件。

從長沙臨時大學的組織結構建設來看，因處於三校倉促聯合的初始階段，師生人員較少，結構相對簡單，尚未設立校務會議和校一級的教授會，處於「教授治校」的初創階段。其特點是上層注重決策效率，基層注重民主決策。由三校校長組成常務委員會，商決一切行政方針，且三人各有分工，以提高辦事效率；由學校聘請教授組成各種專門委員會，處理各專門性事務；基層各學系的事務則主要由各系教授會負責辦理。

（二）西南聯大期間的健全與完善

因戰事原因，長沙臨時大學僅僅維持了一個學期，便再度南遷昆明。1937 年 12 月 13 日，南京淪陷後，武漢告急，日軍進逼南昌，長沙陷入戰火的邊緣，成為日軍轟炸的目標之一，學校當局呈請教育部作續遷內地之計。蔣夢麟還親赴漢口徵詢教育部長陳立夫的意見，並直接找蔣介石言明遷往昆明的建議及理由，蔣介石深以為然，建議他「派人到昆明勘尋校址」。〔註 223〕

1938 年 1 月，長沙臨時大學師生分兩路前往雲南昆明，〔註 224〕歷時 68

〔註 222〕 （美）易社強：《戰爭與革命中的西南聯大》，饒家榮譯，九州出版社，2012 年，第 16 頁。

〔註 223〕 蔣夢麟：《西潮‧新潮：蔣夢麟回憶錄》，新星出版社，2016 年，第 188 頁。

〔註 224〕 據吳徵鎰所述，遷滇師生主要分為兩群：「一群是女生和體格不合格或不願步行的，概經粵漢路至廣州，轉香港、海防，由滇越路入滇。其餘約有二百餘人則組織成為湘黔滇旅行團。旅行團採用軍事管理，分兩個大隊三個中隊，由黃子堅先生負責領導，湘省省主席張治中先生特派黃師岳中將擔任團長，三位教官以毛鴻先生為首，分別擔任三個中隊的中隊長，小隊長概由同學擔任，團部尚有同學一小隊，事務員一人，醫官徐行敏等三人。同行教師共十一人，為聞一多、許駿齋、李嘉言、李繼侗、袁希淵、王鍾山、曾昭掄、毛應斗、郭海峰、黃子堅諸先生和我，組成輔導團。」參見吳徵鎰：《「長征」日記——由長沙到昆明》，西南聯大除夕副刊主編：《聯大八年》，西南聯大學生出版社，1946 年，第 8 頁。

天，橫跨湘黔滇三省，跋涉 3500 里，有「小長征」之譽。〔註225〕至 1938 年
4 月，臨大師生相繼抵達昆明，並奉教育部令正式更名為國立西南聯合大學，
5 月 4 日開始上課。由於昆明市區缺乏足夠的校舍，理、工學院設在昆明，以
迤西會館、全蜀會館為校舍，作為聯大本部。文、法學院則暫時設在蒙自，租
借原法國銀行及法國領事館舊址為校舍，為聯大分校，待新建校舍完工後遷入
昆明。〔註226〕

　　西南聯大初期的管理體制基本沿襲了長沙臨時大學時的原有體系，以常
務委員會主持全校校務，為最高行政領導機構，但成員有所擴大。為充分體現
集體領導和「教授治校」精神，除北大、清華和南開三校校長及秘書主任外，
增加了各學院院長和各處處長，「本校常務委員會開會時，請本校各院、處長
列席」。〔註227〕常委會每週舉行一次，討論學校各項重大事務，諸如人事安
排、學校各部門的設立或撤銷、經費開支等事項。常務委員會作出決議後，下
屬各部門負責具體執行。

　　1938 年 12 月 21 日，西南聯大第九十八次常委會議決：「自本學年起，本
校常務委員主席任期定為一年，由清華、北大、南開三校校長按年輪值。」
〔註228〕但實際上「張氏（伯苓）並不直接負責，多由蔣氏（夢麟）對外，梅
氏（貽琦）主內。年來蔣氏又因兼任其他的要職，常在各地來往，所以聯大實
際上的重擔，都在梅氏一人」。〔註229〕而且張、蔣二人多留居陪都重慶，只有
梅貽琦長期留在昆明，故實際上常委會主席一直由梅貽琦擔任，〔註230〕主持

〔註225〕聞黎明曾撰文對長沙臨時大學西遷昆明時的這次「小長征」作了細緻考察，
　　　　涉及臨大師生圍繞西遷的論爭、湘黔滇旅行團的發起原因與組建形式（軍事
　　　　組織形式）、途中行軍生活體驗等內容。參見聞黎明：《長沙臨時大學湘黔滇
　　　　「小長征」述論》，《抗日戰爭研究》，2005 年第 1 期，第 1～33 頁。
〔註226〕叔簡：《抗戰中的昆明》，《申報》（香港版），1938 年 7 月 12 日，第 3 版。
〔註227〕《第九十一次會議》（1938 年 10 月 18 日），北京大學、清華大學等編：《國立西
　　　　南聯合大學史料》第 2 卷·會議記錄卷，雲南教育出版社，1998 年，第 70 頁。
〔註228〕《西南聯大常委會關於梅貽琦任常委會主席的決議》（1938 年 12 月 21 日），
　　　　北京大學、清華大學等編：《國立西南聯合大學史料》第 4 卷·教職員卷，雲
　　　　南教育出版社，1998 年，第 4 頁。
〔註229〕戚觀光：《清華大學與梅貽琦》，《中華人報》第 11 期，1945 年 9 月 16 日，第
　　　　15 頁。
〔註230〕其實西南聯大的學生在三大常委中也最為認可梅貽琦。據畢業於西南聯大的
　　　　任繼愈所說：「西南聯大時期同學們曾議論過北大的蔣夢麟校長和清華大學
　　　　的梅貽琦校長，認為梅貽琦校長在辦教育，蔣夢麟校長在當官，後來竟給宋
　　　　子文當秘書去了。有人說，這也許是北大的舊傳統太深，『國子監祭酒』非有

全校校務工作，未曾實行輪值制度，一直到 1946 年 7 月 31 日西南聯大結束為止。三校校長之間合作融洽，張伯苓曾對蔣夢麟說「我的表你帶著」，天津話的意思，即「你作我的代表」。〔註231〕蔣夢麟也曾言：「聯大校政處理的很好，我像一隻猴子在外面跳來跳去去接洽事務，梅校長像隻駱駝，每日在辦公室裏規劃、督導，處理公文，帳目審核的很清楚。」〔註232〕《申報》駐昆明特派員張生力對蔣、梅、張三人的關係也作過形象的描述，稱如果將西南聯大比作一個大家庭，三位常委則「情同兄妹」，「蔣常委辦外交，梅常委主中饋，張常委專駐陪都，擔任聯絡，協助聯大的外交內政，辦外者放得開，主中饋者收得攏，交相為謀，相得益彰」。〔註233〕

正因為梅貽琦長期擔任常委會主席，掌理全校校務，加上三校之中清華的財力、人力和物力在聯大所佔比重最大。〔註234〕「南開的人少、錢少，物質力量也小，占不到十分之一。其餘的是另兩個學校分攤，其中，清華佔了有一半多。」〔註235〕梅貽琦也曾作過一個形象的比喻，將西南聯大比作一個戲班，其班底子是清華，北大、南開則是派出些名角參與共同演出。〔註236〕在此格局之下，西南聯大的各種規章制度，主要以清華為藍本，清華「教授治校」的制度理念也被繼承和發揚。

常務委員會之下設有教務處、總務處和建設處〔註237〕等教學行政機構，每處又設若干組，分管學校日常行政事務，又另設工程處，辦理建築校舍事宜。〔註238〕教務處、總務處等處領導均由教授擔任，聯大八年間，潘光旦、

官氣不可把？太學生關心國事的傳統與國子監祭酒當官的傳統竟綿延不斷地傳襲了兩千年！」參見任繼愈：《中國的文化與文人》，現代出版社，2017年，第 3 頁。

〔註231〕鄭天挺：《梅貽琦先生和西南聯大》，馮友蘭、吳大猷等：《聯大教授》，新星出版社，2010 年，第 2 頁。

〔註232〕江帆：《西南聯大剪影》，《讀書通訊》第 35 期，1942 年 2 月 1 日，第 14 頁。

〔註233〕張生力：《在昆奮鬥八年‧北返在即》，《申報》，1946 年 5 月 14 日，第 7 版。

〔註234〕正是因為清華長期在聯大居於主導地位，而觸發了北大的自尊心、危機感，引起了人事、組織上的一些爭執。關於聯大內部校際間分合競爭的原因和發展的過程，可參見嚴海建：《抗戰時期西南聯大內部校際分合的界限與爭論》，《高等教育研究》，2020 年第 3 期，第 100～109 頁。

〔註235〕何兆武：《上學記》，人民文學出版社，2016 年，第 101 頁。

〔註236〕馮友蘭：《馮友蘭自述》，中國人民大學出版社，2011 年，第 310 頁。

〔註237〕國民政府為加強對學生的政治思想控制，要求各大學設立訓導處。1939 年 7 月，西南聯大撤銷建設處，增設訓導處，查良釗任訓導長。

〔註238〕梅貽琦：《抗戰前後之清華》，石油工業出版社，2018 年，第 6 頁。

樊際昌、周炳琳、梅貽琦、楊石先、李繼侗等人先後擔任教務長；周炳琳、楊振聲、沈履、鄭天挺、查良釗、鮑覺民等人先後就任總務長。〔註239〕其他教學行政機構中，除三位常委為專職外，各院院長、各處處長和各系主任也均由教授兼任，但「兼職不增薪，課程負擔與一般教授相同」。〔註240〕

　　由於專職人員和常設機構較少，為了有效辦理學校各項事務，在常務委員會之下，還設立了多種專門委員會，如建築設計委員會、戰區學生救濟及寒苦學生貸金委員會、防空委員會、校舍委員會等各專門事務委員會，〔註241〕以協助常委會處理各項教學、行政或應急事宜。各委員會設主席一人，委員若干人，由常委會依據具體情況聘請教授兼職擔任，職責為指導、諮詢和審查委員會工作，但無報酬，所設委員會多屬臨時性質，待事情辦完之後，便隨即撤銷。〔註242〕各種專門委員會的設立，彰顯了聯大民主管理的一面，充分體現了教授參與學校管理，在校務治理中的主體地位和核心作用。

　　除常務委員會及其下設各處、專門委員會之外，依循「教授治校」的原則，西南聯大還設有兩個舉足輕重的機構——校務會議和教授會。

　　常務委員會雖然是學校最高行政機構，但真正決定校務的卻大半是由教授會推選出教授代表所組成的校務會議。〔註243〕校務會議是全校的行政審議機構，類似清華的評議會，由教授會選舉代表若干人，與聯大常委、各院院長、各處長等人組成，每學期舉行一次。〔註244〕1938年5月，西南聯大公布了《國立西南聯合大學校務會議組織大綱》，對校務會議的人員構成、職權作了明確規定。成員除常務委員、秘書主任、教務長、總務長和各院院長等為當然會員外，教授、副教授互選之代表十一人，由教授會投票選舉產生，任期一

〔註239〕《西南聯大四長及各行政組織與院系負人》，北京大學、清華大學等編：《國立西南聯合大學史料》第1卷·總覽卷，雲南教育出版社，1998年，第91～92頁。
〔註240〕西南聯合大學北京校友會編：《國立西南聯合大學校史：1937至1946年的北大、清華、南開》，北京大學出版社，1996年，第37頁。
〔註241〕蕭超然、沙健錄等：《北京大學校史（1898～1949）》，上海教育出版社，1981年，第218頁。
〔註242〕夏和順：《全盤西化臺前幕後：陳序經傳》，廣東人民出版社，2010年，第121頁。
〔註243〕沈石：《西南聯大群相（上）》，《申報》，1946年1月25日，第5版。
〔註244〕方靳、方群：《陳岱孫教授談西南聯大》，雲南省政協文史資料研究委員會，西南聯合大學北京、昆明校友會等合編：《雲南文史資料選輯》第34輯，雲南人民出版社，1988年，第1頁。

年，每學院教授代表至少有一人。校務會議由常委會主席主持，職權為審議：
「（1）本大學預算及決算；（2）大學學院學系之設立及廢止；（3）大學各種規
程；（4）建築及他項重要設備；（5）校務改進事項；（6）常務委員會交議事
項。」〔註245〕可見，校務會議的職權相當廣泛，對學校的財政、規章及學校
的長遠發展規劃等事務均有審議之權。

西南聯大初期，在昆明的理、工學院本校和在蒙自的文、法學院分校，各
設立有獨立的校務會議。本校的校務會議由理、工兩院院長、總務長、教務
長、建設長及推選的教授代表五人組成，負責「處理兩院院務及本校經常事
務」；而蒙自分校所設的校務會議，則由文、法兩院院長和推選的四名教授代
表組成，負責兩院教務等有關事宜，會議主席也由推選產生。〔註246〕據鄭天
挺日記所載，1938年5月2日下午，蒙自分校召開教授會，推選出四名代表
參加校務會議，並投票選出了教授會主席，湯用彤得票最多（當選），陳岱孫
次之。〔註247〕

各院推選的教授代表人數在校務會議中多於院長等行政人員，保障了教
授在校務決策的主導作用。後期蒙自分校併入昆明本部後的校務會議也是如
此，成員由教授會推選11位（後又增加一位，變為12位）教授代表，〔註248〕
3位常務委員，秘書主任、教務長、總務長各1人，及文、理、工、法商4個
學院的院長（1938年8月又增設師範學院）組成，「協調處理一切」，〔註249〕
教授會選舉的代表人數也是大於行政人員。而且蔣夢麟、張伯苓二位常委長
期不在昆明，較少出席會議，秘書主任一職在1941年楊振聲辭職後又長期空

〔註245〕《國立西南聯合大學校務會議組織大綱》（1938年5月），北京大學、清華大
學等編：《國立西南聯合大學史料》第1卷·總覽卷，雲南教育出版社，1998
年，第105頁。

〔註246〕蕭超然、沙健孫等編：《北京大學校史（1898～1949）》，北京大學出版社，1988
年，第330頁。

〔註247〕鄭天挺：《鄭天挺西南聯大日記》上冊，中華書局，2018年，第57頁。

〔註248〕如在1938年12月27日，西南聯大召開教授會，推選二十七年度校務會議
教授、副教授代表。經投票推選出朱自清、陳總、葉企孫、陳福田、錢端升、
張奚若、葉公超等11人為代表，另推選出潘光旦、湯用彤、羅常培等6人為
候補代表。參見西南聯合大學北京校友會校史編輯委員會編：《國立西南聯合
大學校史資料》，北京大學出版社，1986年，第19頁。

〔註249〕《中國國民黨三民主義青年團中央擬事會書記長張治中呈團長蔣中正有關西
南聯合大學現況概述》（1944年8月10日），臺北「國史館」藏，國民政府
檔案，檔案號：001-014100-00010-005。

缺，各院院長、教務長、總務長等職位也均為教授兼任，就事實而言，教授在校務會議中佔據絕對優勢，充分體現了西南聯大「教授治校」的精神理念。

西南聯大參照長沙臨時大學，仍設立各系教授會，負責各系事務管理。為了更好體現「教授治校」原則，聯大又增設了更高一級的校級教授會，作為學校重要的教務和審議諮詢機構。

1938 年 10 月 26 日，西南聯大公布了《西南聯大教授會組織大綱》。依照大綱規定，教授會「以全體教授、副教授組織之；常務委員及常務委員會秘書主任為教授會當然會員」。教授會由常務委員會主席負責召集和主持，不定期召開，每學年至少一次，遇有重大事項，亦可自行建議集會。教授會作為教授等專職教師的正式代表機構，具體職權為審議：「（1）教學及研究事項改進之方案；（2）學生導育之方案；（3）學生畢業成績及學位之授與；（4）建議於常務委員會或校務會議事項；（5）常務委員會或校務會議交議事項。」〔註 250〕

圖 3-3　國立西南聯合大學的教學、行政組織機構圖

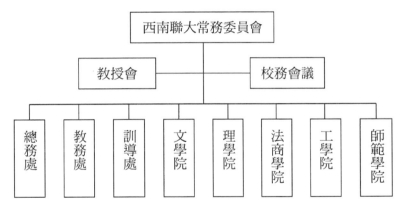

資料來源：蕭超然、沙健孫等：《北京大學校史（1898～1949）》，北京大學出版社，1988 年，第 331 頁。西南聯合大學北京校友會編：《國立西南聯合大學校史：1937 至 1946 年的北大、清華、南開》，北京大學出版社，1996 年，第 36 頁。

從表面上看，教授會的職權主要集中在學術事務方面，對學校行政決策鮮有觸及。其實不然，教授會通過選舉教授代表參加校務會議，間接地對學校日常行政事務發揮決策作用。常務委員會或校務會議作出的決議，有時也須經教授會審議決定。同時，《西南聯大教授會組織大綱》中規定教授會有權向常

〔註 250〕《西南聯大教授會組織大綱》（1938 年 5 月），清華大學校史研究室編：《清華大學史料選編》第 3 卷下冊，清華大學出版社，1994 年，第 139 頁。

委會或校務會議提建議，並審議其通過的決議，從而形成對常委會和校務會議的權力制衡，在維護教師權益、民主決策管理方面發揮了重要作用。而當學校面臨重大事務決策時，教授會又會利用教授的權威，成為學校決策的主導力量，享有重要事務的決定權，權威在常務委員會和校務會議之上。

據現存的聯大教授會議記錄顯示，1939 年至 1946 年的八年間，共召開過32 次會議，其中 1939 年 2 次，1940 年 3 次，1941 年 2 次，1942 年 4 次，1943年 3 次，1944 年 4 次，1945 年則達到了 12 次之多，1946 年 2 次。〔註 251〕總體來看，一般情況下教授會每年開會二或三次。1945 年召開的 12 次會議中，其中 9 次是在「一二‧一」運動期間召開的，教授會通過發表宣言、選派代表出席周旋，較好地維護了師生權益和學校穩定，教授會的權威也從中體現出來。從下文聯大教授對「黨化教育」的抵制和改善生活待遇的抗爭中亦能看出。

除了校系兩級教授會外，聯大又在各學院設立了院務委員會，由該學院各系教授會主席（後改稱系主任）〔註 252〕和教授代表組成，負責處理學院教學管理事宜，以充分發揮教授在基層院系事務管理中的主導作用。由此，聯大建立起了校院系三級的教授會組織，為教授參與各級事務決策管理提供了平臺和組織保障。

（三）西南聯大對清華模式的繼承

從上述對西南聯大教授會、校務會議和常務委員會等組織機構的介紹中，可以隱約看出聯大建構起的「教授治校」體制對清華模式的繼承。為了更加直觀，筆者特制作以下兩個表格，來觀察聯大教授會、校務會議與戰前清華大學教授會、評議會之間的承繼關係。

從表 3-6 中可知，聯大教授會與戰前清華大學教授會在審議事項的內容上，除個別字句表述差異外，本質上並無差別。只不過在建議、交議對象方面，因所設機構不同而有所不同，具體對應關係上，清華校長與聯大的常務委員會相對應；清華評議會與聯大校務會議相對應，雙方對應的職能也基本類

〔註 251〕北京大學等編：《國立西南聯合大學史料》第 2 冊‧會議記錄卷，雲南教育出版社，1998 年，第 519～565 頁。

〔註 252〕1939 年 6 月 13 日，常委會決定將各學系教授會主席，「自下學年起一律改稱為系主任」。參見《第一一○次會議》（1939 年 6 月 13 日），北京大學、清華大學等編：《國立西南聯合大學史料》第 2 卷‧會議記錄卷，雲南教育出版社，1998 年，第 95 頁。

似。從表 3-7 聯大的校務會議與戰前清華大學評議會的職權、人員對比中，便可直觀看出。

表 3-6 清華教授會與聯大教授會的審議事項對比

名　　稱	清華教授會	聯大教授會
審議事項	（1）教課及研究事業改進之方案；（2）學風改進之方案；（3）學生之考試成績及學位之授與；（4）建議於評議會之事項；（5）由校長或評議會交議之事項。	（1）教學及研究事項改進之方案；（2）學生導育之方案；（3）學生畢業成績及學位之授與；（4）建議於常務委員會或校務會議事項；（5）常務委員會或校務會議交議事項。

資料來源：《國立清華大學規程》（1929 年 6 月），《國立清華大學校刊》第 80 期，1929 年 6 月 14 日，第 4 頁。《西南聯大教授會組織大綱》（1938 年 5 月），清華大學校史研究室編：《清華大學史料選編》第 3 卷下冊，清華大學出版社，1994 年，第 139 頁。

表 3-7 清華評議會與聯大校務會議的成員、職權對比

名稱	清華評議會	聯大校務會議
成員	以校長、秘書長、教務長、各院長及教授會所互選之評議員七人組織之。	常務委員、秘書主任、教務長、總務長、各院院長，教授、副教授互選之代表十一人
職權	（1）議決重要章制；（2）審議預算；（3）依據部定方針，議決建築及他項重要設備；（4）依據部定方針，議決各學系之設立或廢止；（5）依據部定方針，議決本大學派遣及管理留學生之計劃，與留學經費之分配；（6）議決校長交議之事項。	（1）本大學預算及決算；（2）大學學院學系之設立及廢止；（3）大學各種規程；（4）建築及他項重要設備；（5）校務改進事項；（6）常務委員會交議事項。

資料來源：《國立清華大學規程》（1929 年 6 月），《國立清華大學校刊》第 80 期，1929 年 6 月 14 日，第 4 頁。《國立西南聯合大學校務會議組織大綱》（1938 年 5 月），北京大學、清華大學等編：《國立西南聯合大學史料》第 1 卷·總覽卷，雲南教育出版社，1998 年，第 105 頁。

　　從表 3-7 可以看出，聯大校務會議在人員構成設置方面，基本繼承了戰前清華評議會的人員配置。而在職權方面，兩者也僅在第五項有所差別，其他幾項內容實質上相差不大。故我們可以認為聯大的校務會議本質上是對戰前清華評議會的「翻版」再現。馮友蘭在談及清華大學「教授治校」體制時指出，清華「評議會好像是教授會的常務委員會」。〔註253〕轉述而來，我們也可以提

〔註253〕馮友蘭：《三松堂自序》，東方出版中心，2016 年，第 349 頁。

出聯大的校務會議好像是聯大教授會的「常務委員會」。在此結構體制之下，清華大學「教授治校」的分權制衡等諸特點在聯大也均能體現。

二、聯大教授對「黨化教育」的抵制

西南聯大在「教授治校」的原則理念下，教授在校務決策管理上擁有很大的發言權和支配權，尤其是學校的教學科研、教師聘任等學術事務。為了維護學術自主獨立，聯大教授以教授會、校務會議、教務會議等為重要的利益訴求平臺，對於國民政府、CC 系試圖在戰時控制教育，而制定的一些教育統制政策進行抵制或變通，反對將教育與政治聯繫起來。

（一）對「部頒」、「黨化」課程的變通

抗戰時期，教育部以「抗戰教育」之名，而行「黨化教育」之實。蔣介石在 1938 年初任命陳立夫為教育部長，將 CC 系作為組織眾人對抗內外攻擊的核心力量，亦是邁向教育政治化的重要一步，也因此遭到一批「自由主義教育者的強烈不滿」。〔註 254〕而西南聯大無疑是自由主義教育者的集結地，反抗也最為強烈。

聞一多指出：「大學的課程，甚至教材都要規定，這是陳立夫做了教育部長後才有的現象。」〔註 255〕陳立夫鑒於各大學的課程設置、教材紛亂無序，參差不齊，決定強制統一基礎課，並制定了課程整理辦法草案。整理原則有三點：（1）規定統一標準。先從規定必修科目入手，選修科目暫不完全規定。（2）注重基本訓練。先注意於學術廣博基礎之培養，文、理、法各科基本學科定為共同必修，然後專精一科以求合於由博返約之道。（3）注重精要科目。大學科目設置力求統整與集中，瑣屑科目一律刪除。在這些原則之下，教育部要求全國大學各院系必修及選修課程，一律由教育部規定，必修科目也必須全國統一。〔註 256〕

1938 年 9 月，教育部頒發了《文理法三院分院共同必修科目令》，規定各大學除了國文、中國通史、西洋通史等必修科目外，須增列「三民主義」和

〔註 254〕（美）費正清：《費正清中國回憶錄》，閻亞婷、熊文霞譯，中信出版社，2017年，第 287～288 頁。

〔註 255〕聞一多：《八年的回憶與感想》，西南聯大除夕副刊主編：《聯大八年》，西南聯大學生出版社，1946 年，第 7 頁。

〔註 256〕教育部教育年鑒編纂委員會編：《第二次中國教育年鑒》第 5 編，商務印書館，1948 年，第 7 頁。

「倫理學」兩課為共同必修科目。〔註257〕「三民主義」科目主要包括建國大綱、孫文學說、民權初步、民生史觀、實業計劃、國民黨歷屆宣言、國民黨史、抗戰建國綱領等內容，共四個學分，為期一年，要求學生必讀與以上內容相關的參考書，並需做讀書筆記。〔註258〕「倫理學」科目則是 1942 年 5 月教育部奉蔣介石的手令要求各校院設置的，增列此課的目的是「注重闡述先哲嘉言懿行，暨倫理道德方面各種基本概念，以砥礪學生德行，轉移社會風氣」。〔註259〕實質上是利用中國傳統倫理文化教育和政治思想教育課程，將已走向西化的學校課程中國化，以求一定程度上減緩西方自由民主思想的影響，並從思想上對青年學生進行控制引導。

受戰爭影響，各大學更加依賴政府財政的支持與補助，教育部長陳立夫控制著中國所有國立大學的經費預算。〔註260〕西南聯大作為一所國立大學，經費主要依託政府撥給，故聯大也不得不仰給遵照。但聯大雖增列了「三民主義」和「倫理學」公共必修課，並設立了「三民主義教學委員會」，以教育心理學教授陳雪屏為主任。但陳雪屏深知聯大師生對講授黨義課十分反感，故將此必修課調整在夜間授課，並專門邀請一些著名教授來演講，轉而變成了系列講座課。陳雪屏在給學生講授此課時，講題也都是「理想與現實」相關的話題，而非按要求講三民主義、倫理學等相關內容。〔註261〕同時，三民主義專題課程主要由一些國民黨籍的教授講解，除三青團的學生外，其他學生也極少去聽課。聯大教授在實際執行時也較為寬鬆，要求學生於期終交一篇讀書報告等形式便給予及格，後期對那些從未來聽課或交讀書報告的學生，也在成績單上及格通過。〔註262〕「倫理學」科目自 1942 年秋設置後，一直由哲學系教授馮友蘭講授，並以上大課的方式進行，三四百人一塊露天上課，講授的內容也並非教育部指定的書目，而主要是馮本人的《新世訓》《新原人》等著作。聯

〔註257〕《教育法令：教育部頒發文理法三院分院共同必修科目令（附科目表）》，《教育通訊》第 28 期，1938 年 10 月 1 日，第 9～15 頁。

〔註258〕孫培青主編：《中國教育管理史》，人民教育出版社，2013 年，第 408 頁。

〔註259〕教育部教育年鑒編纂委員會編：《第二次中國教育年鑒》第 5 編，商務印書館，1948 年，第 15 頁。

〔註260〕（美）費正清：《費正清中國回憶錄》，閻亞婷、熊文霞譯，中信出版社，2017 年，第 285 頁。

〔註261〕西南聯大除夕副刊主編：《聯大八年》，西南聯大學生出版社，1946 年，第 195 頁。

〔註262〕西南聯合大學北京校友會編：《國立西南聯合大學校史：1937 至 1946 年的北大、清華、南開》，北京大學出版社，1996 年，第 44 頁。

大在應付數年後，至 1945 年秋將此兩個必修課目一起停開。〔註263〕

為了使各大學課程統一標準化，教育部還於 1938 至 1939 年間制定了統一的課程表、部訂教材、教學大綱及學生成績的考核方法。教育部長陳立夫更是三次下令西南聯大，要求「教材內容、考試方法、課程設施都要全國統一」，由教育部核准。〔註264〕聯大教授對於強制統一教材、課程，違背教學自由的要求頗為反對。

1940 年 6 月，西南聯大召開由全體教授參加的教務會議，決定向常委會提交呈文，表達對教育部措施的抗議與不滿。呈文中列明暸建議教育部取消此類政策的因由：「大學為最高學府，包羅萬象，要當同歸而殊途，一致而百慮，豈可以刻板文章，勒令從同。世界各著名大學之課程表，未有千篇一律者，即同一課程各大學所授之內容亦未有一成不變者。惟其如是，所以能推陳出新，而學術乃可日臻進步也。」教育部為政府機關，其教育政策宜常不宜變。「若大學內部甚至課程之興廢亦須聽命於教部，則必將受部中當局進退之影响，朝令夕改，其何以策研究之進行，肅學生之視聽，而堅其心志。」再者，「今教授所授之課程，亦經教部之指定，其課程之內容亦須經教部之核准，使教授在學生心目中曾教育部一科員之不若，在教授固已不能自展其才，在學生尤啟輕視教授之念，與部中提倡導師制之意適為相反」。〔註265〕

6 月 10 日，聯大召開常務委員會，贊成教務會議在呈文中所提之建議和主張，並以常務委員會名義正式向教育部提出異議，教育部也並未作出回覆，〔註266〕實際是默認了聯大教授所提的異議，故聯大並未遵照教育部規章要求而統一課程教材。1944 年 7 月，教育部又專門委派高等教育司司長吳俊升來滇，與西南聯大、雲南大學等高校商談課程問題，經討論協商，教育部最終也作出妥協，於 9 月 1 日依據討論重新制定和頒布了課表、課程修訂稿。〔註267〕

〔註263〕清華大學校史編寫組編：《清華大學校史稿》，中華書局，1981 年，第 301 頁。

〔註264〕任繼愈：《自由與包容：西南聯大的人和事》，江西教育出版社，2017 年，第 60 頁。

〔註265〕《西南聯合大學教務會議就教育部課程設置諸問題呈常委會函》（1940 年 6 月 10 日），王學珍、張萬倉編：《北京高等教育文獻資料選編（1861～1948）》，首都師範大學出版社，2004 年，第 795 頁。

〔註266〕任繼愈：《自由與包容：西南聯大的人和事》，江西教育出版社，2017 年，第 33 頁。

〔註267〕（美）易社強：《戰爭與革命中的西南聯大》，饒佳榮譯，九州出版社，2012 年，第 86 頁。

在此期間，1943 年 9 月 16 日，教育部也曾指派劉健群（三青團中央幹事）作為代表，來昆明宣傳推行統一教材事宜，並攜帶了一份「部頒中國文學系課程安排」，其目的是將聯大中文系的教材統一在國民黨的控制之下，此事遭到了聯大教授聞一多及其他教授的強烈反對，〔註 268〕最終也未成行。

對於教育部要求各校教授上交課程綱要，以便制定統一教學大綱的計劃，聯大教授也予以堅決抵制，認為這是對學術獨立的侵犯，「要麼象徵性地告訴對方已收到通知，要麼敷衍了事」。教育部在 1943 年公布推薦的 42 門必修課的教學大綱中，也「沒有證據表明，其中任何一門是聯大教授的旨意」。〔註 269〕聯大教授對於教育部指定的各科教科書，亦表示不屑一顧。教科書主要由各系主任及教授商議決定所用書目，而講什麼、怎麼講全由教師自己掌握。〔註 270〕為了改進教學工作，聯大許多係也都自編了一些教材。據任繼愈所說：當時中國文學系編印的《國立西南聯合大學國文選》很受歡迎，增訂重印了好幾次，編選印行的《國立西南聯大語體文示範》也被其他學校所採用，工學院也自編了幾種大學叢書。〔註 271〕

（二）對教員資格審定的「不合作」

大學教員資格的聘任、審定，過去均由各大學依據教員的學術地位與成績，自行決定，教師聘任和等級的標準也參差不齊。陳立夫認為「提高大學素質，審定教員資格正名定分，並多以優禮獎勵，乃當務之急」。〔註 272〕為了規範和統一教師的聘用、等級標準，在陳的主持和建議下，教育部於 1940 年 8 月頒布了《大學及獨立學院教員聘任待遇暫行規程》，要求「各校應於每學年開始兩個月內，造具教員名冊呈報」教育部，由教育部審核備案名冊。〔註 273〕

10 月 4 日，教育部又公布了《大學及獨立學院教員資格審查暫行規程》，

〔註 268〕聞黎明、侯菊坤編：《聞一多年譜長編》，湖北人民出版社，1994 年，第 664 頁。

〔註 269〕（美）易社強：《戰爭與革命中的西南聯大》，饒佳榮譯，九州出版社，2012 年，第 86 頁。

〔註 270〕何兆武：《上學記》，人民文學出版社，2016 年，第 108 頁。

〔註 271〕任繼愈：《自由與包容：西南聯大的人和事》，江西教育出版社，2017 年，第 39 頁。

〔註 272〕陳立夫：《成敗之鑒——陳立夫回憶錄》，臺北正中書局，1994 年，第 254 頁。

〔註 273〕《大學及獨立學院教員聘任待遇暫行規程》（1940 年 8 月），王學珍、張萬倉編：《北京高等教育文獻資料選編（1861～1948）》，首都師範大學出版社，2004 年，第 796 頁。

對大學教員的資格審定辦法及升等作了嚴格要求。依據規程要求，大學及獨立學院教員分為教授、副教授、講師、助教四個等級，各校教員等別資格必須向教育部備案，再教育部提交學術審議委員會審查，審查合格者，由教育部頒發載明教員等別的證書。〔註 274〕此兩項規程公布之後，各大學教授囿於自身學術的獨立性與清高的品格，「不屑由政府官僚任意抉擇」，故送審者寥寥無幾，社會輿論也多不予以支持，認為這些規程「傷害高等學術之尊嚴」。〔註 275〕

聯大教授對於教育部制定的教員資格審查、聘任待遇等規程也以反對為主，並持不合作的態度。據聞一多所說：「有一次教育部要重新『審定』教授們的『資格』，教授會中討論到這問題，許多先生，發言非常憤慨。」〔註 276〕可見，聯大大部分教授並不願意附和規程，上交教育部備案審查。聞一多所提的這次教授會係於 1942 年 5 月 21 日召開，當日大會主席梅貽琦首先作報告，宣讀教育部對於大學教師資格之審查，及頒布的三種規程、細則。梅指出：「過去本校因文書組主管人員更動，已遲延甚久，未照章呈覆。但部章規定，每一教師年資之敘定，必須在部令公布後二年內呈報，始能生效。為顧全同人之資歷起見，似不能不早日遵照部令舉辦。」〔註 277〕

梅讀完報告後，在會議討論環節，大多數教授予以反對。鄭天挺日記中對當日的會議情形，有詳細描述：與會教授中，周炳琳建議「教授資格審查一事，校中不辦，其自願送審者，可自行呈部」。繼之發言者楊今甫、崔書琴、羅常培等人表示異議，待至張奚若發言時，更是「首痛詆教育部，其辭甚峻，繼主不必有決議，校中收得若干，即呈送若干」。鑒於分歧嚴重，大會主席梅貽琦最後表示，此次大會「不作決議」。〔註 278〕梅的表態，實則默許了教授可憑個人意願送審，而非強制提交。從其後官方公布的合格教授名單中亦可看出，聯大約有 170 名正副教授，但只有 31 人上報接受教育部審查。教育部對於聯大

〔註 274〕《大學及獨立學院教員資格審查暫行規程》（1940 年 10 月 4 日），阮華國編：《教育法規》，大東書局，1947 年，第 184～186 頁。

〔註 275〕歐元懷：《抗戰十年來中國的大學教育》，《中華教育界》復刊第 1 卷第 1 期，1947 年 1 月 15 日，第 13 頁。

〔註 276〕聞一多：《八年的回憶與感想》，冉隆中主編：《昆明讀城記》，雲南人民出版社，2014 年，第 57 頁。

〔註 277〕《三十年度第三次會議》（1942 年 5 月 21 日），北京大學、清華大學等編：《國立西南聯合大學史料》2·會議記錄卷，雲南教育出版社，1998 年，第 532 頁。

〔註 278〕鄭天挺：《鄭天挺西南聯大日記》上冊，中華書局，2018 年，第 559 頁。

教授桀驁不馴、不合作的態度，大為惱火，遂決定以停發工資相威脅，後經蔣夢麟親赴重慶協調之後，工資問題才告解決。〔註 279〕

　　為了提高各校教授呈送教育部審查資格的積極性，教育部又制定了一些涉及教授的優惠獎勵政策，以吸引其送審。1941 年 5 月 8 日，教育部頒行了《國立專科以上學校教授休假進修辦法》，規定國立專科以上學校，對於連續在校任專任教授滿七年以上成績卓著者，「應依照大學及獨立學院教員聘任待遇暫行規程第五條之規定，予以離校考案或研究半年或一年之機會」，對於「合於前條規定之專任教授，而未經學校予以休假進修機會者，得由校呈經教育部核准離校考察或研究一年，經費由教育部撥給之」，同時須提交一份研究計劃送教育部審核，待考察結束後，亦須將研究所得報部審核。〔註 280〕1942 年 11 月，教育部又設置了專科以上學校教員獎助金，其主旨在於「獎勵服務有成績之專科以上學校教員研究著述，並減輕其戰時生活上困難」，獎助金分甲乙兩種。〔註 281〕教育部發布的以上針對教授的獎勵措施，均明令以審查合格者為限。除了送審合格教授准予休假進修，撥發研究經費及給予獎勵金外，教育部後來又宣布「對於合格資深望重之教授，經過同科目教授之選舉可以擔任部聘教授」。〔註 282〕

　　在一系列優惠政策的吸引下，送審人數才有所增長，為此教育部還特設學術審議會專管其事，但最終也未過半數。據統計，「核定等級的大學教員四千餘人，占全體百分四十左右」。〔註 283〕政府通過提供金錢獎勵和行政命令的方式試圖控制教師，雖一定程度上影響了教師的行為，但同時也增加了與教師間的疏遠感，削弱了常規權力的有效性。〔註 284〕送審教師仍未過半數即是很好的證明，足見大多數教師對於教育部審定教員資格一事的不屑。西南聯大也

〔註 279〕（美）易社強：《戰爭與革命中的西南聯大》，饒佳榮譯，九州出版社，2012 年，第 87 頁。

〔註 280〕《國立專科以上學校教授休假進修辦法》（1941 年 5 月 8 日），王學珍、張萬倉編：《北京高等教育文獻資料選編（1861～1948）》，首都師範大學出版社，2004 年，第 806～807 頁。

〔註 281〕教育部教育年鑒編纂委員會編：《第二次中國教育年鑒》，商務印書館，1948 年，第 30～31 頁。

〔註 282〕陳立夫：《成敗之鑒——陳立夫回憶錄》，臺北正中書局，1994 年，第 254 頁。

〔註 283〕歐元懷：《抗戰十年來中國的大學教育》，《中華教育界》復刊第 1 卷第 1 期，1947 年 1 月 15 日，第 13～14 頁。

〔註 284〕（美）羅伯特·伯恩鮑姆：《大學運行模式：大學組織與領導的控制系統》，別敦榮主譯，中國海洋大學出版社，2003 年，第 15 頁。

秉持自願原則，由各教授自願送審、申報。〔註285〕但從結果來看，聯大教授表現得並不積極，先後只有四位教授提交研究計劃，獲准休假，只有一位教授由教育部資助出國。直到抗戰勝利後，才又有張景鉞、劉仙洲、任之恭、楊石先四位教授，由教育部資送出國研究，〔註286〕足見聯大教授對教育部政策配合度之一斑。

　　政府對大學的干預控制與大學尋求自主之間一直存在著一定的矛盾。從上述論述中可以看出，聯大教授對於政府的教育統制政策，並非惟命是從、積極貫徹，而是秉持強烈的教育責任感與使命感，對不合理的政策予以抵制和批判。並依靠「教授治校」之管理體制，努力維護學術自由、獨立。而且大部分教授對於政府橫加介入大學的一些政策十分反感，「無時不是感覺煩悶、苦惱和無聊」，認為「現在的教育，不但較以前沒有進步，而且大有每況愈下的趨勢」，他們所希望的是教育當局能下決心「徹底改變教育方針」，選擇有抱負、有毅力的人員「來執行中國的教育改造」。〔註287〕換言之，聯大教授並不認可政府教育部門（陳立夫等人）的人員素養和制定的教育政策。

三、聯大教授在生活待遇上的抗爭

　　抗戰時期，受戰爭影響，軍費激增，政府財政拮据，物資緊缺，重慶政權陷入通貨膨脹的無底深淵。〔註288〕地處西南邊陲的昆明，因大量外來人口遷入，且自身發展水平滯後，無川西和兩湖一帶富庶，在1942～1943年間，昆明的物價漲了近300倍。〔註289〕昆明也成為抗戰以來漲價最先，升漲也最快、最高，教員及其他薪給階級受害最烈的地區。〔註290〕聯大教授生活日益貧困化，為了改善生活待遇，他們依託教授會等組織，採取上書中央，在報刊上發表宣言，選派代表赴渝請願等方式，要求政府增加補助，以改善師生的生活水平。

〔註285〕西南聯合大學北京校友會編：《國立西南聯合大學校史：1937至1946年的北大、清華、南開》，北京大學出版社，1996年，第515頁。

〔註286〕蕭超然等編：《北京大學校史（1898～1949）》，北京大學出版社，1988年，第385～386頁。

〔註287〕曾昭掄：《對大學教育的一個希望》，《戰時青年》新5期，1940年11月16日，第2～3頁。

〔註288〕（美）史景遷：《追尋現代中國（1600～1949）》，溫洽溢譯，四川人民出版社，2019年，第580頁。

〔註289〕西南聯合大學北京校友會編：《國立西南聯合大學校史：1937至1946年的北大、清華、南開》，北京大學出版社，1996年，第73頁。

〔註290〕陳達：《浪跡十年之聯大瑣記》，商務印書館，2013年，第113頁。

（一）通貨膨脹與教授的困苦生活

抗戰初期，聯大教授積極獻金捐物，甘願將薪資扣除三成，為抗戰貢獻一份力量。在長沙臨時大學時，教授們的生活已是十分清苦，聞一多在寫給妻子的信中說：「一天喝不到一次真正的開茶。至於飯菜，真是出生以來沒有嘗過的，飯裏滿是沙，肉是臭的，蔬菜大半是奇奇怪怪的樹根草葉一類的東西。」〔註291〕但當教授們想到，與抗戰殺敵、衝鋒陷陣的將士們相比，這點苦並不算什麼，故在精神上尚能樂觀處之。

自1941年暑假以來，昆明物價飛漲，教授多拖家帶口，依靠工資已難以維持基本生活。學生的境遇也大體如此，在1938年時，學生每月只要七元就可以天天吃肉和雞蛋。但到了1941年，通貨膨脹嚴重，生活費用大幅增長，學生「終月嘗不到肉味」。〔註292〕聯大教授王力在1942年發文，對當時的物價上漲情況作過形象的說明：「這兩三年來，因為物價高漲的緣故，朋友一見面就互相報告物價，親戚通信也互相報告物價。」「當你寫信給你的親戚報告本市物價的時候，別忘了補充一句：『信到時，不知又漲了多少。』或者你可以依照你寫信時的物價再加一倍報告，等到他看見信的時候，實際的時價也就差不多了。」〔註293〕

聯大文學系教授陳寅恪也曾作詩，描述當時的通貨膨脹：「少陵久負看花眼，東郭空留乞米身。日食萬錢難下箸，月支雙俸尚憂貧。」〔註294〕詩中所提的「雙俸」，係指1941年6月教育部設置的「部聘教授」，〔註295〕陳寅恪順利入選，按規定「部聘教授」，除了每月發給薪俸600元外，另有學術研究費補貼1000元，故稱為「雙俸」。但在當時通貨膨脹嚴重的情況下，作為教授裏級別最高的「部聘教授」的薪俸，仍合不到兩石（320斤）大米的價

〔註291〕聞一多：《致高孝貞》（1937年11月8日），《聞一多書信集》，群言出版社，2014年，第103頁。

〔註292〕《八年來同學的生活與學習》，西南聯大除夕副刊主編：《聯大八年》，西南聯大學生出版社，1946年，第44頁。

〔註293〕王力：《龍蟲並雕齋瑣語》，北京聯合出版公司，2012年，第26頁。

〔註294〕陳寅恪：《陳寅恪集·詩集》，生活·讀書·新知三聯書店，2001年，第41頁。

〔註295〕部聘教授須具備以下條件：「1.在國立大學或獨立學院任教授十年以上者；2.教學確有成績，聲譽卓著者；3.對於所任學科有專門著作，且具有特殊貢獻者。」部聘教授須由教育部提經學術審議委員會全體會議出席委員三分之二以上之可決定後聘請之。參見《教育部設置部聘教授辦法》（1941年6月3日），中國第二歷史檔案館編：《中華民國史檔案資料彙編》第5輯第2編教育（一），檔案出版社，1997年，第723頁。

錢。〔註296〕陳寅恪也因為營養不良，致使目疾愈發嚴重，飲恨終生。

梅貽琦身為聯大常委和清華校長，生活條件亦十分艱苦：「屋中瓦頂未加承塵，數日來，灰沙、雜屑、乾草、亂葉，每次風起，便由瓦縫千百細隙簌簌落下……湯裏飯裏隨吃隨落。每頓飯時，咽下灰土不知多少。」〔註297〕部聘教授和聯大常委的生活尚且如此，一般教授的生活狀況可想而知。如聞一多全家為節約開支，「從每天的三頓乾飯改為兩頓，兩頓乾飯還不能維持時就只能喝稀飯，菜蔬從白菜豆腐降為豆渣，全家都需束緊腰帶忍受飢餓」。〔註298〕

（二）聯大教授依託教授會的抗爭

在生活難以維繼的情況下，蔡維藩、華羅庚、陳省身、吳晗等54位聯大教授聯名要求常委會，從速召開全體教授大會，商議解決辦法。

1941年12月3日下午三點，西南聯大召開教授會議，梅貽琦作為大會主席，報告了學校的經費情況，並重點討論了教授的「生活救濟問題」。〔註299〕大會經討論決定，組織起草委員會，以教授會名義，將最近生活艱苦，無法維持之情形詳細說明，請常務委員會轉呈教育部，請求切實救濟。「先撥發緊急救濟費；如有必要，並請常務委員赴渝一行，與教育部直接商洽」。〔註300〕王力對此次教授會討論的情形有詳細的描述，與會教授各取所長，建言獻策，十分積極，「經濟學教授供給物價的指數，數學教授計算每月的開銷，生物學教授說明營養的不足」，「可惜文學教授不曾發言，否則必有一段極精彩極動人的描寫」；教授們所希望的不過是政府能對通貨膨脹有所抑制，將「薪水的實在價值能合戰前的五十元」。〔註301〕

教授會將大會決議致函常務委員會，請其轉達教育部，盡快採取措施，增

〔註296〕陳明遠：《文化人的經濟生活》，文匯出版社，2005年，第216頁。

〔註297〕梅貽琦：《梅貽琦西南聯大日記》，中華書局，2018年，第242頁。

〔註298〕任繼愈：《自由與包容：西南聯大的人和事》，江西教育出版社，2017年，第39頁。

〔註299〕梅貽琦：《梅貽琦西南聯大日記》，中華書局，2018年，第110頁。

〔註300〕《三十年度第二次會議》（1941年12月3日），北京大學、清華大學等編：《國立西南聯合大學史料》第2卷·會議記錄卷，雲南教育出版社，1998年，第531頁。

〔註301〕王力：《龍蟲並雕齋瑣語》，北京聯合出版公司，2012年，第29頁。王力在文中還補充說道：「其實政府何嘗不加薪？只是公務員的加薪和物價的飛漲好比龜兔競走，這龜乃是從容不迫的龜，那兔卻是不肯睡覺的兔，所以每次加薪都不免令人有杯水車薪之感了。」

加經費補貼，以改善教授生活的窘境。常委會於 12 月 18 日召開會議，決定：「如本大學三十一年（1942 年）度經費果可增至三百七十五萬元，本大學應自三十一年一月份起按照職教員同人月薪原額加發百分之三十五，作為同人研究補助費，其月薪在二百元以下者均給七十元，月薪不滿七十元者照其原薪額給補助費百分之百，於每月發薪時一併發放。」〔註 302〕從決議的措辭中可知，教授加薪的前提是教育部必須增加聯大的經費，否則一切補助也將無從談起。

就戰時各大學經費而言，國民政府以抗戰為名，軍費開支巨大，遂決定縮減文教經費，全國各國立院校的經費改按七成發放。起初西南聯大的經費也以七成發給，但後來又被再次削減，改按七成中的四成撥給。教育部還以統籌辦理高等教育事業財源為由，令聯大三校上繳所餘三成經費，從而造成聯大再無獨立經費可用。聯大的經常費和臨時費也完全由政府審計部直接領導，按核定預算發放，並在聯大專門設立有會計室，以監督學校財政。〔註 303〕清華大學的經費原由美國退還庚款提供，但自 1939 年 1 月之後，受戰爭影響，「財部當局因海關收入十九為敵人所扣留，遂將庚款債款（為關稅擔保者）一律停付」，造成原先經費十分充裕的清華，也「一時遂竟無著落」，〔註 304〕唯有仰賴政府撥給。

西南聯大的發展嚴重依賴政府財政的資助，但教育部平均每年撥給經費僅 120 萬元左右，僅相當於戰前清華一校的歲出經費，與 12 月 18 日常委會要求將年度經費增至 375 萬元，還存在很大差距。據梅貽琦在日記中所說：1941 年國民政府用於教育文化事業費，共計一萬三四千萬，「其中用於軍事機關者約五千萬，國民教育一千萬，用於高等教育（110 單位）者只三千萬」。〔註 305〕西南聯大也只不過是這 110 個單位之一，平均每個學校不到 30 萬元，經費顯然嚴重不足。因而，聯大在寄希望於教育部增加經費的同時，也採取了一些自救措施。如設立職教員消費合作社、給集體用餐者補助薪炭工資等應急

〔註 302〕《第二○二次會議》（1941 年 12 月 18 日），北京大學、清華大學等編：《國立西南聯合大學史料》第 2 卷·會議記錄卷，雲南教育出版社，1998 年，第 213 頁。

〔註 303〕清華大學校史編寫組編：《清華大學校史稿》，中華書局，1981 年，第 320～321 頁。

〔註 304〕梅貽琦：《抗戰前後之清華》，石油工業出版社，2018 年，第 8 頁。

〔註 305〕梅貽琦：《梅貽琦西南聯大日記》，中華書局，2018 年，第 42 頁。

辦法。1942 年，費正清作為美國情報協調局駐華代表，赴昆明西南聯大考察時，也指出聯大師生雖因生活困境，而「充斥著絕望、悲慘」，但卻仍能「勇敢面對、互相支持」。〔註 306〕

西南聯大教授會要求政府增加經費的請求，至 1942 年 11 月，教育部才作出回應，准予聯大經費追加 130 萬元，並撥給 10 萬元臨時費。〔註 307〕1943年 1 月，美國聯合援華會打算為西南聯大教員提供醫療幫助、戰時生活補助和子女教育等方面的救濟。但蔣介石看後卻大發雷霆，認為此項援助是丟臉的事，否決了這項提議。當蔣夢麟告知聯大教員援助計劃遭上層否決時，引來全體教員的強烈抗議，認為鑒於租借法案和艱苦的生活狀況，「接受美國援助並不丟臉」。〔註 308〕這也引起了聯大教授對政府當局的不滿。

1943 年 5 月，因昆明物價驟然高漲，教授生活日益艱苦。聯大經濟系教授楊西孟在雜誌上發文指出：1943 年教授「薪津的實值只等於戰前法幣 8 元」，並直言「以戰前 8 元至 10 元的待遇怎樣維持他們和他們家庭的生活呢」？教授之中，「典賣衣服以及書籍，賣稿賣文、營養不足、衰弱、疾病、兒女夭亡等等現象」，層出不窮。〔註 309〕潘光旦吃耗子肉的事，更是盛傳一時，其在重慶當銀行家的兄弟聽說後，趕緊匯了一筆錢，叫他賣豬肉吃。〔註 310〕楊西孟在私下與鄭天挺、羅常培等人談話時，也批判國民政府對經濟統制、物價問題無作為，而「反致力於思想統制」。〔註 311〕

在此背景下，1943 年 5 月 12 日，以法商學院為主的 21 名教授，聯名要求召開教授會，商談生活問題，並提出了要求政府增加生活補貼的具體建議，及如果遭到政府拒絕後的應對辦法：「一、要求照生活指數發戰前四十元之生活費；二、如不得請則絕食一日；三、如更不得請則向外募捐；四、如仍不得

〔註 306〕（美）費正清：《費正清中國回憶錄》，閻亞婷、熊文霞譯，中信出版社，2017年，第 223 頁。

〔註 307〕《三十一年度第一次會議》（1942 年 11 月 26 日），北京大學、清華大學等編：《國立西南聯合大學史料》第 2 卷‧會議記錄卷，雲南教育出版社，1998年，第 537 頁。

〔註 308〕（美）費正清：《費正清中國回憶錄》，閻亞婷、熊文霞譯，中信出版社，2017年，第 264～265 頁。

〔註 309〕馮至：《昆明往事》，雲南省政協文史資料研究委員會，西南聯合大學北京、昆明校友會等合編：《雲南文史資料選輯》第 34 輯，雲南人民出版社，1988年，第 12 頁。

〔註 310〕馮友蘭：《馮友蘭自述》，中國人民大學出版社，2011 年，第 103 頁。

〔註 311〕鄭天挺：《鄭天挺西南聯大日記》上冊，中華書局，2018 年，第 504 頁。

請則全體辭職。」足見這些教授要求政府增加補貼態度之堅決。總務長鄭天挺認為教授絕食或全體辭職抗議為「最後手段，不宜輕用」，經與教務長楊石先、陳雪屏等教授商議後，定於5月19日召開教授會，商議請政府增加生活補貼一事。〔註312〕

　　5月19日下午三時，教授會在北門街正式召開，經大會討論決定：「請教育部以戰前薪給十分之一為基數，乘當地物價指數，發給最低限度之生活費。」另推舉周炳琳、吳有訓、陳雪屏三位教授為代表，親赴重慶，「陳述生活艱苦之實在情形，請政府根據本會決議辦法，即早實施」。〔註313〕鄭天挺在日記中對當日教授會討論有詳細記載，吳之椿等一些激進教授建議學校設立行動委員會，以實行絕食、辭職等方式向政府施壓，迫使其增加經費。但大部分教授，如陳序經、陳岱孫、吳宓、張奚若等人相繼發言，均表示「不贊成有所行動」。吳宓認為「絕食罷課絕不可作，並絕對反對之，語甚激切」；當日身在重慶的蔣夢麟也專門打電話給鄭天挺，告知其「萬不可有絕食及其他行動，以免影響學校前途」。大會最後決議中也未出現絕食、罷課字樣。〔註314〕

　　周炳琳、吳有訓、陳雪屏三位教授會代表在會後，即前往重慶陳情，提交了教授會要求增加生活補貼的申請，並提出了更為具體的三項要求：「其一是部分糧食補貼應該按市價以現金支付，按照官方價格，每擔法幣為900元，而市場價格則是2400元，補貼應該實現價值對等。其二是工資應隨當地物價水平的上漲得到相應的增加。在昆明工資只比以往增長了5倍，而物價據說已增長了300倍。」教育部長陳立夫控制著所有國立大學的經費預算，有意依託政治權威，壓制西南聯大的自由風氣，且明顯佔據上風。教授會的第三項要求，則是想利用聯大的實驗室，製造電燈泡和電子管等產品，進行商業生產。為此需要政府給予足夠的資金支持，此項建議得到了財政部長孔祥熙的同意，並許諾提供300萬元資金，據說蔣介石也已批准。但是在提交行政院審議時，陳立夫為「打壓西南聯大的教授」，提議「在所有公立大學開展此項目，預算為1700萬元〔註315〕」，如此西南聯大也只能從1700萬元中，分得80萬元的

〔註312〕鄭天挺：《鄭天挺西南聯大日記》下冊，中華書局，2018年，第688～689頁。

〔註313〕《三十一年度第二次會議》（1943年5月19日），北京大學、清華大學等編：《國立西南聯合大學史料》第2卷·會議記錄卷，雲南教育出版社，1998年，第539頁。

〔註314〕鄭天挺：《鄭天挺西南聯大日記》下冊，中華書局，2018年，第691頁。

〔註315〕此處費正清所言的1700萬元有誤，應為2800萬元。據鄭天挺日記中記載，

支持，教授會的提議遭到挫敗。〔註316〕

　　三位教授會代表返昆後，聯大於 7 月 1 日召開常委會，聽取彙報。鄭天挺在聽完陳雪屏彙報在重慶的接洽情形後，不由發出感歎，指出教授會所提之請求屢屢受挫，「蓋陳立夫復假聯大為名，而以挹注其私黨校也」。〔註317〕顧頡剛在 1943 年的日記中也說道：「陳立夫蓄意統制教育界，非其私人必加以困厄，逼其脫離，屬其私人，則無論如何辦得壞，亦與維持。五年以來，一個個大學收為己有。所未入侵者，中央大學、西南聯大、武漢大學、浙江大學四校而已。」〔註318〕聯大教授對於 CC 派打壓西南聯大及政府當局的做法深表不滿，遂公開表示「對當局不再有任何的義務」，將竭盡全力尋找自我謀生的方式。〔註319〕

（三）聯大教授的自救舉措

　　為了尋求自助、自力更生，聯大召開教授會和常委會討論，決定：「凡聯大師生業餘時間在外兼差，只要不影響教學和讀書，不再設限阻攔」，為教授以各種方式掙錢自救打開了窗口。據鄭天挺所說：「教授中大多數兼差，且有兼至三四處者」，「又有人在他校兼院長及系主任者」。〔註320〕羅常培為大理縣撰修地方志，以獲取稿酬；劉文典替巨賈政客寫墓誌銘來賺取外快和煙土；馮友蘭也曾計劃賣字，但因生意不佳而未能持久。〔註321〕其他教授為了賺錢，爭著給昆明各報刊投稿的也不在少數，當時昆明各報星期論文每篇稿酬八百元，小報無聊文字每千字也有稿酬二三百元不等，同人爭先恐後寫作投稿。〔註322〕文學系教授聞一多受生活所迫，「在斷炊之威脅中度日，乃開始在中學兼課猶復不敷，經友人慫恿，乃掛牌刻圖章以資彌補。最近三分之二收入，端

　　　　7 月 1 日，赴渝代表陳雪屏在常委會上報告在重慶的接洽情形，「全國各大學共二千八百萬，聯大可分八十萬」。參見鄭天挺：《鄭天挺西南聯大日記》下冊，中華書局，2018 年，第 713 頁。

〔註316〕（美）費正清：《費正清中國回憶錄》，閻亞婷、熊文霞譯，中信出版社，2017年，第 295 頁。

〔註317〕鄭天挺：《鄭天挺西南聯大日記》下冊，中華書局，2018 年，第 713 頁。

〔註318〕顧頡剛：《顧頡剛日記》第 5 卷，中華書局，2011 年，第 7 頁。

〔註319〕（美）費正清：《費正清中國回憶錄》，閻亞婷、熊文霞譯，中信出版社，2017年，第 295 頁。

〔註320〕鄭天挺：《鄭天挺西南聯大日記》下冊，中華書局，2018 年，第 754 頁。

〔註321〕岳南：《大學與大師：清華校長梅貽琦傳》，中國文史出版社，2017 年，第 623、626 頁。

〔註322〕鄭天挺：《鄭天挺西南聯大日記》下冊，中華書局，2018 年，第 777 頁。

賴此道」。〔註 323〕

　　為了維持學校的正常工作，聯大決定向銀行透支和借款。1943 年 6 月 30 日，聯大總務長鄭天挺親自到富滇銀行，與銀行總經理張庸僧，「談學校為辦理合作事業向銀行公會借款四百萬事」。〔註 324〕除富滇銀行外，7 月 23 日，鄭天挺又與興文、勸業等銀行商談借款一事，總計興文、富滇、勸業和礦業等四行，「共借聯大、雲大三百萬，以四六分，聯大得一百八十萬」。〔註 325〕據統計，西南聯大自 1940 年到 1945 年之間，累計借款的本息達法幣 1400 餘萬元。〔註 326〕為了償還借款、節省開支，聯大還將教室、辦公室的鉛皮，賣給了昆明南城的一位商人，換上了茅草，以彌補預算赤字。〔註 327〕

　　聯大還建立了大學機械實習廠，接受外界委託的機械製造、修理等業務，以補貼師生生活之用。機械實習廠盈餘所得現金，除一部分由常委會核准，作為該廠職員酬勞及工匠學徒獎金之用外，另撥 1 萬元給工學院機械工程學系，作為零星添置設備之用，其餘全部現金，撥給職教員消費合作社應用。〔註 328〕清華大學無線電研究所在 1943 年 6 月與中央電工器材廠合作，創辦了昆明燈泡廠，以「供應昆明及附近地帶之需要」。〔註 329〕1943 年秋，清華大學又專門創辦了清華服務社，〔註 330〕分八部三十三組。截止 1943 年 11 月，共集股 150 餘萬元，下設的機械工程部、機制木材組發展尤其迅速，僅就供給美國陸空軍供應處建築材料一項，營業數目就達數千萬元，「各鋸木廠徹夜工作，尚有供

〔註 323〕聞一多：《致聞家騄》，《聞一多全集》12・書信、日記、附錄，湖北人民出版社，2004 年，第 402 頁。

〔註 324〕鄭天挺：《鄭天挺西南聯大日記》下冊，中華書局，2018 年，第 712 頁。

〔註 325〕鄭天挺：《鄭天挺西南聯大日記》下冊，中華書局，2018 年，第 738 頁。

〔註 326〕清華大學校史編寫組編：《清華大學校史稿》，中華書局，1981 年，第 321 頁。

〔註 327〕方靳、方群：《陳岱孫教授談西南聯大》，雲南省政協文史資料研究委員會，西南聯合大學北京、昆明校友會等合編：《雲南文史資料選輯》第 34 輯，雲南人民出版社，1988 年，第 5 頁。

〔註 328〕《第二六七次會議》（1943 年 7 月 15 日），北京大學、清華大學等編：《國立西南聯合大學史料》第 2 卷・會議記錄卷，雲南教育出版社，1998 年，第 292 頁。

〔註 329〕《中央電工器材廠與清華大學無線電研究所合作》（1943 年 6 月），「中央研究院」近史所檔案館藏，資源委員會檔案，檔案號：24-16-03-011-01。

〔註 330〕據鄭天挺所說，清華服務社是清華大學利用工學院暫時不用的設備所設，以「從事生產，用它的盈餘補助清華同人生活」，本與北大、南開無關。但梅貽琦「顧念聯大和北大、南開同人同在貧困，年終送給大家相當於一個月工資的饋贈」。參見鄭天挺：《梅貽琦先生和西南聯大》，馮友蘭、吳大猷等：《聯大教授》，新星出版社，2010 年，第 3 頁。

不應求情形」；其他的應用化學部、化妝品製造廠生產的牙水、髮油在市場上也頗為流行。自 1943 年 6 月至 12 月的半年間，清華服務社盈餘就達 200 萬元，所獲利潤逐季分配給學校，「一面可以調劑本校及聯大同人生活，一面可以幫忙社會生產」。〔註 331〕

以上表明，聯大並未因執掌教育部的 CC 派的壓制而屈服，而是採取多種自救措施來發展自己，堅守獨立思想的堡壘屹立不倒。正如陳岱孫所說：「國民黨 CC 集團在抗戰爆發後，乘機把手伸到各大學，到抗戰中期，幾乎所有的大學都被他們抓到手了，而聯大卻是例外。」〔註 332〕窘迫的生活環境，持續的通貨膨脹，卻無從改善，也讓聯大教授逐漸失去了對國民政府的好感與信任，轉而變成了「革命者」。〔註 333〕以聞一多為例，他在給胞兄聞家騄的信中便直言，自抗戰以來，由於個人生活壓迫及對一般社會政治上可恥現象的觀察，才使其「恍然大悟，欲獨善其身者終不足以善其身」，遂決定將「書本生活完全拋棄專心從事政治運動」。〔註 334〕吳晗與聞一多類似，在物價飛漲的現狀下，妻子袁震經常生病，但入院治療，竟至「什麼也沒有賣的，湊不出錢」的境地；吳晗對蔣介石政權也「由不滿發展到痛恨了，講歷史一抓到題目就指桑罵槐」，並開始走出書房，參加一些政治性的社會活動。〔註 335〕政治系教授張奚若更是在課堂和演講中，給國民黨政府冠以「專制、腐敗、獨裁、無能」等形容詞，〔註 336〕以示對其腐敗統治的痛恨。在經歷了諸多苦難過後，聯大師生對國民政府的所作所為已極為失望，蔣介石逐漸失去中國知識界的信任和忠誠。〔註 337〕聞一多、吳晗、潘光旦和曾昭掄等教授先後加入中國民主同盟，參加到政治民主運動之中。

〔註 331〕 梅貽琦：《抗戰前後之清華》，石油工業出版社，第 33～34 頁。

〔註 332〕 方靳、方群：《陳岱孫教授談西南聯大》，雲南省政協文史資料研究委員會、西南聯合大學北京、昆明校友會等合編：《雲南文史資料選輯》第 34 輯，雲南人民出版社，1988 年，第 6 頁。

〔註 333〕 （美）費正清：《費正清中國回憶錄》，閻亞婷、熊文霞譯，中信出版社，2017年，第 288 頁。

〔註 334〕 聞一多：《致聞家騄》，《聞一多全集》12‧書信、日記、附錄，湖北人民出版社，2004 年，第 402 頁。

〔註 335〕 蘇雙碧主編：《吳晗自傳書信文集》，中國人事出版社，1993 年，第 7 頁。

〔註 336〕 杜汝楫：《懷念尊敬的張奚若老師》，馮友蘭、吳大猷等：《聯大教授》，新星出版社，2010 年，第 116 頁。

〔註 337〕 （美）費正清：《費正清中國回憶錄》，閻亞婷、熊文霞譯，中信出版社，2017年，第 301 頁。

四、西南聯大「教授治校」維持的成因

從以上闡述中可以看出，國民政府在抗戰時期繼續強化對大學的干預控制，CC 派、三青團等黨派勢力也不斷向大學內部滲透，並有意借助大學急需政府財政支持之際，壓制聯大等校的自由主義。在此背景下，西南聯大仍能建立和維持「教授治校」的制度體制，除了與北大、清華原有的「教授治校」傳統，以及南開校長張伯苓長期推行民主治校有關之外，還有以下幾點因素。

首先，西南聯大的教授（尤其是理工科）大部分都有留學歐美、日本的經歷，深受西方大學理念的影響。據統計：「聯大 179 位教授當中，97 位留美，38 位留歐陸，18 位留英，3 位留日，23 位未留學。3 位常委，2 位留美，1 位未留學。5 位院長，全為美國博士。26 位系主任，除中國文學系及 2 位留歐陸，3 位留英外，皆為留美。」〔註 338〕留學歐美、日本的教授占全部教授中的 86%（留美者占 55%），這個統計充分說明西南聯大帶有極強的西方色彩，其教學思想、課程設計，深受西方教育尤其是美國自由教育思想的影響。1942 年費正清在訪問西南聯大後，對聯大教授也做出如下評價：「這些在美國接受訓練的中國知識分子，其思想、言行、講學都採取與我們一致的方式和內容。」〔註 339〕這些深受歐美大學制度理念影響的教授們，將「教授治校、思想自由、學術自由、兼容並包」等理念作為共同的價值標準。〔註 340〕

教授之間擁有高度同質的學術背景和價值理念，較容易對一些重大問題達成共識。即使是聯大常委的梅貽琦與蔣夢麟，雖身為國民黨員，卻也「看不出他們有什麼『黨氣』」，他們也從來不在學校提倡「三民主義」之類的說教。〔註 341〕各院院長，如北大法學院院長周炳琳、南開理學院院長楊石先、聯大師範學院院長黃鈺生等中層領導，也「皆能處處顧全大局，自始至終促進三校合作，保證聯大長期的穩定和發展」，功不可沒。〔註 342〕教授群體和校院領導層的參與支持，為聯大「教授治校」的順利推行提供了群眾基礎和

〔註 338〕西南聯大除夕副刊主編：《聯大八年》，西南聯大學生出版社，1946 年，第 160～161 頁。
〔註 339〕（美）費正清：《費正清對華回憶錄》，陳惠勤等譯，上海知識出版社，1991 年，第 223 頁。
〔註 340〕謝泳：《西南聯大與中國現代知識分子》，福建教育出版社，2009 年，第 9 頁。
〔註 341〕何兆武：《上學記》，人民文學出版社，2016 年，第 265～266 頁。
〔註 342〕何炳棣：《讀史閱世六十年》，中華書局，2014 年，第 146 頁。

政策指導。

其次，西南聯大中北大、清華和南開三校教職員之間有很深的淵源，這為三校聯合和教授民主協商，集體治校提供了先天的優越條件。張伯苓、馮友蘭常說三校之間皆有「通家之好」，實際上三校師生之團結，又「遠遠超過了三校通家關係之上」。〔註343〕如：在學校領導層中，張伯苓（南開校長）曾為清華董事會的一員，梅貽琦（清華校長）則是南開學堂的第一屆畢業生，楊振聲（聯大常務委員會委員兼秘書長）畢業於北大，也曾擔任過清華大學教務長。院系一級負責人也是如此，馮友蘭（清華文學院長）、朱自清（清華中文系主任）皆畢業於北大；黃鈺生（南開教務長）、錢端升（北大政治學系主任）和湯用彤（北大哲學心理系主任）則畢業於早期的清華學校；饒毓泰（北大物理系主任）、江澤涵（北大算學系主任）都擔任過南開大學的教授。北大、清華和南開三校中的教授「互棲者更是比比皆是」。〔註344〕

除了校友關係外，聯大教授中還有多位是親屬關係。如聞一多（中文系）與聞家駟（外文系）、馮友蘭（哲學）與馮景蘭（地質學）、費孝通（社會學）與費青（法學）等皆為兄弟關係，另外不少教授之間有姻親或叔侄關係等；這種親屬關係跨越了北大—清華—南開三校之間的界限，有助於「將聯大教員變成關係密切的共同體，儼然一個大家庭」。〔註345〕

昆明的生活環境十分艱難，各科教授混合居住現象十分普遍。如在 1941年 11 月，朱自清從梨園村搬至司家營清華文科研究所，只能與浦江清、許維遹、何善周四人同住在側樓的一間小屋內。〔註346〕鄭天挺住在昆明市北門內青雲街靛花巷三號北京大學文科研究所內，也與陳寅恪、湯用彤、羅常培、姚從吾等教授，及助教郁泰然、鄧恭三同居。〔註347〕西南聯大教授之間朝夕相處、彼此來往甚密，也產生了深厚的情誼。在以上淵源之下，三校教授基於對學術共同體的信任，內部紛爭較少，參與治校也能夠精誠合作。

最後，西南聯大地處西南邊陲的昆明，遠離政治核心重慶國民政府，中

〔註343〕鄭天挺：《梅貽琦先生和西南聯大》，馮友蘭、吳大猷等：《聯大教授》，新星出版社，2010 年，第 3 頁。

〔註344〕聞黎明：《抗日戰爭與中國知識分子——西南聯合大學的抗戰軌跡》，社會科學文獻出版社，2009 年，第 32 頁。

〔註345〕（美）易社強：《戰爭與革命中的西南聯大》，饒家榮譯，九州出版社，2012年，第 106 頁。

〔註346〕聞黎明：《聞一多年譜》，群言出版社，2014 年，第 331 頁。

〔註347〕鄭天挺：《鄭天挺西南聯大日記》上冊，中華書局，2018 年，第 227 頁。

央政府的控制力較弱，為聯大的發展創造了「較多的自由和自治的權利」。
〔註348〕主政雲南的龍雲是一個比較開明的地方政府執政者，也為西南聯大學
術自由氛圍的形成起到了較大的作用。自 1927 年以來，雲南就一直處於彝族
人龍雲的統治之下，如同「獨立王國」。〔註349〕龍雲不屬於中央系統，與國民
政府的關係貌合神離，經常有利害矛盾衝突。〔註350〕龍雲十分重視教育，與
梅貽琦、蔣夢麟等聯大常委保持有良好的合作關係，對聯大經常予以支持和
保護。時常邀請聯大教授到部隊講演，並在師生陷入生活困境之時，送去食
米、衣物，為學生設立獎學金。〔註351〕龍雲還將龍公館的一半充作聯大師生
的宿舍，且給予衣食住行照顧，而不是留給中央政府派來的黨徒。〔註352〕龍
雲在回憶中也曾言：「抗戰期間，在昆明的愛國民主人士很多，尤其西南聯合
大學的教授和我隨時都有接觸和交談的機會，談到國家大事，所見都大體相
同。對於蔣介石的集權獨裁政治，大家都深惡痛絕。」〔註353〕面對國民政府
的高壓迫害，雲南也成了自由主義知識分子的政治避難所，「凡是反蔣的勢
力，龍雲都多少採取保護的態度」。〔註354〕雲南各校的審查機關也更加寬鬆，
不允許國民黨特務在昆明亂抓人。〔註355〕昆明也因而成為「戰時中國的學術

〔註348〕（加）許美德：《中國大學 1895～1995：一個文化衝突的世紀》，許潔英譯，
　　　　教育科學出版社，2000 年，第 83 頁。
〔註349〕（美）史景遷：《追尋現代中國（1600～1949）》，溫洽溢譯，四川人民出版社，
　　　　2019 年，第 578 頁。
〔註350〕據龍雲的長子龍繩武所說，龍雲之所以與「大談民主的教授」接近，而與中
　　　　央不和，原因主要是政治思想上的差異。龍雲「主張三權分立、多黨思想，
　　　　認為地方與中央應均權，因為地方上許多情形中央不清楚，而各省的情況也不
　　　　相同，因此他不主張中央集權，這也是他和蔣委員長談話不投機的地方」。參
　　　　見張朋園訪問：《「雲南王」龍雲之子口述歷史》，九州出版社，2011 年，第
　　　　35 頁。
〔註351〕龍雲還下令雲南省教育廳，將「昆華中學、昆華工校、昆華農校、昆華師範，
　　　　如迤西會館，及至文林街、文化巷等」地方，空閒出的房子租給聯大師生，
　　　　而且多為一些較好的房子，可稱為「雅室、靜所和生趣盎然的民宅」。參見
　　　　張曼菱：《西南聯大行思錄》，生活・讀書・新知三聯書店，2013 年，第 84
　　　　頁。
〔註352〕（美）易勞逸：《毀滅的種子：戰爭與革命中的國民黨中國（1937～1949）》，
　　　　王建朗等譯，江蘇人民出版社，2009 年，第 14 頁。
〔註353〕龍雲：《龍雲自述》，安徽文藝出版社，2013 年，第 28 頁。
〔註354〕何兆武：《上學記》，人民文學出版社，2016 年，第 197 頁。
〔註355〕（美）易社強：《戰爭與革命中的西南聯大》，饒佳榮譯，九州出版社，2012
　　　　年，第 79 頁。

重鎮」。〔註356〕相對寬鬆的政治環境，為西南聯大教授治校、學術獨立氛圍的形成創造了有利條件。

抗戰期間，除西南聯大外，以「聯合大學」為名的大學亦有多所，如西北聯合大學、華北聯合大學等，但大多只是聯而不合，由於各種矛盾，很快便不歡而散，存在時間較短，只有西南聯大維持長達九年之久（1937 年 8 月至1946 年 7 月）。〔註357〕西南聯大之所以例外，就在於聯大「組織機構的徹底民主化」和「能始終保有著那光輝的民主傳統」。〔註358〕「教授治校」的體制模式無疑是西南聯大徹底民主化的重要保障。正如張曼菱所說：「西南聯大的組織結構好比是一個洋蔥頭。它每一層的味道、性質完全一樣，一直剝到中心，最後一層仍是『洋蔥』。這個『洋蔥皮』和『洋蔥心』是教授，裏裏外外都是教授，沒有阻隔，教授群體的層次構建了這個學校」。〔註359〕

此外，西南聯大與戰前三校最大的不同，在於地理環境的巨大改變和生活空間的驟然緊縮。聯大的教職員和家屬、學生主要集中在昆明舊城的西北一隅，活動空間範圍十分有限。據曾在聯大求學的何炳棣所說：「東起北門街、青雲街，西迄大西門，而傾斜橫貫東西的文林街是日常生活的大動脈。街上商店、飯館、茶館、書店林立。街道坡巷尤多，人口密集，府甬道晨間菜市供應充足……當時『聯大人』的日常活動半徑不會超過 25 或 30 分鐘的步行。」〔註360〕生活空間的急劇緊縮，也為聯大高度「我群」意識的形成創造了有利因素。美籍華裔數理邏輯學家王浩在回憶西南聯大學習時光時，以《誰也不怕誰的日子》為題就曾寫道：「教師之間，學生之間，不論年資和地位，可以說誰也不怕誰。當然因為每個人品格和常識不等，相互間會有些不快，但大體上開誠布公多於陰謀詭計，做人和做學問的風氣是好的……教師與學生相處，親

〔註356〕（美）史景遷：《追尋現代中國（1600～1949）》，溫洽溢譯，四川人民出版社，2019 年，第 578 頁。

〔註357〕其實在西南聯大建立初期，也存在分裂的傾向，大多數教授對聯大能否長久維持並未抱太大希望。朱自清在 1937 年 10 月 4 日的日記中也寫道：「聯合大學太複雜，很難取得成功」。參見朱自清：《朱自清日記》上冊，石油工業出版社，2019 年，第 50 頁。

〔註358〕揚子：《西南聯大的民主》，《時代學生》第 1 卷第 11 期，1946 年 4 月 1 日，第 10 頁。

〔註359〕張曼菱：《西南聯大行思錄》，生活·讀書·新知三聯書店，2013 年，第 260頁。

〔註360〕何炳棣：《讀史閱世六十年》，中華書局，2014 年，第 146～147 頁。

如朋友，有時師生一起學習新材料。同學之間的競爭一般也光明正大，不傷感情，而且往往彼此討論，以增進對所學知識的瞭解。」〔註361〕

綜上所述，西南聯大在教授治校、自由民主的氛圍之下，「三校以不同的歷史，各異的作風，精誠合作，終克歷久不渝」，〔註362〕在經濟、物質生活極端艱苦的條件下共謀發展，並在教學、學術研究上取得了巨大成就，成為戰時聯合辦學、民主治校的典範。正如昆明西南聯大校友會的評論所說：「它的誕生雖說偶然，但無形中原就有一種傳統湊合的力量，沒有這種傳統，即使能夠湊合，絕不能持久。這傳統就是北京大學的『自由』，清華大學的『民主』和南開大學的『活潑』。」〔註363〕西南聯大也正是「以其兼容並包之精神，轉移社會一時之風氣，內樹學術自由之規模」，獲得了「民主堡壘」的稱號，〔註364〕將學術獨立、教授治校的辦學原則，清華等校的優秀傳統發揚光大。自覺抵制或調整國民政府的黨化教育政策，在極為艱難的生活困境下，採取多種措施改善師生的生活水平，既與政府互動，請其追加經費，又在遭到壓制後選擇自力更生。生活空間的急劇緊縮又推動了聯大高度「我群」意識的形成，使聯大「變成一個幾乎沒有『身份架子』、相當『平等』、風雨同舟、互相關懷的高知群體」。〔註365〕

第五節　國立中央大學的「教授治校」（1949）

國立中央大學（以下簡稱中大）在前身國立東南大學時期，就通過移植借鑒美國模式，較早實行過「教授治校」的體制模式。1927年，南京國民政府建立後，東大經過數次更名，最終改名為國立中央大學，成為首都最高學府，正因為如此，中央大學從一開始便深受國民政府的控制和影響，教育部頒布的大學法規，一般也是較早的貫徹者。在國民政府強化校長治校權力，抑制「教

〔註361〕 王浩：《誰也不怕誰的日子》，《雲南文史資料選輯》第34輯，雲南人民出版社，1988年，第66頁。

〔註362〕 王水：《南大一年》，《南開週刊》復刊第5期，1947年7月24日，第38頁。

〔註363〕 《昆明西南聯合大學校友會為母校遭受槍擊屠殺慘案敬告全國同胞》（1945年12月），清華大學校史研究室編：《清華大學史料選稿》第3卷（下冊），清華大學出版社，1994年，第544頁。

〔註364〕 《國立西南聯合大學紀念碑碑文》（1946年5月4日），馮友蘭：《三松堂全集》第14卷，河南人民出版社，2000年，第154頁。

〔註365〕 何炳棣：《讀史閱世六十年》，中華書局，2014年，第147頁。

授治校」的方針指導下，中央大學也積極響應中央要求，取消了前身東南大學時期的評議會，雖然保留了教授會，但已無實質性權力，僅作為諮詢性質的機構。但自 1949 年 1 月底校長周鴻經〔註366〕不辭而別後，教授會趁機迅速成長為學校最高的權力機構，並組織成立了臨時校務維持委員會，重新恢復「教授治校」，當時的國民政府已身處窮途末路，無暇顧及，也只好選擇放任自流。

一、校長出走與教授會填補權力真空

中央大學在 1949 年元旦前便收到了教育部有關遷校的密電。1 月 21 日，中央大學校長周鴻經又專門呈請教育部，請其協助尋覓新校址，作為大學南遷後的校區。為確保萬無一失，周鴻經另指派本校教授胡煥庸前往福建尋覓校址，最終覓得鼓浪嶼慈勤校舍三層樓兩幢。〔註367〕此外，胡煥庸還與廈門大學校長做好了遷校後中央大學理、工兩學院與廈大的合作事宜，廈大校長「甚表歡迎」，並表示廈大所有教室、實驗室、圖書館及體育場均可借用。〔註368〕

儘管遷校之新校址及相關事宜已有了眉目，但大多數教授堅決反對遷校，並經過校務會議討論，最終議決「以不遷校為原則」。而且在此次校務會議中，還決定依照 1948 年 1 月政府頒行的《大學法》中的規定，對校務會議中的教授代表人數作了調整。經過修正之後，參與校務會議的教授代表人數增加了一倍多，〔註369〕佔據主導地位，為後續「教授治校」的開展創造了有利條件。校務會議作出「不遷校」的決議，基本反映了大部分教授的心聲。

校務會議雖然作出了不遷校的決議，但周鴻經並不打算輕易放棄遷校計

〔註366〕 周鴻經，江蘇銅山人，1927 年自國立東南大學畢業，1934 年夏留學英國，獲倫敦大學理科碩士學位。周鴻經是朱家驊系的健將之一，在未到中央大學前，任教育部高等教育司司長。朱家驊為了控制中央大學，「先將周鴻經安插到中大做教務長，次又以之代理校長」，於 1948 年 8 月接替原校長吳有訓，但周的才幹遠不及吳，在校中素有「凱撒」的專號。參見海鷗：《中央大學易長側聞（續）》，《中國新聞》第 2 卷第 10 期，1948 年 9 月 1 日，第 14 頁。
〔註367〕 《周鴻經要求教育部協助尋覓新校址呈》（1949 年 1 月 21 日），《南大百年實錄》編輯組編：《南大百年實錄·中央大學史料選》上卷，南京大學出版社，2002 年，第 523 頁。
〔註368〕 《國立中央大學理工兩學院將遷廈門與本校合作教學》，《廈大校刊》第 4 卷第 3 期，1949 年 1 月 25 日，第 4 頁。
〔註369〕 《國立中央大學校務會議 37 年度第一次會議記錄》（1949 年 1 月 21 日），《南大百年實錄》編輯組編：《南大百年實錄·中央大學史料選》上卷，南京大學出版社，2002 年，第 524 頁。

劃，私下仍積極與訓導長沙學俊、總務長戈定邦等支持者，四處奔走游說。以校長為首的遷校一方，與拒絕遷校的教授一方之間的鬥爭仍在繼續。1949 年 1 月 23 日，周鴻經在行政會議上，再次明確提出南遷廈門的提案，仍然遭到絕大多數與會教授的反對。時任教授會主席的鄭集堅決予以反對，表示：「學校經不起搬遷折騰，一遷已甚，何堪以再，西遷是因為日寇入侵，不得已而為；而此次國內戰爭，根本沒有搬遷之必要。」〔註370〕周鴻經的遷校方案再次被否決。

在經歷兩次失敗之後，周鴻經已是無計可施，加上此時「國軍陸續從江北撤退到江南，共軍自徐蚌向兩浦（浦鎮與浦口）進發」，國民政府下令緊急疏散，在南京的各機關人員也開始匆忙遷徙，致使周鴻經也無心再繼續留校工作。在未對校務移交作出交代的情況下，周鴻經便於 1 月 27 日上午，與沙學俊、戈定邦等人匆匆棄職而去，消失在眾人視野之下，「連教務長也不知道校長究竟是否尚在南京」，一些敏感的人推測他們「已經溜了」；當時有消息稱周鴻經在離校前曾領取過一筆款項，故校長「拐款潛逃」風傳一時。〔註371〕

校長、訓導長和總務長不辭而別後，學校頓時陷入「無政府」狀態。中共地下黨總支也趁機抓住機會，明確提出「反對教育部派校長，要求教授治校」的口號。並在數日之內，相繼組織成立了學生、工友和職員為主體的三個應變會。〔註372〕1 月 30 日，教授會召開全體大會，商討應對之策，各院系到會教授、副教授和講師共計 85 人。大會一致決定組織成立臨時校務維持委員會，接收學校行政；並由到會人員投票選舉出校務維持委員會委員 11 人（文、理、法、師、工、農、醫七院，每院至少一人）。〔註373〕次日，教授會向全校發布了成立校務維持委員會的通知，宣布：「本校周校長鴻經因事離京，校政無人主持，群情惶急。經本會全體大會決議，在周校長未返校前，組織校務維持委員會維持校務」，並選舉出歐陽翥、鄭集、張更、蔡翹、劉慶雲、梁希、胡小石等十一人為委員；李旭旦、張江樹、宗白華、錢鍾韓四人為候補委員，

〔註370〕南京大學《當代中國教育》編寫組：《中央大學的接管與改造》，《高教研究與探索》，1984 年第 2 期。
〔註371〕凌誠：《從沒有校長到不要校長——中央大學教授治校的經過》，《中華教育界》復刊第 3 卷第 4 期，1949 年 4 月 15 日，第 48 頁。
〔註372〕王德滋主編：《南京大學百年史》，南京大學出版社，2002 年，第 284 頁。
〔註373〕凌誠：《從沒有校長到不要校長——中央大學教授治校的經過》，《中華教育界》復刊第 3 卷第 4 期，1949 年 4 月 15 日，第 48 頁。

另推選胡小石、梁希、鄭集三人為常務委員,「即日組織正式成立」。〔註374〕
就權力結構而言,此時的教授會已發展成為全校最高的權力機關,而由其選
舉產生的臨時校務維持委員會,則為執行機構,執行教授會作出的決議,並
直接向教授會負責。

二、「教授治校」體制的建立

臨時校務維持委員會成立後,代行校長職權,將秩序混亂的校園重新引入
正規,教職員、學生和校工也都陸續回到各自崗位,正常工作學習。

為了恢復正常的教學工作和早已瓦解的行政機構(校長、訓導處和總務處
皆無人負責),臨時校務維持委員會在召開的第一次會議中,即指定訓導處王
氣鍾、祈振亞、胡相才三位職員臨時組成訓導委員會,代行訓導長的職務;又
聘請張江樹代行總務長職務。〔註375〕因校長辦公室也無人負責,校務維持委
員會遂在 2 月 1 日召開的第三次會議中,議決由劉世超代行校長辦公室主任
秘書職權,並函請其即日到校長辦公室,處理一切公務。〔註376〕後來因為總
務處人員較少,工作繁重,張江樹不堪重負,又於 2 月 7 日聘請李學清、於
鐸、王昶三位教授為總務委員,組成總務委員會,代行總務長職權。學校簽發
的傳票、支票和對外來往的中西文公文函件,因校長離校出走,也轉由校務維
持委員會處理簽核手續。〔註377〕

在臨時校務維持委員會的努力運作之下,學校已呈現出一副井然有序的
場景。據凌誠所說:「在成立的第一天,校務維持委員會的委員們,上下午各
舉行會議。從第二天起,他們每天上午開會,有問題臨時商量解決;三位常務
委員按日輪值處理日常校務。自 2 月 15 日起,因為南京形勢日見安定,該會
會期改為每星期三天。從那時起,中央大學雖然並沒有一個政府任命的校長,

〔註374〕 《教授會關於成立校務維持委員會的通知》(1949 年 1 月 31 日),《南大百年
實錄》編輯組編:《南大百年實錄·中央大學史料選》上卷,南京大學出版社,
2002 年,第 532 頁。

〔註375〕 《國立中央大學臨時校務維持委員第一次會議記錄》(1949 年 1 月 31 日),
中國第二歷史檔案館藏,國立中央大學檔案,檔案號:648-927。

〔註376〕 《第三次會議記錄》(1949 年 2 月 1 日),《南大百年實錄》編輯組編:《南大
百年實錄·中央大學史料選》上卷,南京大學出版社,2002 年,第 535 頁。

〔註377〕 《校務維持委員會關於處理內外簽核手續的通知》(1949 年 2 月 3 日),南京
大學校慶辦公室校史資料編輯組、學報編輯部編輯:《南京大學校史資料選
輯》,南京大學印刷廠印製,1982 年,第 429 頁。

但已經完全恢復正常的生活和正常的工作：學校照常供應必需物品，按期發給員工薪金，師生照常上課。」〔註378〕為了獲得政府認可，取得合法性地位，鄭集、梁希等教授會常務委員，專門呈文代總統李宗仁、行政院院長孫科和教育部代理部長陳雪屏，告知他們成立臨時校務維持委員會一事。〔註379〕在當時的形勢之下，國民政府也只好承認中央大學內部組織結構變動的既有事實，而未作任何反對。

中央大學法學院因院長出走，而無人負責，臨時校務維持委員會決定聘請法學院各系教授一人，組成法學院院務委員會，代行法學院院長的職權。同時又在無人（校長離職）負責的附屬中學中，設立附屬中學校務委員會。此外，臨時校務維持委員會與總務委員、教務長、各院院長和全校應變委員會等機構，又聯合組成「校務維持委員會與各行政單位主管人聯席會議」，以便更好地統籌全校的行政管理工作。〔註380〕可見，在校長出走之後，教授會迅速成為全校最高的權力機構，並著手改革體制結構，推選教授代表組織新的委員會，實行集體領導，以代替一些無人負責的行政部門。「以委員會代替過去的首長，這是教授治校和校長治校最大的不同」。〔註381〕

中大在教授會和臨時校務維持委員會的治理下，依照「教授治校」的原則理念，推行了一系列新政策，改變了以往校長治校下的一些不良風氣，呈現出截然不同的新氣象。

其一，民主治校、校務公開。組織成立多種委員會，代替過去的行政首長制，臨時校務維持委員會中的 11 位委員及選舉出的 3 位常務委員，也均由教授會民主選舉產生，而且常務委員按日輪流主持校務。在新設立的各委員會的組織方面，也改變了以往多由與行政當局有密切關係的個別教授擔任委員的局面，而且在人員構成上也更加廣泛。如教職員宿舍管理委員會，過去全由教授擔任委員，而現在又增加了助教會的代表；校產監督委員會也增加了助教代

〔註378〕 凌誠：《從沒有校長到不要校長——中央大學教授治校的經過》，《中華教育界》復刊第 3 卷第 4 期，1949 年 4 月 15 日，第 48 頁。

〔註379〕 《鄭集等關於成立校務維持委員會致李宗仁等的呈文》（1949 年 1 月 31 日），《南大百年實錄》編輯組編：《南大百年實錄‧中央大學史料選》上卷，南京大學出版社，2002 年，第 533 頁。

〔註380〕 《國立中央大學臨時校務維持委員第十次會議記錄》（1949 年 2 月 10 日），中國第二歷史檔案館藏，國立中央大學檔案，檔案號：648-927。

〔註381〕 凌誠：《從沒有校長到不要校長——中央大學教授治校的經過》，《中華教育界》復刊第 3 卷第 4 期，1949 年 4 月 15 日，第 49 頁。

表和學生代表,「中大之聲」節目委員會中也由助教會、職員會和學生會代表組成。各委員會成員來源的廣泛性,也使得全校師生、職員均能迅疾知曉校務動向,極大地推動了校務管理的公開化。

其二,經濟公開。原先學校經費收支問題一直諱莫如深,普通教職員很少知道經費的使用情況。臨時校務維持委員會成立後,在 2 月 1 日召開的會議中,專門制訂了學校財政公開的實施方案,要求會計主任每星期公布帳目一次,同時成立財務委員會,可隨時赴會計室清查帳目。〔註382〕學校教職工每次發薪及每人應發薪金底數基準,也由臨時校務維持委員會開會討論,集體議決。

其三,支持師生、職員集會組織自由活動。在校長治校時期,校長對於師生員工的集會組織多少有些害怕,故對教授會、學生自治會和助教會等組織的活動,均有所壓制,對其他一些組織也拒絕承認其合法性。但自教授會成為全校最高的權力機關,推行「教授治校」後,其他助教會、學生會、職員會和工友會等組織也在教授會、臨時校務維持委員會的扶持下,開始公開集會組織,並相繼成立了各自的應變委員會,以維護本群體之權益和安全。

三、中大師生維護「教授治校」的努力

當中央大學「教授治校」體制日漸穩固之時,學校師生對於新體制所帶來的新風氣也都看在眼裏,決心抵制國民政府選派校長來校,並宣傳「教授治校」原則理念,繼續維持和完善現有體制。學校原當局的合法性漸被消解,國民黨對中央大學的政治統合力也逐步喪失。

1949 年 2 月 2 日,校長周鴻經致函教授會,專門對離校原因及坊間不實報導等問題作了說明和澄清。信函中稱他離開學校是想「乘校中放假之便,來滬料理私事」,並對坊間報刊稱他「拐款潛逃」的報導作了回應,強調這些報導純屬「無稽之言,不值識者一笑」,已請學校會計出納二室主任查明帳目,登報辯白,並表示「在是非未明之前,弟不得不暫留滬瀆」。〔註383〕據事後劉敬坤回憶,周鴻經的確沒有捲款潛逃,「1948 年周鴻經當中央大學校長,要把中央大學遷到臺灣去,我們群起反對,結果他就把中央大學的校印帶走。當

〔註382〕《第三次會議記錄》(1949 年 2 月 1 日),《南大百年實錄》編輯組編:《南大百年實錄·中央大學史料選》上卷,南京大學出版社,2002 年,第535 頁。
〔註383〕《周鴻經致蔡卓夫等函》(1949 年 2 月 2 日),《南大百年實錄》編輯組編:《南大百年實錄·中央大學史料選》上卷,南京大學出版社,2002 年,第538 頁。

時，我擔任學生報的總編輯，在報紙上造謠：『周鴻經捲款潛逃』，其實周鴻經並沒有捲款潛逃，只是把校印帶走而已。」〔註384〕劉敬坤於 1948 年 7 月在中央大學加入中國共產黨，造此謠言與當時特殊的政治環境有很大關係。

　　鑒於當時的形勢，周鴻經並未選擇立即返校，而是致函蔡卓夫等人，有意推薦與之關係要好的教務長羅清生及李旭旦、蔡卓夫兩教授，代為主持和處理校務。〔註385〕李、蔡等人將信函內容向臨時校務維持委員會說明，並告知已函請校長周鴻經「從速返校」。〔註386〕有鑑於此，臨時校務維持委員會與行政會議於 2 月 4 日召開聯席會議，重點討論校長既已指名推薦羅、蔡等人代理，臨時校務維持委員會是否有必要繼續行使職權的問題。聯席會議未能作出裁決，將提案交由教授會全體大會討論決定。〔註387〕5 日，教授會召開會議，臨時校務維持委員會向大會提請辭職，隨後大會就辭職一議進行投票。投票結果為 64 票反對，11 票贊成，最終決議仍由校務維持委員會代為主持和處理校務。〔註388〕同日，教務長羅清生也自知「教授治校」之原則理念已深入中大人的心中，遂致函教授會，言明已向周鴻經拒絕暫代校務的請求。〔註389〕

　　周鴻經嘗試推薦代理人失敗後，自知已無法在校中立足，決定在 2 月下旬南下廣州之際，準備向教育部辭去校長職務，這也為教授會及其組織的各種委員會，繼續主持校務和應變事宜提供了有利條件。中央大學的學生在得知周鴻經決定辭職的消息後，也「甚表歡迎」，同時還希望政府不要再派校長過來，支持臨時校務維持委員會繼續主持校務。〔註390〕除了學生外，學校教職員也表達了不希望政府再委派校長的意願，而希望繼續維持和推進教授治校、集體

〔註384〕《劉敬坤先生訪問紀錄》，陳儀深、黃克武等訪問：《南港學風——郭廷以和中研院近史所的故事》，九州出版社，2013 年，第 394 頁。

〔註385〕《周鴻經致蔡卓夫等函》（1949 年 2 月 2 日），《南大百年實錄》編輯組編：《南大百年實錄‧中央大學史料選》上卷，南京大學出版社，2002 年，第 538 頁。

〔註386〕《國立中央大學臨時校務維持委員會第五次會議記錄》（1949 年 2 月 3 日），中國第二歷史檔案館藏，國立中央大學檔案，檔案號：648-927。

〔註387〕《校務維持委員會、行政會議聯席會議第一次會議記錄》（1949 年 2 月 4 日），中國第二歷史檔案館藏，國立中央大學檔案，檔案號：648-927。

〔註388〕《國立中央大學教授會第二次全體大會會議記錄》（1949 年 2 月 4 日），中國第二歷史檔案館藏，國立中央大學檔案，檔案號：648-977。

〔註389〕《羅清生致教授會函》（1949 年 2 月 5 日），南京大學校慶辦公室校史資料編輯組、學報編輯部編輯：《南京大學校史資料選輯》，南京大學印刷廠印製，1982 年，第 433 頁。

〔註390〕《周鴻經決定辭職，中大同學表示歡迎》，《中央日報》，1949 年 2 月 20 日，第 2 版。

決策的既有體制。2 月 21 日，中央大學各系科代表在丁家橋附小禮堂召開系科代表大會，議決通過了七項議案，其中第一項就是：「堅決擁護校務維持委員會，反對教部派任何人出長中大，並反對由教授會推出一人主持校政」。第二項決定「聯絡教授、助教、職員、工友應變會及校友會建立校務維持委員會將『維持』二字取消，按原章則辦理」。〔註391〕

此外，由中大學生會主辦的《中大人報》雜誌，也發表了「教授治校」的社評文章，內容主要是對校長獨裁制進行了嚴厲的批判，同時對教授會、校務維持委員會主持下的「教授治校」進行歌頌和讚美。文中指出：「本來官僚『統治』學校，早就把中國的教育、文化送至斷命邊緣；而校長一人的飛揚跋扈，不顧全校師、生、工、警意志的一意孤行，更加速把這病患者提早送進墳墓」。而由教授會發起成立的臨時校務維持委員會，則是「在中大人的全體熱烈擁護與愛戴之下，把中大從死亡的魔掌中掙脫了出來；並積極的把中大推到合理的、眾人所一致追求的、民主的道路上」，並「以最民主的方式把千頭萬緒的校務處理得有條不紊」。因此「我們提出『教授治校』正是一個完全合理而且應該的要求」，並認為此次的管理體制變革是「中大是中大人的中大」的勝利。〔註392〕

各院助教會在 3 月初也紛紛給教授會致信，對教授會在校長突然離校後，迅速組織成立臨時校務維持委員會，以穩定學校秩序及實行各種新政策，使混亂的校園重新步入正軌，表示感謝。同時認為「校維會是一種最民主、最合理的制度，因為它徹底地符合著教授治校的原則，是充分地表現著師生員工的公意，它沒有過去獨裁專制的作風，也沒有過去因循敷衍的習氣」。因而，各院助教會希望臨時校務維持委員會能繼續存在和發展，並「堅決擁護取消原有『維持』二字」，以為「中國教育史上樹立永久完善之楷模」，希望教授會能盡快促其實現。〔註393〕中央大學學生應變會也積極響應，發出呼籲：「（1）要求政府查辦放棄職務倉皇遷穗的周鴻經校長。（2）請校務維持委員會正式更名

〔註391〕 《中大人報關於系科代表決議報導》，《南大百年實錄》編輯組編：《南大百年實錄‧中央大學史料選》上卷，南京大學出版社，2002 年，第 539 頁。

〔註392〕 《中大人報社評：教授治校》，《南大百年實錄》編輯組編：《南大百年實錄‧中央大學史料選》上卷，南京大學出版社，2002 年，第 540～541 頁。

〔註393〕 《各院助教會等給教授會的信》（1949 年 3 月 3 日），《南大百年實錄》編輯組編：《南大百年實錄‧中央大學史料選》上卷，南京大學出版社，2002 年，第 541 頁。

為校務委員會。」〔註394〕

　　在師生的一系列宣傳和擁護之下,「教授治校」的原則理念已深入到中大人心中。周鴻經辭去中央大學校長後,教育部代理部長陳雪屏有意請校中的教授接任。〔註395〕陳雪屏曾當面向胡小石(臨時校務維持委員會三常委之一)提議,讓胡接任校長,但被其拒絕。〔註396〕此後,一直到1949年4月23日解放軍發動渡江戰役佔領南京前夕,教育部也再未給中央大學指派新校長。在此期間,校務維持委員會曾於4月15日進行改選,大會選出胡煥庸、孫本文、陳章、劉世超、熊子容、蔡翹、商章孫、劉慶雲、高濟宇、於鐸、范存忠十一位教授為委員,執行校務,另推選出孫本文、熊子容、劉世超三人為常務委員;並向中央上報呈文,告知代總統李宗仁和教育部部長杭立武等人。〔註397〕

　　解放軍攻克南京後,校務維持委員會於4月29日發布公告,「今時局粗定,本會任務應已告一段落。經本會第二屆第三次會議決議,積極準備移交。」〔註398〕1949年8月,南京市軍管會文化教育委員會發布通知,正式將國立中央大學改名為國立南京大學,並組織成立了校務委員會。〔註399〕中央大學的「教授治校」是在特殊的環境之下形成的,猶如曇花一現,至此也走向終結。

　　中央大學的「教授治校」延續了復興期(1946～1949年)其他大學的特點,教授會作為全校最高的權力機關,審議學校的重要事務、各機構的設立和人事安排。由教授會選舉出的教授代表所組成的臨時校務維持委員會,充當教授會的常務機構,某種程度上也類似於清華的評議會,執行教授會作出的決議,處理日常校務管理。同時,推選教授代表組織新的委員會,實行集體領導,代理一些無人負責的行政部門。

〔註394〕《袖珍新聞:南京》,《申報》,1949年3月19日,第5版。

〔註395〕《中大校長誰出任》,《中央日報》,1949年3月6日,第3版。

〔註396〕《胡小石教授談中大校長糾紛》,《和平日報》,1949年3月14日,第2版。

〔註397〕《校務維持委員會為改選結果致李宗仁等的呈文》(1949年4月15日),《南大百年實錄》編輯組編:《南大百年實錄‧中央大學史料選》上卷,南京大學出版社,2002年,第544頁。

〔註398〕《校務維持委員會公告》(1949年4月29日),《南大百年實錄》編輯組編:《南大百年實錄‧南京大學史料選》下卷,南京大學出版社,2002年,第4頁。

〔註399〕《南京市軍管會文化教育委員會關於更改校名的通知》(1949年8月8日),《南京市軍管會文化教育委員會關於組織校務委員會的決定》(1949年8月10日),《南大百年實錄》編輯組編:《南大百年實錄‧南京大學史料選》下卷,南京大學出版社,2002年,第6～7頁。

第四章　民國時期「教授治校」的制度要素及特徵

　　從第二、三章中對「教授治校」在民國時期的實踐發展來看，作為西方大學傳統治理模式的「教授治校」，自清末民初傳入中國之後，受中國傳統教育管理體制及不同時期外國教育理論的影響，呈現出「中西雜糅」的一些特點。它既非源自中國傳統學校內部管理體制的自然進化，也非對西方大學治理模式的照抄照搬，各大學在具體的實踐過程中，也均注意結合學校發展實際，進行損益變革，故在組織結構形式上會有所差異。但從整體上來看，「教授治校」中的教授會、評議會等基本制度要素，在各大學實行「教授治校」期間均有體現；同時，在組織形式、權力配置和建立過程等方面，也存在諸多共性特徵。

第一節　「教授治校」的制度要素

　　美國經濟學家道格拉斯・諾思（Douglass C. North）認為：「制度是一個社會的博弈規則，或者更規範地說，它們是一些人為設計的、型塑人們互動關係的約束。」〔註1〕制度也是一個社會組織或團體中要求其成員共同遵守，並按一定程序辦事的規程，它是一種行為規範和用來約束人們思想行為的標準。在對歐美大學「教授治校」的論述中，筆者已從權力的主體、治校範圍

〔註 1〕　（美）道格拉斯・諾思：《制度、制度變遷與經濟績效》，杭行譯，上海人民出版社，2016 年，第 3 頁。

和方式等方面對其制度內涵及其模式機制作了分析；接著又對民國時期「教授治校」的演進脈絡和在一些大學的實踐情況作了細緻考察，從以上中外大學「教授治校」的發展實踐過程中，不難看出，教授會制度和評議會制度是其基本制度要素，並主要通過它們來規範和約束教授之治校行為及大學自主穩定。

一、教授會制度

教授會制度是現代大學治理體系中一種普適性的制度，在中外大學的發展歷程中，對於維護學術自治、推動民主治校等方面發揮了重要作用。教授會制度也是「教授治校」中的基本制度和重要組織機構。以下主要從其人員構成、職權功能等方面予以分析，並對民國時期教授會制度的發展變化作一梳理。

教授會，又稱教授委員會，在不同的大學中，其構成人員有所差別，主要分為兩種：一種是僅以全體教授參加，其他非教授教師被排除在外；另一種是除教授之外，其他講師等低銜教師也允許參加。因而就其性質而言，教授會是以教授為代表的教師組成的學術治理團體。

歐洲中世紀以巴黎大學為代表，自發建立起的「教師行會」，可以視為教授會的雛形，教師享有對大學招生、教學和學位授予等問題的決定權。之後英國、德國、美國等國大學也紛紛發展出較為較為完備的教授會制度。作為「教授治校」典範的德國，教授會制度歷史悠久，影響也較為深遠。德國大學在學部一級設立有部務委員會（即教授會），由教授和部分非教授教師組成，負責學部的課程安排、考試和學位授予事宜，並負責向教育部長推薦講座職位、教授備選等空缺，學部主任也由其選舉出的教授擔任。〔註2〕在校一級則由教授推選出教授代表與學部主任等其他人員，組成評議會，議決或審議學校的辦學方針、政策等重要事務，教授的學術權力得到了很大保障。

近代日本的教育制度改革深受德國的影響，教授會制度也被引入。1886年，日本明治政府頒布《帝國大學令》，規定各分科大學設教授會，以教授為會員，負責各分科的教學管理工作。〔註3〕1912年，民國建立後，教育改革又以

〔註2〕（加）約翰·范德格拉夫等編：《學術權力──七國高等教育管理體制比較》，王承緒等譯，浙江教育出版社，2001年，第23～24頁。

〔註3〕《帝國大學令》（明治十九年三月敕令第三號），璩鑫圭、唐良炎編：《中國近代教育史資料彙編·學制演變》，上海教育出版社，2007年，第230～231頁。

日本、德國為移植借鑒對象，教育部頒布的《大學令》中也規定：「大學各科各設教授會，以教授為會員」，負責各科的課程設置、學位授予等事務。〔註4〕雖然《大學令》中將教授會的成員局限於教授，但後續的北大、東大、清華等校在具體實行的過程中，又將非教授教師，如講師、等吸收進來，民主性較為廣泛。

在職權方面，整體而言，「世界上幾乎所有的教授會，對於完全屬於學術領域的事務（如課程的安排、授課方式、課程考核方式、學位的授予）都擁有絕對的決策權」。〔註5〕中國近代大學設立的教授會也是如此。民國初期受德國模式的影響，大學（如北大）中各科教授會的職權，不僅決定著學術事務，也往往掌握著學院的人事選舉權和財政決策權。如北大在各學科設立教授會，以教授、講師和外國教員為會員。學科教授會對於教學方法的改進、課程設置、課本和參考書的確定、學科教育目的、考試辦法、學生畢業等學術性事項擁有決策權，教授會主任也由其投票選舉產生；而對於學科的廢立、書籍和實驗儀器配備等屬於評議會決策範圍內的事項，教授會也可行使諮詢權。〔註6〕此後的東大、清華等校在實行「教授治校」期間，均設有教授會，有的還分設校、科（系）兩級教授會，為教授參與各層級的校務決策提供了多重平臺。

就民國時期教授會制度的發展演進而言，教授會在民初頒布的《大學令》和蔡元培在北大的改革中，均表現為各科教授會，尚未設立校級的教授會，職權為負責各科的教學管理工作，體現了注重教授在基層權力支配的特點。自1921年新建立的東南大學起，開始設立校一級的教授會，負責學校的教務工作，同時也保留了基層科系教授會的建制。其後的清華、西南聯大及復員後的北大、交大、南開等校，也均設立了校級的教授會，職能上由原先的教務管理機構，向最高審議機構和最高權力機構轉變。而各科系教授會，在1929年《大學組織法》建構起「校—院—系」的三級體系後，逐漸向院務會議和系務會議（由本系教授、副教授、講師和系主任組成）轉換。個別大學，如西南聯大仍

〔註4〕 蔡元培：《大學令》（1912年10月24日），高平叔編：《蔡元培教育論著選》，人民教育出版社，2017年，第25～27頁。

〔註5〕 葛喜豔：《國外高校教授會的特點分析及啟示》，《現代大學教育》，2005年第5期，第53頁。

〔註6〕 《學科教授會組織法》，《北京大學日刊》第22號，1917年12月11日，第1版。

保持民初的格局，在基層設立各系教授會，由該系教授組成。但因《大學組織法》中的院務會議（以院長、系主任及事務主任組織），並無教授參與，故不屬於教授會。直至 1948《大學法》作出調整，規定院務會議由教授、副教授和院長、系主任組織，才在形式上類似於原先的各科教授會。

二、評議會制度

評議會是一個具有完備組織結構並實行民主代議制的機構。其組織制度與西方政治體制中的議會制度類似，強調教授作為學術權威的代表，應享有重要的學術話語權，是教師群體參與大學治理的重要制度支撐。

評議會主要由教授推選代表與校長、各院院長等人組成，且教授代表佔據主導地位。如德國的大學在校一級設立有評議會，作為主要的校務決策性機構，由學部主任、各學部選派的教授代表和具有備選資格的兩三名教授組成。〔註7〕1912 年，教育部頒布的《大學令》中規定：「大學設評議會，以各科學長及各科教授互選若干人為會員」。〔註8〕北大設立的評議會，對教授代表人數作了明確限定，由校長、學長和各科教授代表（每科二人，自行互選）組成，〔註9〕使教授代表占絕對多數。民國時期其他大學實行「教授治校」，所設立的評議會，基本以教授代表為主體。

評議會的職權，一般包括：（1）立法權，即評議會是學校的立法機構，有權制定有利於學校發展的各類規則政策；（2）諮詢權，即直接向校長或教育部提供與學校發展相關的意見和建議，是學校的主要諮詢機構；（3）審議權，即對列入大會議程的各項提案和報告進行討論和審查，並經審議後作出肯定、否定或駁回修改等意見；（4）決策權，即有權制定和裁定涉及大學學術發展方面的決策。北大、清華等校設立的評議會的職權，基本體現了以上四種權力。因而，從職能上看，評議會是大學立法實施管理、行政和教學等一切重大事務的機構。

雖然評議會主席一般為大學校長，但校長作為大會主席一般不參與投

〔註7〕 （加）約翰·范德格拉夫等編：《學術權力——七國高等教育管理體制比較》，王承緒等譯，浙江教育出版社，2001 年，第 23～24 頁。

〔註8〕 蔡元培：《大學令》（1912 年 10 月 24 日），高平叔編：《蔡元培教育論著選》，人民教育出版社，2017 年，第 25 頁。

〔註9〕 《北京大學評議會規則》（1917 年），中國蔡元培研究會編：《蔡元培全集》第 18 卷，浙江教育出版社，1998 年，第 228～229 頁。

票，只有在投票數均等而陷入僵局時，大會主席才投下決定性一票。此外，評議會成員中除校長、各院長之外，一般還有教務長、秘書長、總務長等當然會員，但無論評議會的成員處於什麼樣的位置，他們之間是平等的，沒有權力大小高低的差異，可以自由提出議案。即使是評議會主席、秘書以及各種常設或特殊委員會的負責人，也不具備比一般成員更高的權力。

評議會在審議和決議各類事項時，主要採用民主表決方式，參與表決的成員每人一票。因而，評議會成為代表和保護大學教師學術自主權的重要依託和載體，是「教授治校」體制中的重要機構。以教授為代表的教師群體通過評議會這一平臺，能夠真正參與到學校重大決策的事務之中，並推動決策的民主化和科學化。

就民國時期評議會制度的發展演進而言，評議會在 1929 年《大學組織法》頒布之前，一直是各大學實行「教授治校」的校務決策機構，如北大、北高師、東大、交大、清華學校等校，均設有評議會，由教授推選代表參加，且在評議會中佔據絕對多數，負責議決學校的重要事務。《大學組織法》頒行之後，廢除了評議會、教授會等組織，而改設校務會議（以校長、秘書長、各院院長和教授互選的代表組成），作為學校的議事機構。除清華大學保留評議會之外（也增設了校務會議），〔註10〕其他實行「教授治校」的大學，多以推選教授代表組成校務會議，等同於前期的評議會。如西南聯大、復員後的北大等校的校務會議，皆由教授推選代表組成，且教授代表在校務會議中佔據多數。

第二節 民國時期「教授治校」的特點

一、代議制與合議制相結合

代議制（也稱為國會制或議會制），屬於政治學術語，是間接民主的一種重要形式，指由公民選舉代表來表達自己的政治意志和理念，並通過這些代表組成國家代議機關來行使權力的一種形式，「代表機關由公民選舉者組織之，

〔註10〕 清華大學保留了評議會，同時增設校務會議。但因為評議會，「以校長、教務長、秘書長、各院長及教授會所互選之評議員七人組織之」，已有教授代表參與。故清華增設的校務會議成員並未按照《大學組織法》的規定安排，而是做了調整，「由校長、教務長、秘書長及各院長組織之」，無教授代表。參見《國立清華大學規程》（1929 年 6 月），《國立清華大學校刊》第 80 期，1929 年 6 月 14 日，第 3 頁。

以代表齊民之意向，核定國典運用政權」。〔註11〕其特點是強調政治的民主性，推崇少數政治精英的作用。〔註12〕19世紀英國著名政治理論家 J・S・密爾就認為「理想上最好的政府形式是代議制政府」。〔註13〕民國時期「教授治校」體制中設立的評議會等機構，由教授推選代表組成，也主要體現了代議制形式。

合議制（又稱委員會制），是共和政體的一種特殊形式，由若干人組成委員會，通過集體討論，按照少數服從多數的原則議決各類事項，共同行使法定的行政決策和管理權，是一種集體負責的組織體制。從本質上說它也是代議制民主政體，具有直接民主的特點。〔註14〕「教授治校」體制中設立的教授會及各專門事務委員會，均以教授為主體，採取合議制形式，通過集體討論決定相關事項；評議會在議決各類事務時也主要以合議形式，集體協商議決事項。以下就清末代議民主制的傳播對民初教育改革的影響，以及「教授治校」在民國發展演進的過程中，代議、合議機構發生的一些變化兩個問題來深入分析。

（一）代議制在清末的傳播與民初教育改革

代議制民主思想在晚清時期既已出現，戊戌變法時期，康有為、梁啟超倡導「君主立憲」政體，開啟了代議制思想在中國的嘗試。清末新政時期，在代議制思想的影響下，「立憲派」政治團體也發表宣言，鼓吹實行君主立憲政體，要求清政府改變政權組織形式，召開議會，建立責任內閣。清政府迫於壓力，宣布準備實施憲政，清政府於1907年下令在各省設立諮議局，在中央設立具有國家議會性質的資政院。

《諮議局章程》中規定諮議局議員由各州縣選舉產生，以復選法選任，「復選者，先由選舉人選出若干選舉議員人，更令選舉議員人投票選出議員是也。」〔註15〕資政院的議員除由由官方指定外，一半議員是從各省諮議局議員

〔註11〕 高一涵：《近世國家觀念與古相異之概略》，《青年雜誌》第1卷第2號，1915年10月15日，第4頁。

〔註12〕 孫林、黃日涵：《政治學核心概念與理論》，天津人民出版社，2017年，第108頁。

〔註13〕 （英）J・S・密爾：《代譯製政府》，汪瑄譯，商務印書館，2017年，第35頁。

〔註14〕 王邦佐等編：《政治學辭典》，上海辭書出版社，2009年，第555頁。

〔註15〕 《諮議局章程》（1907年），賴駿楠編：《憲制道路與中國命運：中國近代憲法文獻選編（1840～1949）》上卷，中央編譯出版社，2017年，第281頁。

中選出。諮議局和資政院等民意代表機構的設立，在中國議會史上具有重要的開創性意義。但清政府實行憲政的根本思想只是為了維護皇權統治，而非真正要實行民主，在權貴抵制和皇權獨專之下，「皇族內閣」的出現，也表明代議制難以在封建專制的體制下真正運行。

辛亥革命結束了封建君主專制制度，民主共和觀念深入人心，以巨大的震撼力和影響力推動了中國的社會變革。1912 年南京臨時政府建立後，於 3 月11 日公布了經參議院議決通過的《中華民國臨時約法》，規定中華民國由參議院、臨時大總統、國務院、法院行使統治權，「人民有選舉及被選舉之權」，「參議員每行省、內蒙古、外蒙古、西藏各選派五人，青海選派一人。其選派方法由各地方自定之」，「臨時大總統、副總統由參議院選舉之。以總員四分三以上出席，得票滿投票總數三分二以上者為當選。」〔註 16〕由此確立了立法、司法、行政三權分立的代議民主制共和政體，代議制也成為民初各類機構實行的重要組織形式。

教育部成立之後，關於教育總長的人選曾存在不同意見。黃興推薦胡元俊出任，但胡以不願做官為由而選擇退出，其他人則有推薦嚴修、汪兆銘者。〔註 17〕而孫中山在 1912 年 1 月 2 日出席各省代表會時，則提名章炳麟為教育總長。但章對於教育總長一職，並不感興趣，對清朝覆亡和共和肇始也並未感到太大震撼，「在他看來，雖然所有政府都值得懷疑，但沒有比『代議制』民主更可鄙的了。」〔註 18〕各省代表也反對章出任，孫中山遂改提名具有民主革命思想、且學貫中西的蔡元培出任教育總長，並獲得一致通過。

當教育總長人選塵埃落定之後，關於大學教育應採取何種制度、組織形式等問題引發社會各界熱議。中華書局總經理陸費逵建議仿效法國，採取合議制召開高等教育會議討論決定各項教育政策，「共和國之學制，以法國為最善。法國立法之精神，全在用合議而辟獨斷。其合議之關於全國者，為高等教育會議。蓋兼聽則聰，眾人之討論勝於一人之獨斷也。」高等教育會議的會員則由各省教育總會、參政院選舉出若干人，及教育部各局長、教育總長延聘學識素著者和大學專門學校之校長組成，「凡關於教育之法令、制度及行政、懲戒事

〔註 16〕李劍農：《中國近百年政治史》，上海人民出版社，2015 年，第 281～283 頁。

〔註 17〕張正峰：《權力的表達：中國近代大學教授權力制度研究》，福建教育出版社，2007 年，第 26 頁。

〔註 18〕（美）傑羅姆・B・格里德爾：《知識分子與現代中國》，單正平譯，南開大學出版社，2002 年，第 203 頁。

項，皆於是會決之」。〔註19〕陸費逵的提議已兼具合議制與代議制相結合的理念，並指出了合議制「兼聽則聰」的優點。

莊俞在給教育部的敬告提議中，觀點與陸費逵基本一致，也建議參照法國模式成立高等教育會議：「法國之高等教育會議，凡關於教育及教員之權利與懲戒之事，皆屬會議範圍之內。以學部大臣為議長，其議員凡五十七名，而五十七人中之四十三名，由議長召集，大抵皆於教育有經驗有智識，或為小學校校長、教員者，其他則由各團體選出之。每年開會二次。特設常任委員十五名，其內九名由議長委任，亦不由會員互選。此則今日之高等教育會議所可採仿之制也。」〔註20〕此類建議的提出，為教育部制定大學法令規章及內部組織結構設計提供了參考。

（二）代議制與合議制相結合的組織形式

評議會（1929 年改設校務會議）、教授會和各類事務委員會等是「教授治校」制度體制中的重要組織機構，集中體現了代議民主制、合議制的組織特點。

1912 年 10 月 24 日，教育部頒布《大學令》，〔註21〕規定大學設立評議會，以各科學長及各科教授會互選教授代表組成，體現了代議民主制的精神。而教授會以各科教授為會員，又充分體現了合議制、集體決策的精神。

蔡元培出任北大校長後，將《大學令》中體現「教授治校」理念和代議制、合議制的組織形式真正予以落實。北大在 1917 年制定的《北京大學評議會規則》中，規定評議員除了校長、各科學長等當然會員外，其餘評議員由各科教授會自行推選，每科二人，〔註22〕教授評議員占絕對多數，體現了代議制的組織特點。而同年公布的《北京大學學科教授會組織法》中，學科教授會的組織形式，又體現了合議制的一面。各科各門之重要學科合為一部，每部設立教授會，「無論其為研究科、本科、預科教授，講師，外國教員，皆為本部

〔註19〕 陸費逵：《敬告民國教育總長》，文明國編：《陸費逵自述》，安徽文藝出版社，2013 年，第 179～181 頁。

〔註20〕 莊俞：《論今日之高等教育會議（敬告中央教育部之一）》（1912 年），潘懋元、劉海峰編：《中國近代教育史資料彙編·高等教育》，上海教育出版社，2007 年，第 857 頁。

〔註21〕 《大學令》（1912 年 10 月 24 日），高平叔編：《蔡元培教育論著選》，人民教育出版社，2017 年，第 26～27 頁。

〔註22〕 《北京大學評議會規則》（1917 年），中國蔡元培研究會編：《蔡元培全集》第 18 卷，浙江教育出版社，1998 年，第 228～229 頁。

教授會之會員」。〔註23〕五四運動後，北大進一步健全和完善「教授治校」體制，在設立評議會、各科教授會之後，又「組織行政會議，把教務以外的事務，均取合議制。並要按事務性質，組織各種委員會，來研討各種事務」。〔註24〕經評議會通過後，北大設立了預算委員會、審計委員會、聘任委員會、入學試驗委員會、圖書委員會、庶務委員會、儀器委員會、出版委員會、學生自治委員會等 9 個委員會。〔註25〕這些事務委員會均採取合議制，依照少數服從多數的原則實行集體決策。北大增設的教務會議，則由各系教授會主任組成，而教授會主任又由各系教授會選舉產生，也間接體現了代議制的特點。

1920 年，國立北京高等師範學校參照北大模式，設立評議會，「以教授互選八人，及校長、總務長、教務長組織之」，也採取由教授推選代表的代議制形式，且教授代表與校長等行政人員的比例為 8：3，佔據絕對優勢。除設立評議會外，北高師也仿傚北大設有各類事務委員會（如聘任委員會、預算及審計委員會、出版委員會等）；在院系一級，則設有學系會議，類似於北大的各系教授會，成員由學系主任及該系教授、講師組成，職權為討論審議學系的各項事務。〔註26〕

東南大學仿傚美國模式，也採取代議制與合議制相結合的組織形式。在 1921 年 3 月東南大學頒布的《國立東南大學大綱》中規定，評議會中的教授代表由各系教授會選舉產生。為商榷校務便利起見，評議會之下，還設有各類事務委員會，常設者有 8 個委員會，即學生自治委員會、運動委員會、圖書委員會、出版委員會、校舍建築委員會、招生委員會、遊藝委員會、推廣教育委員會。〔註27〕此類委員會均採合議制，為教授參與、討論校務提供了便捷。東大在校、系兩級還設立有教授會，為教授參與教學管理提供了多重平臺。

在清華大學「教授治校」的管理體制中，評議會成員除校長、教務長、各

〔註23〕《北京大學學科教授會組織法》（1917 年），中國蔡元培研究會編：《蔡元培全集》第 18 卷，浙江教育出版社，1998 年，第 230～231 頁。

〔註24〕《二十日之大會紀事：蔡校長訓詞》，《北京大學日刊》第 443 號，1919 年 9 月 22 日，第 2 版。

〔註25〕《北京大學評議會記錄（三）》（1919 年 12 月 9 日），中國蔡元培研究會編：《蔡元培全集》第 18 卷，浙江教育出版社，1998 年，第 309～310 頁。

〔註26〕《國立北京高等師範學校組織大綱》（1920 年），王學珍、張萬倉編：《北京高等教育文獻資料選編（1861～1948）》，首都師範大學出版社，2004 年，第 483～484 頁。

〔註27〕《國立東南大學大綱》（1921 年 3 月 16 日），《南大百年實錄》編輯組編：《南大百年實錄·中央大學史料選》上卷，南京大學出版社，2002 年，第 131 頁。

院院長等當然會員外，其餘評議員則由教授會選舉產生。而教務長人選也由教授會召開會議，投票選舉產生。各學院院長則由「教授會對每一院長公推出兩個候選人」再由校長在兩位候選人中擇一任命，「但在擇任時，充分考慮會上票數的差別」。〔註28〕可見，某種程度上而言，評議會中的教務長、各院院長實際上也是教授會推選出的代表。教授會則「以全體中國教授組織之，外國教授，亦得同等參加」；另外在校內還設立有聘任委員會、招考委員會、出版委員會、圖書館委員會、建築委員會等常設委員會，主要由教授組成，負責處理相關事務。〔註29〕充分體現了代議、合議制相結合的特點。

西南聯大在常務委員會之下，設立有多種專門事務委員會，協助常委會處理各項教學、行政或應急事務。各委員會設主席一人，委員若干人，由常委會依據具體情況聘請教授兼職擔任，職責主要是指導、諮詢和審查，但無報酬。所設委員會多屬臨時性質，待事情辦完之後，便會隨即撤銷。〔註30〕聯大設立的專門委員會，如建築設計委員會戰區學生救濟及寒苦學生貸金委員會、學生生活指導委員會、防空委員會、文理法工一年級課業生活指導委員會圖書設計委員會、理工設備設計委員會西洋哲學翻譯編輯委員會、校舍委員會等。〔註31〕教授會由全體教授、副教授組成。此類以合議制為特徵的各種事務委員會的設立，很好的發揮了教授參與校務管理的主導作用和主人翁地位，彰顯了聯大民主管理的一面。西南聯大的校務會議作為全校的行政審議機構，則類似於清華的評議會，採取代議制形式，由教授會選舉 12 名教授代表與聯大常委、各院院長組成。〔註32〕

1946 年胡適就任北大校長後，延續了西南聯大「教授治校」的原則理念，設立了校一級的教授會，由全體教授、副教授組成。而設立的校務會議則類似清華的評議會與西南聯大的校務會議，為重要的校務決策機構，成員由各

〔註28〕陳岱孫：《往事偶記》，商務印書館，2016 年，第 72～73 頁。

〔註29〕《國立清華大學一覽》（1929 年），王強主編：《民國大學校史資料彙編》第 7 冊，鳳凰出版社，2014 年，第 11～13 頁。

〔註30〕夏和順：《全盤西化臺前幕後：陳序經傳》，廣東人民出版社，2010 年，第 121 頁。

〔註31〕蕭超然、沙健錄等：《北京大學校史（1898～1949）》，上海教育出版社，1981 年，第 218 頁。

〔註32〕方靳、方群：《陳岱孫教授談西南聯大》，雲南省政協文史資料研究委員會，西南聯合大學北京、昆明校友會等合編：《雲南文史資料選輯》第 34 輯，雲南人民出版社，1988 年，第 1 頁。

學院教授代表（每院教授十人選一人，其零數過五人者亦舉一人，每院至少有一人。每年改選一次）、校長、各院院長等人組成，保障了教授代表在校務會議中過半數。行政會議之下，則設立有各種委員會，如圖書委員會、儀器委員會、財務委員會等，以教授為主體，「各行政首長採用輪任制，每年改換三分之一」，實行「教授治校」。〔註33〕代議制和合議制相結合的特點也十分明顯。北大經濟學系教授樊弘也發表評論文章，強調要想真正的實現學術獨立，「須有賴於教授治校的制度的推行和示範」，而具體辦法就是除了大學校長外，其他組織機構的成員和領導者「都由教授選舉」。〔註34〕強調了教授治校代議民主制的特點。

國立交通大學在抗戰勝利復校後，在 1946 年初組織成立了教授會，作為「本校最高評議機構」，〔註35〕並推選教授代表組成理事會，作為常務執行機構。同時，增設聘任、福利、經濟稽核等專門事務委員會，由教授會推選代表組成，處理各專門性事務。交大還參照清華模式，「凡該校教務長、各院長、各系主任，均應由全體教授票選擔任」。〔註36〕充分體現了代議制與合議制相結合的特點。在全國解放前夕，暨南大學、中央大學等校也主要由教授會推選代表，組成或參與理事會、校務會議、校務維持會和各專門事務委員會，集體協商處理學校各類事務，充分體現了代議制和合議制相結合的組織結構特點。

從上述論述中也可以看出，作為合議制形式代表的各專門事務委員會，在 1912 年的《大學令》中並未出現，是蔡元培在健全北大「教授治校」體制的過程中「首倡」的，「行政會議及各委員會之會員，為校長所推舉，經評議會通過，半採德模克拉西主義，半採效能主義」。〔註37〕蔡元培也曾言：「北大的行政事務，校長有權指定某些教師組成諸如圖書委員會、儀器委員會、財政委員會和總務委員會等。每個委員會選出一人任主席，同時，跟教授、講師組成教

〔註33〕徐秀麗：《1940 年代後期的國立高校治理——以清華、北大為例》，《史學月刊》，2008 年第 3 期，第 64 頁。

〔註34〕樊弘：《除非教授治校　學術難望獨立》，《世紀評論》第 3 卷第 2 期，1948 年 1 月 10 日，第 5～6 頁。

〔註35〕《國立交通大學教授會簡章》（1947 年 10 月），《交通大學校史》撰寫組編：《交通大學校史資料選編（1896～1937）》第 2 卷，西安交通大學出版社，1986 年，第 677 頁。

〔註36〕《交大教授建議教授治校》，《申報》，1947 年 10 月 6 日，第 6 版。

〔註37〕《北京大學新組織》，《北京大學日刊》第 562 號，1920 年 3 月 15 日，第 3 版。

授會的方法相同，這些主席組成他們的行政會。」〔註38〕從中也可看出代議制的特點。北大各類事務委員會的設置，也為後續的東南大學、清華、西南聯大及復員後的北大、交大、南開等校，在實行「教授治校」中所繼承和發揚，只不過各類事務委員會的上級機構有所不同。如北大是在行政會議之下設各類委員會，而東大則設置於評議會之下，西南聯大設置在常務委員會之下，全國前夕的大學，則直接在教授會之下設各類事務委員會。委員會均以教授為主體，也是教授治校精神的重要體現。

二、權力配置注重分權制衡

正如孟德斯鳩所說：「一切有權力的人都容易濫用權力，這是萬古不變的一條經驗」，而要防止權力濫用的發生，就必須「以權力約束權力」。〔註39〕民國時期，「教授治校」在權力配置上注意分權制衡。事實上，「教授治校」也是在教授等學術人員與校長等代表的行政人員共同治理架構下運作的，通過事權分工，讓校園內的重要成員依據各自專業分享治理權限。

1912 年教育部頒布的《大學令》中規定，大學校長總轄大學全部事務，各科也設學長主持一科事務。但為了制衡校長及學長的權力，大學設立評議會，「以各科學長及各科教授互選若干人為會員」，作為全校最高的權力機構，其職權除審議各學科的設置及廢止、講座種類、大學內部規則、審查大學院生成績及請授學位者之合格與否外，另有審議「教育總長及大學校長諮詢事件」。而且規定凡關於高等教育的事項，評議會如若有意見，可以越過校長直接建議於教育總長，形成對校長權力的制衡。除校一級的評議會外，各科須設立教授會，以教授為會員，負責審議學科課程、學生試驗、請授學位者之合格與否等事宜，分割了學長的權力。同時，各科教授會也享有審議「教育總長及大學校長諮詢事件」。〔註40〕

1916 年底蔡元培出長北大後，認為舊北大的組織系統存在很大問題，權力主要集中在校長、學監和學長等少數人手中，且唯有各科學長，「有權管理

〔註38〕蔡元培：《中國現代大學觀念和教育趨向》（1925 年 4 月 3 日），王學珍、張萬倉編：《北京高等教育文獻資料選編（1861～1948）》，首都師範大學出版社，2004 年，第 541～542 頁。

〔註39〕（法）孟德斯鳩：《論法的精神》上冊，張雁深譯，商務印書館，1982 年，第 153～154 頁。

〔註40〕《大學令》（1912 年 10 月 24 日），高平叔編：《蔡元培教育論著選》，人民教育出版社，2017 年，第 25～27 頁。

本科教務，並且只對校長負責」，教授對校務不得與聞，內部管理極不協調，這種「組織形式形同專制政府」。〔註41〕為了改變由校長少數人獨裁管理的局面，蔡元培首先主持成立了新一屆評議會，作為全校最高的立法和權力機構，讓教授代表參與議決學校立法事宜；其後又組織行政會議，作為全校最高的行政機構和執行機構，下設各種專門委員會，依據事務性質來處理各種事務；最後又設立了教務會議，負責規劃學校的教學管理事項；另設立總務處主管全校的人事、財務等事務工作。原先以校長等少數人為核心的權力中樞被分割，「評議會，司立法；行政會議，司行政；教務會議，司學術；總務處，司事務」，〔註42〕由此形成一種民主參與和分權管理的模式。「此制度之精神，在以教授治理校務，用民治制度，決定政策，以分工方法，處理各種興革事宜」。〔註43〕各機構均以教授為主體，分工明確，各司其職，既相對獨立，又相互聯繫、密切配合，使得大學的各項權力能夠以合理地方式分配。評議會在體制中起立法和最高決策的作用，行政會議及其下級所設的各類委員會、教務會議、總務處等起服務與輔助的作用，執行評議會的決策。國立北京高等師範學校在 1920 年基本參照了北大體制，設立了評議會、行政會議、教務會議、各類委員會、總務處等組織機構，〔註44〕分工負責學校各類事務。

　　就整體而言，北大在前期主要借鑒德國模式，分權特點並不太明顯。1920 年左右在蔣夢麟等留學歐美教授的參與主持下，通過借鑒美國大學理念，才設立了行政會議、教務會議等機構，分權管理。而且北大體制的權力制衡特點也並不突出，評議會為最高權力機構，缺乏相應的監督、制衡機構，這也是受到了德國模式的影響。

　　國立東南大學借鑒美國模式，較為注重分權和制衡兩點。前期設立的董事會，權力不大，職權「以推舉校長，審查預算為最重要」，〔註45〕基本不干

〔註41〕蔡元培：《中國現代大學觀念及教育趨向》（1925 年 4 月 3 日），王學珍、張萬倉編：《北京高等教育文獻資料選編（1861～1948）》，首都師範大學出版社，2004 年，第 541 頁。

〔註42〕蔣夢麟：《過渡時代之思想與教育》，商務印書館，1933 年，第 459 頁。

〔註43〕顧孟餘：《憶蔡孑民先生》，《東方雜誌》第 37 卷第 8 期，1940 年 4 月 16 日，第 64 頁。

〔註44〕《國立北京高等師範學校組織大綱》（1920 年），王學珍、張萬倉編：《北京高等教育文獻資料選編（1861～1948）》，首都師範大學出版社，2004 年，第 483～484 頁。

〔註45〕《東南大學校董會開會詳情（再續）》，《申報》，1921 年 6 月 10 日，第 11 版。

預學校內部的具體事務。校內設立有評議會、教授會和行政委員會，分別負責學校的議事、教學和行政事宜。「凡校中一切要務，悉由評議會議決，再由行政委員會執行」，教授會則「議決章程及議事細則」。〔註46〕從而形成董事會主外（重心在籌集經費），其他三會主內（處理校務）的權力格局。董事會在後期權力不斷增強，打破了這一格局，在內外多種因素的影響下，最終廢除。東大依循「教授治校」的原則，並吸取前期發展的經驗教訓，在 1926 年 8 月公布的《修正國立東南大學組織大綱》中〔註47〕，將教授會的權力和作用進一步提高，成為全校最高的權力機構。教授會的職權除了選舉校長、議決教務上的一切公共事項外，還有權議決評議會的提議事項，從而形成對評議會的制衡作用。

清華學校借鑒的也是美國模式，分權制衡的特點十分明顯，董事會主要負責管理庚款基金。校內依據「教授治校」的原則，在 1926 年制定了《清華學校組織大綱》，設立了評議會和教授會兩個重要的組織機構，初步確立了「教授治校」體制。評議會為全校最高的立法和審議機構，職權範圍涉及教育方針、財政、人事任免及學制等，掌握著全校大部分的校政。教授會則主要負責全校的教務管理事務。但在大綱的「附注」中又明確規定，評議會在議決全校教育方針，各學系和校內各機關之設立、廢止及變更，審定預算、決算等事項之前，「應先徵求教授會意見」；並且當評議會議決的事項，「經教授會三分之二之否認時，應交評議會覆議」；對於學校大綱的修訂等重大事項，也「得由評議會以三分之二之通過提出，於教授會討論決定之」。〔註48〕通過附注的以上規定，教授會無形中起到了對評議會的制衡作用，以防止評議會專斷。

南京國民政府建立後，清華學校改為國立大學，但清華並未遵照國民政府在 1929 年頒布的《大學組織法》中的規定，取消評議會、教授會，而是仍舊予以保留。面對校內外各種勢力蓄意破壞清華「教授治校」、學術獨立的傳統，清華師生進行了聯合抵制，堅守住了「教授治校」的體制，並在不斷的鬥爭過程中，強化教授治校的權力和完善組織體制。分權制衡依舊是重要的原

〔註46〕國立中央大學秘書處編撰組編印：《國立中央大學沿革史》，1930 年，第 14 頁。
〔註47〕《修正國立東南大學組織大綱》（1926 年 8 月 1 日），《南大百年實錄》編輯組編：《南大百年實錄・中央大學史料選》上卷，南京大學出版社，2002 年，第 164～168 頁。
〔註48〕《清華學校組織大綱》，《清華週刊》第 27 卷第 11 期，1927 年 4 月 29 日，第 161～162 頁。

則，據清華社會學系教授潘光旦所說：「行政上校長雖總集其成，但最後的決定卻在校務會議……至於學校立法，則又有一個評議會。評議會是由原來的校務會議加上九個教授所組成的，這九個教授係由教授會議推選，教授會議大致每個月集會一次，他實是學校真正的權力所在。」〔註49〕從中可以明顯看出分權制衡的特點，校務會議主管學校的行政事務，評議會為最高的立法、審議機構；「校務會議不能用評議會的名義辦事，評議會也不能用教授會的名義辦事」。〔註50〕但當學校面臨重大事務討論時，教授會則享有充分的發言權和決定權，並可以通過教授代表占主導的評議會，對學校的行政管理、重大事務決策等方面享有支配權，實際起到對學校常規機構評議會、校務會議的制衡作用。

西南聯大也延續了清華「教授治校」的制度設計，特殊之處在於以常務委員會作為學校最高的行政領導機構，主持全校校務，討論學校各項重大事務，其成員除三校校長外，其他各院院長、各處處長和各系主任均由教授兼任，但「兼職不增薪，課程負擔與一般教授相同」。〔註51〕同時聯大還設立有校務會議和教授會，無評議會。校務會議是全校的行政審議機構，類似於清華的評議會，由聯大常委、院長、總務長、教務長、訓導長和教授會選舉出的教授代表組成。〔註52〕其職權除審議學校預算及決算，學院學系之設立及廢止，各種規程和校務改進等事項外，對於常務委員會交議事項也有審議之權，從而對常務委員會起到制衡作用。教授會則由全體教授、副教授組成，作為學校重要的諮詢機構，也是學校最高的學術權力機構。〔註53〕其職權雖主要集中在教務管理上，但它有權審議常務委員會或校務會議交議事項，由此形成對校務會議、常務委員會的權力制衡。馮友蘭也指出：聯大的「教授治校」主要表現為教授會的權威。「這種權威在學校正常的情況下，不顯得有什麼用；但遇到學校有對

〔註49〕戚觀光：《清華大學與梅貽琦》，《中華人報》第 11 期，1945 年 9 月 16 日，第 15 頁。

〔註50〕馮友蘭：《馮友蘭文集》第 1 卷，長春出版社，2017 年，第 213 頁。

〔註51〕西南聯合大學北京校友會編：《國立西南聯合大學校史：1937 至 1946 年的北大、清華、南開》，北京大學出版社，1996 年，第 37 頁。

〔註52〕方靳、方群：《陳岱孫教授談西南聯大》，雲南省政協文史資料研究委員會，西南聯合大學北京、昆明校友會等合編：《雲南文史資料選輯》第 34 輯，雲南人民出版社，1988 年，第 1 頁。

〔註53〕南開大學校史編寫組編：《南開大學校史（1919～1949）》，南開大學出版社，1989 年，第 250 頁。

內或對外的大鬥爭的時候，這種權威就顯出作用了」。〔註54〕各主要決策、審議機構相互制衡，對於維護教授權益、促進教授參與校務管理和科學民主決策等方面發揮了重要作用。

1946 年北大復員後，設立了校一級的教授會，恢復了教授在大學決策管理中的地位，為最高審議機構。而設立的校務會議則類似於蔡元培時期的評議會，教授代表占絕對多數，為重要的校務決策機構。職權範圍較為廣泛，涉及學校財政預算、學系廢立和規程制定等事務。行政會議主要由校長、各院長組成，是協助校長處理有關校務具體執行事項的機構。教授會審議校長或校務會議的交議事項，擁有最高決定權，形成對校長或校務會議的權力制衡。其他交通大學、南開、中央大學等校建構的「教授治校」體制中，教授會也為全校最高的審議機構，再推選出教授代表組成各類事務委員會，分別處理相關事務。

現代大學制度建設作為一項系統工程，其「本質是建立一個制衡的治理結構」，〔註55〕實現大學內部校長與教授，外部與政府、社會需求之間的協調。在「教授治校」的體制模式下，通過分權制衡的制度設計，使得大學內部以校長、行政會議為代表的行政組織力量，和以評議會、教授會為代表的學術組織力量達到某種平衡。其他各類會議組織機構，如評議會與教授會之間，在職權行使方面也存在制衡的一面，從而使某一組織的權力都難以成為一種絕對權力，制衡成為此項制度安排和權力結構的重要準則。

三、「自上而下」的建立過程

中國近代大學「教授治校」的確立過程，與西方大學早期通過建立「教師行會」，反抗教會、世俗等勢力的鬥爭獲得自治權，或與董事會博弈爭取治校權，呈現「自下而上」的特點有所不同。中國近代大學在移植和借鑒西方大學發展模式的同時，又呈現出「政府對高等教育制度變遷的強控制力」〔註56〕的特點，自西式大學在中國傳統儒家書院的廢墟上誕生之日起，就深受政府及其教育政策的影響，清末創辦的新式學堂也主要由「國家強制推行」或「士紳階

〔註54〕馮友蘭：《馮友蘭自述》，中國人民大學出版社，2011 年，第 313 頁。
〔註55〕趙文華、龔放主編：《現代大學制度：問題與對策》，上海交通大學出版社，2007 年，第 23 頁。
〔註56〕周曉蕾、樊平軍：《中國高等教育制度變遷的路徑依賴分析》，《中國高教研究》，2011 年第 6 期，第 29 頁。

層發起」，〔註57〕缺乏西方大學自治的傳統與條件。民國時期，一些大學建立「教授治校」體制的過程，主要是在政府、校長等上層因素的指導和影響下進行的，總體呈現「自上而下」的特點。

（一）政府教育政策的指導

「教授治校」的制度理念在清末的教育變革中既已萌芽。1897 年 9 月，張元濟聯合夏偕復等人奏請設立的通藝學堂，在學堂議事中依循少數服從多數的民主原則議決，「凡事之准駁，依三占二之例。其可否均者，由堂董定見。然必須將准駁之故逐一指明。」〔註58〕已初具評議會之雛形。但在戊戌政變後，張元濟被革職查辦，通藝學堂遂告結束。清末「新政」時期，清政府頒布《欽定京師大學堂章程》（1902 年）和《奏定大學堂章程》（1904 年）改革教育體制，創辦新式大學堂，但囿於「中學為體，西學為用」的指導思想，教育改革主要集中在課程體系等方面，在內部管理上仍然沿襲著封建機構的官僚體制，實行高度集權的內部組織模式。在這種封建專制式的教育管理體制之下，大學堂的教習也就難以真正獲得參與學堂決策管理的權力，治校更無從談起。

1912 年，民國建立後，確立了民主共和政體，為教育的民主化改革創造了有利條件，高等教育是其改革的重點。教育部成立之後，蔡元培就任教育總長，著手改訂教育系統和進行中國新式教育制度的奠基性工作，在其發表的對於新教育的意見中，明確提出教育要超脫政治束縛的主張。〔註59〕10 月 24日，由蔡元培主持起草的《大學令》公布，〔註60〕對大學的辦學宗旨、管理體制等作了明確規定。大學「以教授高深學術，養成碩學閎材，應國家需要為宗旨」，不再強調「忠君尊孔」、「以經史之學為基」等傳統封建教育。在管理體制方面，規定大學除設校長和各科學長外，另須設立評議會（以各科學長及各科教授互選若干人為會員）和各科教授會（以教授為會員），評議會為學校的

〔註57〕　（美）葉文心：《民國時期大學校園文化（1919～1937）》，馮夏根、胡少誠等譯，北京：中國人民大學出版社，2012 年，第 1 頁。

〔註58〕　張元濟：《通藝學堂章程》，《張元濟全集》第 5 卷，商務印書館，2008 年，第 5、9 頁。

〔註59〕　《教育部總長蔡元培對於新教育之意見》，《中華教育界》，1912 年第 1 卷第 2期，第 5 頁。

〔註60〕　《大學令》（1912 年 10 月 24 日），高平叔編：《蔡元培教育論著選》，人民教育出版社，2017 年，第 25～27 頁。

最高立法、行政機構，以集體協商議決各類事項。各科教授會則是教授參與各學科教學管理的組織，充分體現了以教師為主導，大學民主管理的一面。

《大學令》將「教授治校」的制度理念規範化，〔註61〕並為其推行提供了法律保障。其後頒行的《修正大學令》（1917 年）和《國立大學校條例》（1924年）等教育法規，也基本繼承了《大學令》的精神，為近代大學走向符合自身發展的民主之路提供了制度依據。這些均體現出「教授治校」在政府主導下實施的一面。

南京國民政府建立之後，政治朝向集權專制方向發展，並在 1929 年頒布《大學組織法》取消了評議會、教授會的設置。1939 年又制定了《大學行政組織補充要點》，進一步對大學內部組織進行規範，壓制教授治校的權力。故在此期間，真正推行「教授治校」的大學寥寥無幾。直到 20 世紀 40 年代後期，隨著國共內戰的爆發、民主鬥爭形勢的不斷高漲，國民政府才又重新調整大學組織法規，在 1948 年頒布了《大學法》，增強教授在校、院事務管理中的決策權，讓教授居於主導地位。教授治校的權力得以恢復，並推動了後期一批大學實行「教授治校」，也能反映出政府教育政策對大學管理體制變革的主導性影響。

（二）校長的主導參與

政府頒行的教育法規和制定的相關政策，為「教授治校」的推行提供了保障和規範。但對於中國大學而言，「校長受官廳之委任，為全校教職人員之領袖，根據法令，綜理一校事務，而負其責任」，〔註62〕與西方大學的校長多屬於榮譽職位，有很大不同。民國時期各大學「教授治校」的實行，主要是在校長的主導下進行的，相關制度設計和條例細則也由其主持制定。

校長蔡元培是北大「教授治校」體制改革的主導者與設計者，其他教授群體則起輔助、推動作用。1917 年 3 月，蔡元培主持成立了新的評議會，作為全校最高的立法和權力機構，隨後又組織成立了各科教授會，並經評議會議決通過了《評議會規則》和《學科教授會組織法》，對《大學令》中評、教會議的內容作了補充完善。「五四運動」後，鑒於政局動盪不定，為防止因校長一人之離去而引發學校之動盪，蔡元培決定進一步健全和完善「教授治校」體

〔註61〕何炳松：《三十五年來中國之大學教育》，莊俞、賀聖鼐編：《最近三十五年之中國教育》，商務印書館，1931 年，第 97 頁。
〔註62〕程湘帆：《中國教育行政》，商務印書館，1932 年，第 254 頁。

制。又先後組織設立了行政會議、教務會議和總務處等機構，於 1920 年 9 月
9 日公布《國立北京大學現行章程》，將北大首創的「教授治校」體制予以規
範化。北大「教授治校」的終結，也是在南京國民政府建立後，倡導校長集權
治校，以強化對教育的控制，及新任校長蔣夢麟響應中央推行「校長治校」的
背景下，而走向消亡。直到抗戰爆發後，北大、清華和南開聯合組建西南聯大
後，北大「教授治校」的理念才始告恢復。這些均顯示出學校上層政府、校長
對「教授治校」建立、廢止的重要影響。

　　國立東南大學「教授治校」的建立，也主要是在校長郭秉文的主持下進行
的，只不過與蔡元培參照德國大學模式不同，郭秉文由於早年留學美國，且為
哥倫比亞大學教育學博士，對美國的教育制度十分熟悉，故移植借鑒的是美國
模式。在郭秉文的主持下，1921 年 3 月 16 日，東大頒布了《國立東南大學大
綱》〔註63〕規定設立評議會、教授會、行政委員會，「凡校中一切要務，悉由
評議會議決，再由行政委員會執行」。〔註64〕同一時期，交通總長葉恭綽（兼
任交通大學校長）向內閣提議創辦的交通大學，也大體仿傚了東大模式，並在
其主持下制定了《交通大學大綱》。董事會主管籌劃經費、監督財政和推舉校
長事宜；評議會為學校最高權力機構，負責校內各種規章的制訂、各科之設立
及廢止和討論一切興廢事宜，並審議財務及「董事會、校長或學校主任諮詢事
項」；設各科教授會，具體負責各科事務的管理。〔註65〕

　　清華「教授治校」的確立，雖主要由留學歸國的「少壯派」教授發起，但
也是在校長曹雲祥的同意與支持下進行的，且曹「本人具有民主素養」。〔註66〕
1926 年，曹雲祥與梅貽琦等七人組成「清華學校改組委員會」，依據「教授治
校」的原則，制定了《清華學校組織大綱》，設立了評議會和教授會，開啟了
清華「教授治校」的時代。其後清華教授依託教授會、評議會等機構與校內
外反對勢力博弈，特別是在 1929 年至 1931 年較為動盪的時期，清華教授堅

〔註63〕《國立東南大學大綱》（1921 年 3 月 16 日），《南大百年實錄》編輯組編：《南
　　　　大百年實錄·中央大學史料選》上卷，南京大學出版社，2002 年，第 127～
　　　　131 頁。

〔註64〕國立中央大學秘書處編撰組編印：《國立中央大學沿革史》，1930 年，第 14 頁。

〔註65〕《交通大學大綱》（1921 年 2 月），《交通大學校史》撰寫組編：《交通大學校
　　　　史資料選編（1896～1937）》第一卷，西安交通大學出版社，1986 年，第 349
　　　　～354 頁。

〔註66〕蘇雲峰：《從清華學堂到清華大學（1911～1929）》，生活·讀書·新知三聯書
　　　　店，2001 年，第 78 頁。

守和維護住了「教授治校」的傳統與理念。清華師生之所以選擇不斷反抗，掀起多次「易長」風潮，就在於上層的校長及其背後的政治勢力，沒有認同清華「教授治校」的理念與傳統。正如陳岱孫所說：「它反映出校內學術民主自由和官方政治控制的矛盾，意味著正在形成中的新體制和校長之間的可能的對立。」〔註67〕直至 1931 年 12 月，梅貽琦由美國回到清華就任校長後，清華才走出動盪的局面，迎來「教授治校」的輝煌時期。正是因為梅貽琦順應了清華師生的民意訴求，將權力「分寄任於諸教授與各執事，諸教授與各執事盡其責於諸學子。至於因革損益之大端，猝然非常之異變，校長則於教授評議會分別與同人共商討之」，〔註68〕在梅貽琦的主持下，「教授治校」的管理體制也得以進一步健全和完善，並成為一種典範。

抗日戰爭時期，西南聯大繼承和發揚了清華「教授治校」傳統。〔註69〕其確立過程也是在上層常務委員會的主導下進行的，常委之一的清華校長梅貽琦扮演著重要角色。梅長期擔任常委會主席一職，實際充當西南聯大的「校長」角色。在梅貽琦的主持之下，聯大的管理體制大體承襲了清華模式，除常務委員會（下設多種專門委員會）外，設立了類似清華評議會的校務會議，作為全校的行政審議機構，由教授會選舉若干人，與聯大常委、院長、總務長、教務長和訓導長等行政負責人組成。〔註 70〕教授會則由全體教授、副教授組成，作為學校重要的諮詢機構，不定期召開，聽取常委會主席報告工作，對學校的行政管理、學生學習、教學設施等方面，尤其是在學校面臨重大問題討論時發揮著重要影響和作用。

抗戰勝利後，北大、交大等校借助復員之際，調整校內組織，設立教授會、各類事務委員會等組織，秉持「教授治校」之原則，推行民主治校，作為校長的胡適、吳保豐、程孝剛等人在其中發揮了重要作用。但我們也需注意，在全國解放前夕，一些推行「教授治校」的大學是在校長出走後，由教授群體主導建立的，如國立中央大學，呈現一種「自下而上」的建立過程。某種程度

〔註67〕陳岱孫：《往事偶記》，商務印書館，2016 年，第 73 頁。

〔註68〕《中國現代教育家傳》編委會編：《中國現代教育家傳》第 5 卷，湖南教育出版社，1987 年，第 109 頁。

〔註69〕戴世光：《懷念抗戰中的西南聯大》，西南聯合大學北京校友會編：《笳吹弦誦情彌切──國立西南聯合大學五十週年紀念文集》，中國文史出版社，1988 年，第 25 頁。

〔註70〕方蘄、方群：《陳岱孫教授談西南聯大》，雲南省政協文史資料研究委員會等合編：《雲南文史資料選輯》第 34 輯，雲南人民出版社，1988 年，第 1 頁。

上而言，清華大學在 1929 年至 1931 年間的動盪時期，也與中央大學類似，「易長」風潮頻繁，教授群體成為校務管理的真正主導者，並發起了「改隸廢董」、「驅吳」等運動，推動了「教授治校」體制的完善，在此階段也呈現一種由教授主導「自下而上」的健全體制過程。

　　民國時期大學「教授治校」的確立過程，總體上呈現「自上而下」的特點，也間接導致體制缺乏穩定持久性，上層政府教育政策的調整轉變或校長更換、治校理念的變化，又會制約和影響「教授治校」的運作。從下一章論述民國時期「教授治校」創立、運行過程中的制約因素時，亦可以清晰地看出。

第五章　民國時期「教授治校」的
　　　　制約因素

　　教育不是一項獨立的社會活動，受政治、經濟和社會等多種因素的影響。
〔註1〕作為教育系統主體的大學也被視為「最複雜的社會產物」。〔註2〕構成
大學制度的環境主要有政治社會系統、經濟系統、社會文化系統和高等學校
系統四個方面，其中前三項為外部因素，最後一項為內部因素。〔註3〕在大學
的決策管理中，理論上每個利益攸關者（政府、校長、教師、學生和家長等）
都應該參與其中，承擔一部分責任，但由於權力結構具有等級性的特點，比重
較小的某些利益攸關者會被排除在外，而沒有充分的參與權。〔註4〕因而，在
大學決策管理的實際操作中，僅有在權力分配中佔據重要地位的部分攸關者
才能參與其中。

　　就中國大學管理運行的情況而言，對決策管理影響最大的利益攸關者是
政府，其次為校長等行政管理人員，再次才為教授群體。「教授治校」作為一
種大學內部的治理模式，在其確立、運作的過程中也主要受到校內外這三種

〔註1〕 舒新城：《近代中國留學史·近代中國教育思想史》，商務印書館，2014年，
　　　第220頁。
〔註2〕 （美）E·馬克·漢森：《教育管理與組織行為》，馮大鳴譯，上海教育出版社，
　　　2005年，第3頁。
〔註3〕 張俊宗：《現代大學制度：高等教育改革與發展的時代回應》，中國社會科學出
　　　版社，2004年，第60～62頁。
〔註4〕 （美）約翰·范德格拉夫等編：《學術權力——七國高等教育管理體制比較》，
　　　王承緒等譯，浙江教育出版社，2001年，第2～3頁。

利益攸關者的影響。某種程度上而言，「教授治校」是不同利益主體基於自身利益的訴求，通過博弈、協調和妥協等方式建立的一種較為穩定的互動關係。作為「教授治校」典型的德國大學，亦是「基於法令、法規和最終決定權的政府權力」，由教授等研究者「贏得政府的尊重和政府給予研究者個人的實際自由而得到調和」。〔註5〕

第一節　政府對大學控制的強化

「政治、經濟、社會和文化有了變化，教育便隨著變化」。〔註6〕「教授治校」作為西方大學一種傳統的治校模式，自清末傳入中國之後，在近代中國大學從建立到消亡的過程，均離不開其所依存的外部環境。尤其受到政治社會系統的影響，其中政府扮演著重要角色，這在中國表現得尤為明顯。

一、中外政府對教育控制的特點及趨勢

中國傳統教育的特點表現為政教合一，教育依附從屬於政治，「太學者，賢士之所關也，教化之本原也」，以太學為首的中央官學，被視為培養官僚和推行教化的基地。〔註7〕學校的教學內容也必須符合和反映統治階級的意識形態，教育行政也主要強調集權專制。在傳統的官學教育中，教員的聘任與教學內容的制定均由政府嚴格控制，學校各類事務的決策，也主要由政府指派的行政管理者獨斷。正如郭秉文所說：「中國教育機制就是政府維持的一種政治制度，政府藉此培養和啟發國家觀念，以實現國家穩定。每所學校如同一臺由政府精心製造的機器，專門生產符合政府期望的國民。」〔註8〕

西方大學則有所不同，歐洲中世紀政教分離的傳統，為西方早期大學的生存和發展提供了相對獨立的空間，而且中世紀的大學多屬於純粹的「人的組合體（batie en hommes）」，〔註9〕教育是純私人事務，「教師與學生組成的社團」即指大學，這種社團、行會的組織形式也是中世紀的典型特色，在事實和法律

〔註5〕（荷蘭）弗蘭斯・F・范富格特主編：《國際高等教育政策比較研究》，王承緒等譯，浙江教育出版社，2001年，第183頁。
〔註6〕陳翔林：《最近三十年中國教育史》，上海太平洋書店，1930年，第2頁。
〔註7〕曲鐵華：《中國教育發展史綱》，東北師範大學出版社，2006年，第326頁。
〔註8〕郭秉文：《中國教育制度沿革史》，儲朝暉譯，商務印書館，2017年，第9頁。
〔註9〕（美）查爾斯・霍默・哈斯金斯：《大學的興起》，王建妮譯，上海人民出版社，2007年，第2頁。

上均享有高度的自主權。〔註10〕同時，與中國傳統官學的經費由國家負擔相比，歐洲中世紀大學的經濟來源則主要來自學生的學費，教師的收入也以學生付給的報酬為主。〔註11〕教會、國王及政府機關等外部因素基本不干預大學內部管理，大學還從國王手中獲得了獨立權、審批權和免服兵役權等權利，保持著高度的獨立性。〔註12〕教師們結成的「行會」，決定學校的經費使用、選舉校長、教師聘任、課程設置等重要事務，故而哈斯金斯就認為「中世紀是教師管理大學的偉大時代」。〔註13〕總之，歐洲中世紀的大學「從來就沒被政府或教會直接控制過，也沒有直接成為一種為上層統治階級培養接班人的訓練工具」，〔註14〕這種中西方教育文化傳統的差異，深刻影響著各自教育的發展。

但隨著現代民族國家建構的完成，教育被視為富國強兵的靈丹妙藥，其在推動一國的科學技術和社會經濟發展中的地位，日益突出，並成為在國際競爭中決定成敗的關鍵性因素。西方國家和政府逐漸以積極的姿態介入高等教育，大學教育「公」的內涵也愈來愈凸顯。大學「完全的自治必然要求完全的經費獨立」，〔註15〕而隨著大學規模的日漸擴張和組織結構的日益複雜化，大學已很難獨立維持其運作所需的各種資源，「不論是在哪個國家，研究已變得花錢更多了」。〔註16〕尤其是那些依靠政府財政支持而創立的公立大學，更加依賴於政府的扶植。正如伯頓‧克拉克所言：「大學的規模發展到最大時，正是社會越來越依靠政府全面控制之日。」〔註17〕大學逐漸成為國家社會政治共

〔註10〕中世紀大學從教皇、國王、封建邑主、地方自治區邑等處獲得特權令狀，享有高度的自主權。學生和教師「可以安然前往各種學問日夜進行不息之區，而毫無阻礙」、「寓居其地、保無危險」。大學有關人員的兵役義務也被免除，並免徵大學、教師和學生各種稅費等。參見（美）格萊夫斯：《中世教育史》，吳康譯，華東師範大學出版社，2005年，第82~85頁。

〔註11〕周谷平等：《中國近代大學的現代轉型：移植調適與發展》，浙江大學出版社，2012年，第5頁。

〔註12〕華文英：《高等學校內部控制研究》，湘潭大學出版社，2018年，第36頁。

〔註13〕（美）哈斯金斯：《大學的興起》，張堂會、朱濤譯，北京出版社，2010年，第55頁。

〔註14〕（加）許美德：《中國大學1895~1995：一個世紀的文化衝突》，許潔英譯，教育科學出版社，2000年，第20頁。

〔註15〕（美）約翰‧S‧布魯貝克：《高等教育哲學》，王承緒等譯，浙江教育出版社，2002年，第33頁。

〔註16〕（美）愛德華‧希爾斯：《學術的秩序——當代大學論文集》，李家永譯，商務印書館年，2007年，第157頁。

〔註17〕（美）伯頓‧克拉克：《高等教育新論——多學科的研究》，王承緒等譯，浙江教育出版社，2001年，第26頁。

同體中的子共同體，府學關係也由原先的平行關係演變為包含關係。

整體而言，「東西各國教育行政為求行政能促進教育之效率起見，多採集權政策。即素主分權之美國，近亦有收回地方事權，而為國有之傾向」。〔註18〕大學由社會的邊緣走向中心，日益受到政府的重視和干預，大學管理中的泛行政化傾向成為一種國際化的趨勢，西方大學也逐漸失去中世紀大學據以獲得高度自主權的前提條件，「公立研究型大學變得越來越像龐大的官僚機構在行事，而不是過去那種與大學生活密切相關的學院結構傳統」。〔註19〕因而，在20世紀初，美國的教育改革者和領導者倡議建立科層化、職業化的「最佳體系」，希望「從政治中解放教育，把權力交到教育專家手中，以便於為廣大的民眾服務」。〔註20〕世界各國高等教育的政治化趨勢也均有所加強，這種政治化「不僅指政黨、政治家和政府官員參與高等教育決策的合法化，而且也是指大學內（學生、初級教學人員、非學術人員）外（工會、雇主協會）以前從未卷人的群體參與決策的合法化」，〔註21〕大學的活動準被納入到國家和社會發展需要的軌道中。

就中國近現代高等教育的發展與政府的關係而言，政府始終是高等教育發展的主導力量，官辦也是其主要模式，〔註22〕政府通過制定教育政策法規和財政撥款〔註23〕等方式對大學施加影響。具體而言，自清末到民國再到新中國建立之後，政府對大學的干預控制呈逐步強化之勢。

清末至北洋政府時期由於中央權威衰弱和缺位，對教育的控制較為放

〔註18〕 程湘帆：《中國教育行政》，商務印書館，1932年，第9頁。

〔註19〕 （美）大衛・沃德：《令人驕傲的傳統與充滿挑戰的未來：威斯康星大學150年》，李曼麗、李越譯，清華大學出版社，2007年，第2頁。

〔註20〕 （美）約翰・E・丘伯、泰力・M・默：《政治、市場和學校》，蔣衡等譯，教育科學出版社，2003年，第5頁。

〔註21〕 （美）約翰・范德格拉夫等編：《學術權力——七國高等教育管理體制比較》，王承緒等譯，浙江教育出版社，2001年，第12頁。

〔註22〕 郭為祿、林炊利；《大學運行模式再造——大學內部決策系統改革的路徑選擇》，上海教育出版社，2012年，第44頁。

〔註23〕 相對而言，西方國家政府對於大學的干預比中國政府要弱很多，如英國的高等教育在相當長的時間裏，主要依靠學生學費、社會捐助和高校地產等收入來維持。直到1889年，英國政府才開始向大學撥款。1919年，英國財政部又專門成立「大學撥款委員會」，來統一管理各大學的財政撥款，但是對撥款如何使用並不作任何規定，由各大學自主決定。大學財政經費的長期獨立，也是西方大學學術獨立自治的重要基礎。參見趙俊芳：《論大學學術權力》，中國社會科學出版社，2012年，第115～116頁。

鬆，為大學的自主獨立發展創造了寬鬆環境。但自南京國民政府建立之後，開始逐步加強對教育的控制，國家教育系統被納入到「黨治」的範圍之內。以大學教授為代表的近代知識分子從晚清到民國，在社會上影響力的變化也大體反映了這一事實。19 世紀末至 1920 年代末，是知識分子影響力穩步上升時期，他們「借助大學、傳媒和各種社團的公共網絡，與城市資產階級一起建構了一個足以與中央權力平行抗衡的民間社會」。1930 年代初至 1940 年代末，則是知識分子的社會影響力逐步下降時期，此時期的知識分子被嚴重的政治化，從相對獨立的「傳統知識分子」脫變為政治附庸的「有機知識分子」。〔註 24〕

美國教育學者伯頓·克拉克指出：大學自由與政府控制存在一種矛盾關係，「當種種控制力量軟弱分散時，大學知識之花就開得絢麗多姿」；而當控制力量強大時，大學雖在物質方面能夠得到更大的支持，但卻存在「有害於教學和研究自由」的一面。因而，便出現了一種奇怪的現象，即「當大學最自由時卻最缺乏資源，當它擁有最多資源時則最不自由」。〔註 25〕研究西南聯大校史的美國學者易社強亦同樣指出：當中國「統一強大之時，個人自由總是首當其衝，淪為犧牲品。學術自由，在軍閥統治下的北京和龍雲護衛下的昆明臻於頂峰，卻不見容於國民黨」。〔註 26〕中國高等教育的發展一直遵循著一條「自上而下」的發展道路，傳統教育中「政教合一、學在官府」的文化特質，始終對大學治理體制有著潛移默化的影響。大學的自主權往往與政府控制之強弱存在著此消彼長的關係，教授權力的消長也大體呈現這一趨勢。

二、政府干預的強弱對「教授治校」的影響

中國近代大學制度的建構是在政府主導下進行的，大學內部權力結構的變化和管理體制的變革，深受政府教育政策的影響。「教授治校」的興廢演變，因政府控制的強弱、教育政策的調整和政局變動等因素影響，而呈現出波動的特徵。

〔註 24〕 許紀霖：《近代中國知識分子的公共交往》，上海人民出版社，2008 年，第 21、29 頁。

〔註 25〕 （美）伯頓·克拉克：《高等教育新論——多學科的研究》，王承緒等譯，浙江教育出版社，2001 年，第 26 頁。

〔註 26〕 （美）易社強：《戰爭與革命中的西南聯大》，饒家榮譯，九州出版社，2012年，第 319 頁。

　　南京臨時政府和北洋政府時期，政府通過改革教育學制、頒行教育法規等方式，開始強制性地進行大學制度建設。教育部頒布《大學令》，規定：「大學設評議會，以各科學長及各科教授互選若干人為會員」，「大學各科各設教授會，以教授為會員」。〔註27〕賦予了教授執掌大學重要事務的決策權，為「教授治校」的推行提供了法律保障和規範。同時，在北洋時期，「軍閥只管軍事，不管教育和文化」。〔註28〕各路軍閥為爭奪中央政權，互相攻伐，對教育文化事業干預較少，是為文化思想界的「自由假期」。〔註29〕加上此時期「政變靡常，大權旁落，政府威信幾至掃地」。〔註30〕中央政府權力勢微，也「無力破壞對大學健康發展至關重要的學術自由準則」，〔註31〕為大學的民主化改革、「教授治校」的實踐創造了有利環境。

　　南京國民政府建立之後，隨著國家形式上的統一和政權的日益穩固，政府開始加強對教育的控制，「就像戰爭意義太重大，不能完全交給將軍們決定一樣，隨著高等教育在社會中所起的作用越來越重要，它的發展也就不能再完全交由教授們決定」。〔註32〕而且當時社會上流行一些說法，認為「欲想控制政治就必須先控制教育」，「控制一所大學就意味著控制了許多任命權」。〔註33〕國民政府深信此道，在意識形態上也強調傳統的社群價值和近代集體紀律，對高等教育的態度是「反對個人的自我實現」和「懷疑開放性的知識探索」。〔註34〕故而也反對「教授治校」等尊崇學術自由獨立的制度體制，將「學校的獨立性和自主權視為政治的不穩定和非理性因素」。〔註35〕

〔註27〕《大學令》（1912 年 10 月 24 日），高平叔編：《蔡元培教育論著選》，人民教育出版社，2017 年，第 26～27 頁。

〔註28〕周有光：《語文閒談（三編）》，生活·讀書·新知三聯書店，2012 年，第 342 頁。

〔註29〕蘇雲峰：《中國新教育的萌芽與成長（1860～1928）》，北京大學出版社，2007 年，第 19 頁。

〔註30〕程湘帆：《中國教育行政》，商務印書館，1932 年，第 305 頁。

〔註31〕（美）易社強：《戰爭與革命中的西南聯大》，饒家榮譯，九州出版社，2012 年，第 316 頁。

〔註32〕（美）約翰·S·布魯貝克：《高等教育哲學》，王承緒等譯，浙江教育出版社，2002 年，第 32～33 頁。

〔註33〕蔣廷黻：《蔣廷黻回憶錄》，嶽麓書社，2017 年，第 140～141 頁。

〔註34〕（美）葉文心：《民國時期大學校園文化（1919～1937）》，馮夏根、胡少誠等譯，中國人民大學出版社，2012 年，第 121 頁。

〔註35〕（美）約翰·E·丘伯、泰力·M·默：《政治、市場和學校》，蔣衡等譯，教育科學出版社，2003 年，第 49 頁。

　　為了改變北洋時期混亂的教育行政和更好地控制大學，1929 年，教育部制定和頒布了《大學組織法》等一系列教育法規，積極倡導校長集權治校，抑制「教授治校」，將大學校長的任命權也從教育部轉由國民政府直接掌控，進一步強化學校的行政權力。同時，國民政府還在教育領域推行「黨化教育」政策，要求大學院長以上行政領導必須加入國民黨，開設黨義課，成立區黨部等，將政治勢力滲透到大學各層級，教授等學術成果的出版發表也受到嚴格檢查，大學在一定程度上成為國民政府的附屬機構。在此背景下，僅有一向主張學術獨立、「教授治校」的清華大學，通過師生的集體抗爭，抵制政府的干涉，並相繼發起「改隸廢董」、驅羅（家倫）、拒喬（萬選）和驅吳（南軒）等一系列運動，捍衛和堅守住了清華「教授治校」的傳統。至 1931 年底梅貽琦出任清華校長後，呈現出「校長、教授互相尊敬、合作無間、共同治校，最和諧、美滿、高效的新局面」，〔註 36〕迎來了校史中的黃金時期。抗日戰爭爆發之後，清華「教授治校」的治理模式，又得以在西南聯大繼承和發揚，制度的延續性並未中斷。

　　解放戰爭時期，隨著國民政府對教育控制的弱化和教育政策的調整，以及國內民主運動的高漲和各大學為維護本校穩定起見，「教授治校」又迎來短暫的回歸期。北大、交大、南開等多所大學相繼恢復設立教授會等組織機構，推行「教授治校」。國民政府也不得不頒布《大學法》，〔註 37〕承認各校調整內部組織的既定事實，並響應民主治校的要求，增加和限定了教授代表在校務會議中的名額，使參會的教授人數大於或等於其他當然會員，從而保障了教授在校務決策中的發揮主導地位。同時，要求院務會議的組成人員，增列教授、副教授代表，改變了《大學組織法》（1929 年）中僅以院長、系主任及事務主任組織，而無教授代表參加的格局，重新確立了教授在院一級事務管理中的決策權。

　　新中國成立後，中央政府權力高度集中和一元化，集權程度達到了空前的高度，「政府壟斷了政治、經濟、文化等領域的權力與資源」。〔註 38〕中央政府成為唯一的權力中心，權力「比 1911 年後任何政府的權力都大得多，且事

〔註 36〕何炳棣：《讀史閱世六十年》，中華書局，2014 年，第 95 頁。

〔註 37〕《大學法》（1948 年 1 月 12 日），王學珍、張萬倉編：《北京高等教育文獻資料選編（1861～1948）》，首都師範大學出版社，2004 年，第 941～942 頁。

〔註 38〕朱新梅：《知識與權力：高等教育政治學新論》，教育科學出版社，2007 年，第 152 頁。

實上也超過了之前的帝制王朝」。〔註39〕受政治體制和意識形態的影響，新中國對外教育交流的主要對象是蘇聯，〔註40〕大學教育也基本複製了蘇聯的高等教育模式。以政府行政權力直接管理大學，實行校長負責制。

　　1950年8月14日，中央人民政府教育部公布了《高等學校暫行規程》，全面拉開了政府行政權力直接管理大學的序幕。第五、六條規定「大學及專門學院設若干學系，其設立或變更由中央教育部決定之。」「大學如有必要，得設學院，並在學院內設若干學系；學院及學系的設立或變更，由中央教育部決定之。」大學各課目的教學計劃及教學大綱，也須報請中央教育部備案。在行政組織方面，仿照蘇聯模式，「大學及專門學院採校（院）長負責制」，校長具體職權為「（1）代表學校；（2）領導全校（院）一切教學、研究及行政事宜；（3）領導全校（院）教師、學生、職員、工警的政治學習；（4）任免教師、職員、工警；（5）批准校（院）務委員會的決議」。在會議組織方面，僅設立有校（院）務委員會、教務會議等，並無教授會、評議會等組織機關，而且校（院）務委員會、教務會議的成員也僅限於校（院）長、教務長、總務長、各院院長、系主任等行政人員，無教授代表參加。〔註41〕由此確立了一種隸屬型的政校關係，〔註42〕高度政治化、行政化和意識形態化，成為建國後相當長一段時期大學教育的基本特徵。同時受社會意識形態的影響，「教授治校」被視為資本主義社會的產物，成為批判的對象和禁區，〔註43〕在此背景下走向了衰亡。

〔註39〕（美）沙培德：《戰爭與革命交織的近代中國（1895～1949）》，高波譯，中國人民大學出版社，2016年，第399頁。

〔註40〕田正平、周谷平等主編：《教育交流與教育現代化》，浙江大學出版社，2005年，第8頁。

〔註41〕《高等學校暫行規程》（1950年8月14日教育部公布），國務院法制辦公室編：《中華人民共和國法規彙編（1949～1952）》第1卷，中國法制出版社，2014年，第272～273頁。

〔註42〕隸屬型政校關係中，政府是一種領導型全能政府，「享有全部的教育權，不僅從宏觀上管理、規劃全國教育，發展、舉辦、管理學校及其他教育機構，還直接管理學校內部事務；包括教師、學生、培養目標、教學內容、就業、乃至教育教學方法等。政府作為行政首腦，可以隨時根據教育行政管理的需要發布命令，既無法律依據，也不受法律的限制。大學只是政府的附屬物，必須服從政府以命令、計劃等為行為方式的直接管理。」參見朱新梅：《知識與權力：高等教育政治學新論》，教育科學出版社，2007年，第32頁。

〔註43〕張曼菱：《西南聯大行思錄》，生活·讀書·新知三聯書店，2013年，第264頁。

第二節　「教授治校」中校長的角色與衝突

　　民國時期的「教授治校」，從深層次來講，是在制度體制下形成的一種校長權力與教授權力分立制衡的格局模式。如有學者將北大建立的「教授治校」制比作「虛君共和」制；〔註44〕也有人將清華的治校體制稱為「校長主導，教授高度參與的『民主』治校模式」。〔註45〕其實就「教授治校」的制度體制而言，教授群體雖然對學校事務進行決策管理，但並不對結果負責，學校的全部責任仍由作為行政首腦的校長來負責。如若沒有校長的主持參與，僅靠教授治校也無法有效處理和應對複雜的校內外事務。

　　但在「教授治校」的體制之下，校長也面臨著兩難的境地：如在評議會對學校事務進行決策時，校長僅作為一個召集人，既不能以個人意志凌駕於教授群體之上，又要執行和服從評議會、教授會等機構作出的決議，並對其負責。另一方面，教授在獲得治校權力的同時，又會相應削弱和壓縮校長的權力，若想讓校長分享其高度集中的權力，首要前提是校長必須調整好自身角色，秉持正確的治校理念。若校長一味堅守大權獨攬，單純走獨裁專權之路，勢必與「教授治校」理念不合，引發矛盾衝突，甚至發生「易長」風潮，影響和制約教授治校的推行。故「教授治校」對校長的人格、學識和辦事能力等方面的要求較高，需要出類拔萃、卓爾不群。以下從「教授治校」體制下正反面兩類校長，來觀察校長在其中的角色，以及「教授治校」與校長集權治校兩種治理理念的矛盾衝突。

一、作為「師表型」校長的蔡元培與梅貽琦

　　校長作為「一校之首領」，對於學校的創建、運行、革新和發展都具有重要作用，「全校成敗繫之」。〔註46〕20世紀40年代，王秀南曾將學校校長分為官僚型、市儈型、學究型和師表型四種類型。其中官僚型校長，「大都恃有背景，自負不凡。因而獨意孤行，刻薄寡恩，玩弄手段，輕諾寡信」，信奉獨裁主義、應付主義和跳板主義；市儈型校長「比之官僚型的校長，更屬下流」，信奉門面主義、揩油主義和學店主義；學究型校長則「大都是好好先生，碌碌

〔註44〕石鍾揚：《一個時代的路標：蔡元培・陳獨秀・胡適》，陝西人民出版社，2013年，第70頁。

〔註45〕胡顯章主編：《世紀清華　人文日新：清華大學文化研究》，高等教育出版社，2011年，第340頁。

〔註46〕程湘帆：《中國教育行政》，商務印書館，1932年，第255頁。

無能」，信奉無為主義、寧人主義和放縱主義。以上三種類型的校長，有時候官僚兼具市儈，市儈冒充學究。第四種為師表型校長，它也是王秀南所推崇的類型，「惟有師表型的校長，才是青年的師表，民眾的師表，和教師的師表」，此類型校長的人生哲學信奉教育至上、民主第一、為善最樂。〔註47〕以此校長分類來看，秉持民主治校、學術獨立等辦學方針的蔡元培、梅貽琦，應歸屬於師表型校長，而且北大、清華中的一些教員早年也曾受教於蔡、梅二人。

蔡元培、梅貽琦也是推行「教授治校」的校長中的典型，並在建立和完善過程中發揮了關鍵性作用。他們早年留學歐美，深受西方大學理念的影響，也注意調整和轉換校長角色，尊重和認可教授治校的權力，自覺參與和建構學校的「教授治校」體制，發揮應有的作用。

（一）調停者：協調各方，化解衝突

在「教授治校」的制度體制下，校長應該充當何種角色呢？筆者較為贊同美國教育改革家克拉克‧克爾（Clark Kerr）的觀點，即大學校長是領導者、教育家、帶頭人或官員等角色，但他主要應是一個調停者。〔註48〕

中國近代大學推行「教授治校」的校長，如蔡元培、梅貽琦等人，在民國動盪的現實政治生態環境下，也主要是充當調停者的角色。他們積極化解政治因素的負面影響，努力協調好學術與政治之間的關係，校內外各方力量，以充分調動各種資源，維護和發展學校，而非利用手中權力獨斷專行與師生搞摩擦、衝突。

蔡元培是公認的在中國近代大學推行「教授治校」的開創者。〔註49〕民國建立後，蔡元培就任教育總長，在其主持下起草了《大學令》，規定大學設立評議會、教授會等機構，賦予教授參與大學決策的權力，將「教授治校」的制度理念推向全國。1916 年底，蔡元培出任北大校長後，積極貫徹落實《大學令》的規定，將「教授治校」付諸實踐。而建立此制也是基於政治動盪不安的社會現狀，維護學校穩定發展、學術獨立的現實考量，讓北大成為「以諸教授為各種辦事機關的中心點，不要因校長一人的去留，使學校大受

〔註47〕 王秀南：《中學校長四型》，《教育通訊》復刊第 5 卷第 8 期，1948 年 6 月 15 日，第 27～28 頁。
〔註48〕 （美）克拉克‧克爾：《大學之用》，高銛等譯，北京大學出版社，2019 年，第 21 頁。
〔註49〕 金林祥：《思想自由　兼容並包——北京大學校長蔡元培》，山東教育出版社，2004 年，第 276 頁。

影響」。〔註 50〕在北大任教的顧孟餘也指出：「先生長校數年，以政治環境關係，在校之時少而離校之時多。離校之時，校務不但不陷停頓，且能依照計劃以進行者，則以先生已樹立評議會及各種委員會等制度。」〔註 51〕可見，「教授治校」也是蔡元培為了協調學術與政治之間的平衡，而尋求的一種治校模式。

為了打破北大傳統上由校長、學監等少數人集權獨斷的格局，蔡元培組織設立了評議會，由各科推選的教授代表及校長、各科學長組成，作為立法和最高權力機關。其後又設立了各科教授會、行政會議、教務會議和總務處等機構，以上組織成員或領導力量均以教授為主體，將校長之權力逐步分化，讓更多的教授（也包括副教授、講師、外國教員）參與到校務決策管理中，共享「治校權力」。由此也形成了立法與行政分離的格局，且各機構人員精簡，職責分明，確立了自上而下民主高效的管理模式。

北大教授治校權力的範圍十分廣泛，涵蓋學校的行政、學術各類事務。評議會是北大「教授治校」的核心機構，由校長、學長和各科教授會推選的代表組成，與會者各抒己見，集體協商議決各類事務。在開會討論環節，評議員之間也會受個人利益、學科方向等因素影響，而觀點相對，發生矛盾衝突。在此情形下，就需要作為大會主席的校長來協調矛盾，盡快達成共識，完成決議，蔡元培也正扮演了這種「協調者」角色。如在 1919 年選舉第一任教務長時，受各學科間教授利益衝突的影響，俞同奎、馬寅初二位候選人得票相當，均為三票，蔡元培為了免去無畏的爭端，自投一票給馬寅初，最終馬以四票當選教務長。〔註 52〕又如在 1922 年北大召開的一次評議會中，重點討論「教授兼任他校教課鐘點的限制」問題，胡適建議校外兼課「不得過本校授課鐘點二分之一」，因涉及切身利益，一些評議員發表觀點予以反對，遂引發一番爭論。作為大會主席的蔡元培不得不強調，「我們今天只能以評議員資格發言，不應該以私人資格發言」，才結束了爭辯。〔註 53〕這也從一個側面反映出北大在實行

〔註 50〕蔡元培：《北京大學第二十三年開學日演說詞》（1920 年 9 月 16 日），高平叔編：《蔡元培教育論著選》，人民教育出版社，2017 年，第 284 頁。

〔註 51〕顧孟餘：《憶蔡孑民先生》，《東方雜誌》第 37 卷第 8 期，1940 年 4 月 16 日，第 63～64 頁。

〔註 52〕《大學本科教務處成立紀事》，《北京大學日刊》第 348 號，1919 年 4 月 10 日，第 3～4 版。

〔註 53〕胡適：《胡適日記全編》第 3 冊（1919～1922），曹伯言整理，安徽教育出版社，2001 年，第 818 頁。

「教授治校」期間，校內各方利益的衝突矛盾，仰賴蔡元培的個人威望和能力來解決和調解。

梅貽琦在治理清華和西南聯大時，繼承和發揚了蔡元培的治校理念。梅貽琦在日記中時刻提醒自己，將「追隨蔡子民先生兼容並包之態度，以克盡學術自由之使命」。〔註54〕而且在政治上保持中立，「與國內的政治派別都沒有聯繫，沒有什麼色彩」，〔註55〕「連個掛名的國民黨員也不是」，在南京也沒有政治資本和人事淵源。〔註56〕這就剔除了黨化教育的嫌疑，保障了學校回歸學術本位，不致成為黨派政治的鬥爭工具。

梅貽琦在擔任清華校長期間，將校長職權「分寄任於諸教授與各執事，諸教授與各執事盡其責於諸學子」。〔註57〕校長主要負責統轄全校事務，而校內一切重大事項，皆須經評議會等有關會議或特設的委員會討論決定，而後再由校長公布執行。故有人將清華體制比作「無為而治」，梅貽琦本人也常以「吾從眾」三字自喻。〔註58〕作為大會主席的梅貽琦，在會上也總是以傾聽者的姿態處之。當會上發生分歧或激烈爭論，反覆辯難，爭論甚久，勢若不相下之時，梅貽琦則充當調停者角色，出面裁決，作「最後歸納結論，片言立決」。〔註59〕清華校友鄒文海對此也有形象的描述：「梅校長在評議會中，猶英國首相在內閣會議中一樣，總是靜聽他人的意見，而後再作決定，他認為只有這樣才能集思廣益。他不先表示意見，他人自無附和他的意見，更不必怕與校長的意見有什麼衝突，所以每個人都根據自己的看法據理力爭。這樣的爭論，自然都是對事而發。梅校長兼聽眾論之後，很容易作一適當的決擇。」〔註60〕

梅貽琦也努力協調好學校與校外政府之間的關係，響應政府發展理工學科的政策，配合國防發展需要。在梅貽琦的主持下，清華經評議會通過，於1932 年夏成立了工學院，梅貽琦兼任院長，除原有土木工程系外，又增設電

〔註54〕梅貽琦：《梅貽琦西南聯大日記》，黃延復，王小寧整理，中華書局，2018 年，第 216 頁。

〔註55〕馮友蘭：《馮友蘭文集》第 1 卷，長春出版社，2017 年，第 52 頁。

〔註56〕陳岱孫：《往事偶記》，商務印書館，2016 年，第 79 頁。

〔註57〕《中國現代教育家傳》編委會編：《中國現代教育家傳》第 5 卷，湖南教育出版社，1987 年，第 109 頁。

〔註58〕黃延復：《梅貽琦教育思想研究》，遼寧教育出版社，1994 年，第 157 頁。

〔註59〕浦薛鳳：《音容宛在》，商務印書館，2015 年，第 69 頁。

〔註60〕鄒文海：《記梅故校長「愈描愈黑」的演辭》，黃延復主編：《梅貽琦先生紀念集》，吉林文史出版社，1994 年，第 106 頁。

機系和機械系，三系教師絕大多數都有留美經歷，課程教學也均以美國大學為藍本。為配合政府國防需要，工學院還設立了航空工程組，因得到了航空委員會的資助，而發展很快。此外，清華還設立了農業、無線電和航空三個研究所，為政府經濟、軍事發展需要服務。〔註61〕而當學校與政府發生矛盾時，梅貽琦則保持政治中立，緊密團結師生來化解矛盾，維護學術自由與獨立。全面抗戰時期，各大學對政府的財政依賴增強，國民黨當局也借機加緊對大學的滲透、控制。在西南聯大等校成立了直屬的黨支部、三青團直屬分團部等組織，國民政府還利用行政手段，在「集中劃一」的名義下，頒行一系列「部頒」規章制度，涉及教科書、課程表、教授資格審查等方面，要求各校執行。作為聯大常委會主席的梅貽琦，並未按照政府要求強制貫徹執行，而是主要站在師生的立場上，選擇變通執行，努力維護好學校的獨立性和處理好與政府間的關係。

（二）合作者：尊重教授，樂意分權

教授治校的核心理念就是依循少數服從多數的原則，實行民主決策，教授群體是參與決策的主體。但無論是民初的《大學令》，還是南京國民政府頒行的《大學組織法》，均列有校長有總轄或綜理校務之權。如若校長不尊重教授意見，不願意分享權力，「教授治校」也很難推行。

「大凡易於合作之校長，其為人必須胸襟豁達，眼光深遠，忠誠寬恕，氣平心和，手段靈敏，辦事認真。」〔註62〕蔡元培、梅貽琦等校長，皆有此品格。1917 年初，蔡元培就任北大校長不久，在給好友吳稚暉的回信中，即強調名師教授之重要性，「大約大學之所以不滿人意者，一在學課之凌雜，二在風紀之敗壞」，而要改變此弊，「在延聘純粹之學問家」。〔註63〕其後，蔡元培還積極倡導教育獨立思想，提出：「大學的事務，都由大學教授所組織的教育委員會主持。大學校長，也由委員會舉出。」〔註64〕

蔡元培秉持「思想自由，兼容並包」的辦學方針，在聘任教員時，「以學詣為主」，而不受政治、派系等因素的干擾，「無論為何種學派，苟其言之成

〔註61〕清華大學校史編寫組編：《清華大學校史稿》，中華書局，1981 年，第 226 頁。
〔註62〕程湘帆：《中國教育行政》，商務印書館，1932 年，第 264 頁。
〔註63〕《復吳稚暉函》（1917 年 1 月 18 日），高平叔、王世儒編：《蔡元培書信集》上冊，浙江教育出版社，2000 年，第 286 頁。
〔註64〕蔡元培：《教育獨立議》，《新教育》第 4 卷第 3 期，1922 年 3 月，第 317、319頁。

理，持之有故，尚不達自然淘汰之命運者，雖彼此相反，而悉聽其自由發展」。
〔註65〕依此方針，蔡元培既聘用了一些傾向文化保守主義的所謂舊派人物，
諸如劉師培、黃侃、辜鴻銘、馬敍倫等；也引入了一批傾向激進改革的新派人
物，如陳獨秀、胡適、李大釗、錢玄同、周作人、魯迅等。〔註66〕也正因蔡
元培秉持思想自由之方針，才發生1922年北大俄人教員伊法爾宣傳「過激主
義」，造成不良風氣後，外交部聯合教育部專門下令讓校長蔡元培「注意」之
事。〔註67〕

　　為了保障教授權益，北大評議會還專門制訂了《教員保障法案》，教授之
聘任與辭退，均須經過評議會討論決定。關於辭退教授方面，法案規定了十分
嚴謹的流程：「凡已得續聘書之各系教授之辭退，應由該系教授會開會討論，
經該系教授會五分之四可決，並得校長之認可，方能辦理。如該系教授不及五
人，應經全體教授可決。」並特別注明，「不應憑學生之意見，或主任或教務
長一人之意見，將其貿然辭退。」關於教授擔任何項課程，法案也作了規定，
各教授應教授何項功課，「應由該系教授會開會，共同商定」，且一經確定後，
「應始終令其擔任，既欲變更，亦須再行開會議決」，改變了以往「多由主任
一人決定，並不先徵本人同意」的局面。〔註68〕

　　1920年1月，北大新聘的德人教授歐特曼因未持護照來華，被日本人扣
留在青島，作為校長的蔡元培積極奔走，並致函外交部，請其「電鑒東京使署
查明，填給護照」，盡快放人。〔註69〕足見蔡元培尊重、愛護教員之真誠，自
然也贏得了他們的信任。因而，北大教師「都不會對校長的權威造成任何威脅，
他們都是並肩作戰的合作夥伴」。〔註70〕正如顧孟餘所說，北大「教授治校」
體制的確立，「非校長之清公雅量，則此制度不克成立，非師生絕對信賴校長，

〔註65〕蔡元培：《致〈公言報〉函並答林琴南函》（1919年3月18日），高平叔編：
　　　　《蔡元培教育論著選》，人民教育出版社，2017年，第200頁。
〔註66〕溫儒敏：《燕園困學記》，新星出版社，2017年，第63～64頁。
〔註67〕《俄人伊法爾傳播過激主義希令北京大學校長注意由》（1922年11月6日），
　　　　「中央研究院」近史所檔案館藏，北洋政府外交部檔案，檔案號：03-01-018-
　　　　09-002。
〔註68〕《北京大學評議會十年度第五次會議記錄》（1922年2月11日），中國蔡元培研
　　　　究會編：《蔡元培全集》第18卷，浙江教育出版社，1998年，第389～391頁。
〔註69〕《北京大學聘請在日德俘歐特曼來華事》（1920年1月12日），「中央研究院」
　　　　近史所檔案館藏，北洋政府外交部檔案，檔案號：03-36-103-03-013。
〔註70〕（美）約翰・E・丘伯、泰力・M・默：《政治、市場和學校》，蔣衡等譯，教
　　　　育科學出版社，2003年，第59頁。

此制度不易推行也。」〔註71〕陳獨秀也同樣認為蔡元培具有「容納異己的雅量，尊重學術思想自由的卓見，在習於專制好同惡異的東方人中實所罕有」。〔註72〕除了充分信任和尊重教職人員外，蔡元培對學生也是如此，他認為：「教育者，與其守成法，毋寧尚自然；與其求劃一，毋寧展個性。」〔註73〕

梅貽琦十分尊重教授，在就職清華校長的演說中提出了著名的「大師論」：「一個大學之所以為大學，全在於有沒有好教授。孟子說：『所謂故國者，非謂有喬木之謂也，有世臣之謂也。』我現在可以仿照說：『所謂大學者，非謂有大樓之謂也，有大師之謂也。』我們的智識，固有賴於教授的教導指點，就是我們的精神修養，亦全賴有教授的 Inspiration。」〔註74〕在此後的多次講演中，梅貽琦也反覆強調教授在學校中的主導地位。如在 1932 年的開學典禮上，梅在致辭中說：「凡一校精神所在，不僅僅在建築設備方面之增加，而實在教授之得人。本校得有請好教授之機會，故能多聘好教授來校。」〔註75〕

研究清華校史的學者蘇雲峰強調：「梅貽琦的最大貢獻在於讓清華教授實質上享有其他國立大學未曾有的治校權力。」〔註76〕事實也的確如此，梅貽琦堅持「教授治校」的原則，尊重教授在辦學管理中的作用。學校吸引了一批學有專長的專家、學者來校任教，一時名師薈萃、人才雲集。自 1931 年梅貽琦出任校長後，至 1932 年度的一年間，教師總數就增加了 14 人，共計 173 人，其中新引進教授 5 人，學校教授人數增至 78 人，其餘講師、助教等皆有所增加。1932 年至 1935 年的三年裏，又引進教師 48 人，教師總數共計 221 人，其中教授增加了 21 人，達 99 人。為了提高學術水準，清華還積極邀請了一些外國著名學者來校長期講學，如郎哲曼（Langevin）、郎密爾（Langmuir）、何爾康（Holcombe）等，巴黎大學教授哈德瑪（Jacques Hardamart）等。〔註77〕

〔註71〕顧孟餘：《憶蔡子民先生》，《東方雜誌》第 37 卷第 8 期，1940 年 4 月 16 日，第 63～64 頁。
〔註72〕陳獨秀：《陳獨秀散文》，上海科學技術文獻出版社，2013 年，第 124 頁。
〔註73〕蔡元培：《新教育與舊教育之歧點》（1918 年 5 月 30 日），高平叔編：《蔡元培教育論著選》，人民教育出版社，2017 年，第 162 頁。
〔註74〕梅貽琦：《梅貽琦談教育》，遼寧人民出版社，2015 年，第 7 頁。
〔註75〕梅貽琦：《教授的責任》，楊叔子主編：《中國著名大學校長開學訓詞》，華中科技大學出版社，2014 年，第 96 頁。
〔註76〕蘇雲峰：《從清華學堂到清華大學（1928～1937）》，生活·讀書·新知三聯書店，2001 年，第 51 頁。
〔註77〕梅貽琦：《國立清華大學二十五週年紀念日：致全體校友書》，《清華校友通訊》第 3 卷第 1～5 期，1936 年，第 12 頁。

　　梅貽琦結合學校發展實際，進一步完善教授會、評議會等組織形式，憑藉其尊重教授、虛懷若谷的個人品格，將清華的「教授治校」推向更加穩固的階段。正如朱自清所說：「梅月涵先生便是難得的這樣一位同情的校長……在這個比較健全的民主組織裏，同仁都能安心工作，樂意工作。他使同仁覺著學校是我們大家的，誰都有一份兒。」〔註78〕清華教授的地位和待遇也都很高。馮友蘭在自述中曾說：「當時有一種議論，說清華有三種人物：神仙、老虎、狗。教授是神仙，學生是老虎，職員是狗。這話雖然有污蔑之意，也說明一部分的情況。」〔註79〕

　　對於現今的中國大學而言，不僅需要進一步完善大學的外部環境和內部制度，「更缺乏的是一批有高尚遠大的辦學理念，有只問是非、不計個人利害的崇高境界，有清正廉潔、襟懷廣闊的個人情操的大學校長」。〔註80〕像蔡元培、梅貽琦之類的民國大學校長著實太少，某些大學校長甚至不懂教育管理，而只是熱衷於建設「形象工程」，為自己的升遷造勢，一味向政府的行政官員看齊。正如賀國慶所說：「與國外一流大學相比，我們的差距不是在設施上，甚至不是在師資上，而是在觀念上，具體說就是大學校長辦學理念的滯後。」〔註81〕可見，一所大學校長秉持的辦學方針、理念，及自身具有的特殊品格等因素，是影響「教授治校」確立及運作的重要因素。

二、作為「官僚型」校長的吳南軒

　　如果說蔡元培、梅貽琦等校長是支持和推行「教授治校」的典型，那吳南軒則是強調校長集權治校，想要充當「獨裁者」角色，並敢於挑戰清華「教授治校」傳統的典型。其實清華早先的校長，如曹雲祥、羅家倫等人也都曾試圖避開評議會、教授會等組織，直接獨斷一些校務或任命院長，但在遭到清華教授的抵制之後，均已失敗而告終。

　　依據王秀南四種校長類型的分法，吳南軒應屬於典型的「官僚型」校長，「恃有背景，自負不凡。因而獨意孤行，刻薄寡恩，玩弄手段，輕諾寡信」，

〔註78〕朱自清：《清華的民主制度》，《朱自清散文全集》，中國致公出版社，2001年，第856頁。

〔註79〕馮友蘭：《馮友蘭自述》，中國人民大學出版社，2011年，第300頁。

〔註80〕田正平：《調適與轉型：傳統教育變革的重構與想像》，人民教育出版社，2016年，第550頁。

〔註81〕賀國慶：《還原大學》，安徽教育出版社，2012年，第7頁。

信奉獨裁主義和應付主義。〔註82〕1931年3月21日，國民政府任命吳南軒為
清華校長，以接替辭職的羅家倫。〔註83〕而吳南軒之所以能出任清華校長，
主要是得到了蔣介石、陳果夫等人的支持，〔註84〕在黨化教育的籠罩下，吳
某種程度上也負有將清華打造成第二所中央政治學校的使命。為實現此目
的，作為校長的吳南軒決心打破清華「教授治校」的體制，以實現校長大權獨
攬，掃除推行黨化政策之障礙，並首先在院長任命等問題上，與教授會發生正
面衝突。

（一）吳南軒與教授會的衝突

　　1931年4月16日，吳南軒到校視事後，便在人事安排上作了大的變動，
以安插親信，培植個人勢力。吳以代理教務長蕭叔玉「迭請辭職，挽留無效」
為由，任命CC派的北平市黨部整理委員的陳石孚為教務長。〔註85〕吳在校務
報告中，專門為此人事安排作了辯解，稱：「前教務長蕭叔玉先生道德學問很
高，辦事又異常認真，我很欽佩他，本欲繼續藉重他，請他任教務的，但是他
喜在學術方面努力，不願續任學校行政事；一再推辭，敦勸無效，故只得尊重
他的意見，另請陳石孚先生接替。陳先生是一個清華老同學，道德學問也是很
高，辦事也是異常認真。大家同學在陳先生領導下，我想一定能得著很多教益
的。」〔註86〕除教務長變動外，另任命親信朱一成為秘書長，其他文書科主
任、庶務科主任等也相繼由其親信擔任。吳南軒剛上任不久，在未與清華教授
商議的情況下，便做出如此大的人事變動，令師生頗感不滿。

　　教授會在經歷了「改隸廢董」、「驅羅拒喬」等運動後，加上十幾個月無校
長主政的局面下，權力得以不斷增強，「教授治校」已成為清華主導的治理模
式。但吳南軒意欲打破這種「教授治校」體制，以實現大權獨攬，校長治校。

〔註82〕王秀南：《中學校長四型》，《教育通訊》復刊第5卷第8期，1948年6月15日，
　　　　第27頁。
〔註83〕《國民政府明令任命國立清華大學校長吳南軒羅家倫准免本職》（1931年3月
　　　　21日），臺北「國史館」藏，國民政府檔案，檔案號：001-032320-00007-012。
〔註84〕關於清華校長人選問題，羅家倫原本推薦翁文灝接任，但CC派的陳果夫則準
　　　　備任命旗下的吳南軒，藉以維持CC派對北平教育界的勢力和控制。參見張朋
　　　　園等訪問：《郭廷以先生訪問紀錄》，「中央研究院」近代史研究所，1987年，
　　　　第196頁。
〔註85〕《布告第五號》，《國立清華大學校刊》第284期，1931年4月20日，第1版。
〔註86〕《本學期總理紀念周校務報告》，《國立清華大學校刊》第289期，1931年5月
　　　　1日，第1版。

在羅家倫長校清華時，教授會曾與其達成共識，各院院長的產生由教授會提名，「每院二人，由校長於二人中擇一聘任，每二年改選一次」。〔註87〕從而有效地確立了教授會與校長之間的分權框架。但吳南軒卻以「校章之中並無明文規定」為由，拒絕遵守院長人選由教授會提名的慣例，堅持由校長直接聘任，並持「院長寧可暫缺，個人主張決不能捐棄」的強硬態度，〔註88〕遂在院長產生問題上與教授會發生正面衝突。馮友蘭認為吳南軒之所以如此，是因為吳深知教授會在清華的地位和影響力，故想「借這個院長聘任問題，和教授會較量一下，給教授會一個下馬威」。〔註89〕趁機顯示校長權威，以改變清華「教授治校」的傳統。院長聘任問題也成為教授會發起「驅吳」運動的導火索。

吳南軒前後直接任命了兩批院長：第一批為文學院院長王文顯、理學院院長吳正之、法學院院長陳錦濤；第二批為文學院院長陳達，理學院院長高崇熙，法學院院長張奚若。此次經吳直接任命的院長人選，遭到了教授會的堅決抵制，而被任命為院長的教授也以不合程序，拒絕就任院長。依照清華校規，校務會議的成員由校長、教務長及各院院長組成，但如無院長主持各院工作，則校務會議便難以召開。鑒於校內教授不肯接受吳的院長任命，為使校務會議正常召開，以控制學校行政大權。吳南軒決定邀請校外教授鍾魯齋為文學院長，教務長陳石孚兼代法學院長，葉企孫為理學院長。教授會對於吳的此次任命，仍予以拒絕，並指出：「鍾魯齋既非該校教授，不得為院長，倘先聘鍾為教授，則未經委員會同意，以吳違犯法律」。〔註90〕從吳南軒任命的院長人選來看，陳石孚是吳一手提拔之親信，鍾魯齋則與吳私人關係密切，而葉企孫此時正在歐洲休假，其用意十分明顯。

為了取得校長直接任命院長的合法性，吳南軒首先致電教育部，強調「教授無選舉院長權」；繼而又親赴教育部，請求將《國立清華大學規程》（1929年6月頒布）中規定的關於院長「就教授中推舉」一語刪除。〔註91〕兼代教育部

〔註87〕 馮友蘭：《五四前的北大和五四後的清華》，鍾叔河、朱純編；《過去的學校》，湖南教育出版社，1982年，第62頁。

〔註88〕 《驅吳運動爆發》，《清華週刊》第35卷第11～12期，1931年6月1日，第5頁。

〔註89〕 馮友蘭：《馮友蘭自述》，中國人民大學出版社，2011年，第77頁。

〔註90〕 《教育消息：清華大學風潮》，《教育雜誌》第23卷第7期，1931年7月20日，第107頁。

〔註91〕 《清華大學驅吳真象》，《攝影畫報》第6卷第291期，1931年6月6日，第2版。

長的蔣介石支持吳南軒的提議，於 5 月 16 日發布教育部令，以《國立清華大學規程》與國民政府頒布的《大學組織法》及《大學規程》間有「頗多不合」為由，要求清華奉令修改「規程」，並列明瞭修改辦法：將第七條原文中文理法三學院院長由校長就教授中聘任之，刪去「就教授中」四字，改為「由校長聘任之」，〔註92〕第十條教師聘任方面，「依大學組織法第十三條改為『各學系置教授，副教授，講師，助教若干人，由院長商請校長聘任之』」。〔註93〕第七條的修改實則剝奪了教授會提名薦舉院長的權利，而將院長聘任權轉交於校長之手。第十條則將原「規程」中教師聘任「由校長得聘任委員會之同意後聘任之」改為了「由院長商請校長聘任之」，從而架空了聘任委員會（其後被吳南軒解散），將教員聘任權轉交於院長，而院長又由校長直接聘任，無形中強化了校長的絕對權威，致使教授會、聘任委員會等機構形同虛設。

　　針對以上部令，教授會顯然不會同意，遂呈文教育部，指出修改清華「規程」將會「無限擴大校長之權限」，致使「院長可不於教授中聘請，而原有之聘任委員會亦歸取消，教授之進退統由校長、院長決定」。「如此規定，固非本校規程原有之精神，即與大學組織法之立法用意似亦有逕庭之處。」教授會希望教育部將各大學組織編制的章程匯齊，作一通盤規劃和調整後，清華規程「如有應行修正之處，亦應請鈞部斟酌本校情形統籌修正」。〔註94〕但教育部並未採納教授會的意願，仍堅持要求清華必須修改規程。清華最終選擇了妥協，修改了部分規程。

　　吳南軒依據新修改的清華「規程」取得了教授聘任權，並從校外聘請了兩三位新教授，但未與所屬的系主任或院長事先商量，且所聘教授「殊無學術地位，至少與其職務並不適宜」。〔註95〕為了在院長問題佔據優勢，吳南軒「乃分日招待在校畢業同學及一二三年級同學，饗以茶點，冀圖博得同學方面好感」，並與之談話，攻擊那些對他不滿的教授，稱院長問題是「教授有心

〔註92〕《行政院長蔣中正呈國民政府為據教育部呈為修正清華大學規程條文，請鑒核備案》（1931 年 6 月），臺北「國史館」藏，國民政府檔案，檔案號：001-091010-00001-013。

〔註93〕《本校規程奉令修改之經過》，《國立清華大學校刊》第 297 期，1931 年 5 月22 日，第 1 版。

〔註94〕《清華大學教授會上教育部呈文》（1931 年 5 月 28 日），王學珍、張萬倉編：《北京高等教育文獻資料選編（1861～1948）》，首都師範大學出版社，2004年，第 638 頁。

〔註95〕浦薛鳳：《浦薛鳳回憶錄》上冊，黃山書社，2009 年，第 155 頁。

作難」。〔註96〕此外，吳南軒的其他一些做法，也令清華教授頗為不滿。依照章程，教授一年一聘，吳南軒也承諾於 5 月底發放聘書，但幾日後又變卦改為六月下旬，言而無信，信用缺失；對於學校工程化學館及擴充體育館的發展計劃，吳則是竭力限制經費，謂「必須依照原定預算，決不能超出分毫」，而當時因物價飛漲，建築費用激增，「若照原定價目絕難興築」。〔註97〕吳南軒的以上行為、舉措，令清華師生大為失望和反感，遂決定發起「驅吳」運動，迫使其離開清華。

（二）「驅吳」運動的開展

1931 年 5 月 28 日，金岳霖、張奚若、薩本棟、吳有訓、蔣廷黻等 15 位〔註98〕教授聯名提議，召開教授會臨時會議，重點討論「驅吳」問題。

會議由教授會主席蕭叔玉召集，28 日下午在工字廳召開，45 位教授出席大會。與會教授明確指出：教育部新改的清華「規程」中關於院長（不由教授中聘任）和教授聘任（取消聘任委員會）兩個問題的規定，「似專為校長個人獨攬大權著想，而使教授實無保障，對於學校前途，恐有莫大之危險」，故召開會議討論。「有無表示意思之必要，並應否追究，何人負蒙蔽教部提請修改之責任。」經大會討論決定：（1）教授會將對清華校章重新修改，以「恢復原來條例之精神」；（2）對於校長吳南軒，「因其蒙蔽教部，破壞清華，應有堅決之表示」。其後又經過近三小時的激烈討論，投票通過了兩項決議案：其一，新修改的國立清華大學規程，「於學校前途，諸多危險，同人等應呈請教育部，斟酌清華特殊情形，重行籌劃」。因校長吳南軒，「惟務大權獨攬，不圖發展學術，加以蔑視教授人格，視教授如雇員，同人等忍無可忍，為學校前途計，應並請教育部另簡賢能，來長清華，以副國府尊重教育之至意」。此議案以 38 票對 2 票通過。投否決票的二人，也均起立聲明對於議案原則完全贊成，惟對於措辭方面不盡贊同。其二，教授會推選出張奚若、金岳霖、蔣廷黻、吳正之、

〔註96〕《驅吳運動爆發》，清華週刊》第 35 卷第 11～12 期，1931 年 6 月 1 日，第 12 頁。

〔註97〕《國立清華大學學生會驅逐吳南軒宣言》（1931 年 5 月 29 日），王學珍、張萬倉編：《北京高等教育文獻資料選編（1861～1948）》，首都師範大學出版社，2004 年，第 639 頁。

〔註98〕提議召開教授會的 15 為教授為：金岳霖、張奚若、薩本棟、楊武之、黃子卿、高崇熙、蔡可選、李繼侗、周培源、王繩祖、吳有訓、蔣廷黻、李運華、周先庚、施嘉煬。

周炳琳、張子高、薩本棟等七人為起草呈文委員會，依據上項決議案，負責起草並繕發呈文給教育部。〔註99〕至此，教授會達成「驅吳」共識。

　　除召開教授會議外，清華48位教授又聯名發表了態度堅決的「驅吳」聲明，表示：「同人等因吳南軒蒙蔽教部，破壞清華，除一面呈請教育部另簡校長，重議規程外，特此鄭重聲明，倘此問題不能圓滿解決，定於下學年與清華脫離關係。」〔註100〕而當時清華全校僅有59名專任教授（包括10名外籍教授）。〔註101〕可見，如果這批教授集體離職出走，清華也將陷入癱瘓的境地，面臨此種壓力，教育部顯然也不得不有所顧忌和妥協。

　　張奚若、金岳霖等七人起草好呈文後，於28日即致電教育部長蔣介石，簡要言明瞭「驅吳」的原因，內容與教授會第一項決議案基本一致。〔註102〕同時以航空快遞的形式，又向教育部寄發了內容更為詳細的紙質呈文。文中說明了吳南軒破壞清華「教授治校」的傳統，阻礙學校發展的情形，稱：「吳校長治校大權獨攬，自到校以來，除校務會議因院長問題未決，未能開會外，評議會亦未開一次，其自行聘請之院長辜負眾望，發表之時全校驚愕。又因院長問題招集學生茶會，攻擊教授，語言聳聽。對於發展學術絕無通盤計劃，偶有發表，皆支離滅裂，不合學校實際情形。對於教授，一方面多方欺騙，一方面視如雇員。教授等雖欲竭誠協助，而莫由自達。」呈文還表達了清華教授對吳南軒的強烈不滿，及建議教育部更換賢能校長的意願，強調吳到校僅及月餘，即將清華幾經艱苦取得之良好基礎，摧殘殆盡。不僅危及清華發展，也「辜負國府付託之重，傷國府知人之明」。故「特請國府另簡賢能，為本校校長」。〔註103〕

　　教授會發表「驅吳」宣言後，學生會也積極響應教授會的號召，發表驅逐吳南軒宣言，堅決支持教授會的決議。宣言中還列舉了吳南軒任用私人、

〔註99〕　《國立清華大學教授會臨時會議記錄》（1931年5月28日），清華大學校史研究室編：《清華大學史料選編》第2卷上冊，清華大學出版社，1991年，第101～103頁。

〔註100〕《四十八教授態度堅決之聲明》（1931年5月28日），清華大學校史研究室編：《清華大學史料選編》第2卷上冊，清華大學出版社，1991年，第103頁。

〔註101〕謝泳：《何為教授治校》，《教師博覽》，2011年第11期，第56頁。

〔註102〕《教授會呈教育部電文》（1931年5月28日），清華大學校史研究室編：《清華大學史料選編》第2卷上冊，清華大學出版社，1991年，第104頁。

〔註103〕《清華大學教授會上教育部呈文》（1931年5月28日），王學珍、張萬倉編：《北京高等教育文獻資料選編（1861～1948）》，首都師範大學出版社，2004年，第638～639頁。

才力不足、院長問題、妄改校章、蔑視教授、不維信用、阻撓發展等七大罪狀。〔註104〕5 月 29 日，學生會又召開全體大會，以 313 票對 0 票，全票通過了要求教育部撤換吳南軒，「及教務長兼法學院長陳石孚、秘書長朱一成、文學院長鍾魯齋即日離校」的決議。在學生會代表的鼓動和領導下，「驅吳」風潮如暴風驟雨，更加激烈。數百名學生包圍了校內吳南軒的住宅及辦公室，「叫囂咆哮，搗亂什物，無所不至。幸南軒因公外出，未遭窘辱，而教務長陳石孚、秘書長朱一成均被多方詬辱，並被迫立即離校，情勢洶洶，不可理喻。」〔註 105〕在清華教授會和學生會的聯合反對之下，吳南軒迫不得已，令陳石孚、朱一成等人攜帶重要文件逃至東交民巷的利通飯店暫避，並設立了臨時辦事處。庶務、會計、註冊、文書等科人員，皆吳之親信，亦隨吳離校，「驅吳」運動取得初步勝利。

（三）教授會與南京國民政府的互動博弈

吳南軒躲入東交民巷後，除了想遙控辦公繼續當校長外，還電請南京政府出面，以壓制風潮。同時企圖利用報刊輿論，切斷清華經費來源等手段，以迫使教授會屈服。但事與願違，清華教授會針鋒相對，迅速成立校務維持會，多次召開會議和發表宣言，並選派代表親赴南京與政府周旋博弈。

吳南軒在 5 月 29 日避入東交民巷後，即向兼任教育部長的蔣介石發電，請示解決辦法，並污蔑清華學生係「受反動份子煽動」參加風潮，〔註106〕將此次風潮擴大為政治運動。南京方面自然聞之大怒，更有解散清華之意，認為「以前者學生驅羅後，不滿校務會議。今吳到月餘，又附和教授掀起風潮，顯係故意挑剔，過分囂張，有不得已時解散另辦，亦所不惜」；為此，專門致電平津衛戍司令于學忠、胡若愚等人，令其盡力「維持該校秩序，至不得已時，可派兵鎮壓或解散之」。〔註 107〕吳南軒也暗中與于學忠等人聯繫，秘密策劃武力鎮壓。〔註 108〕可見，南京方面對此次風潮頗為重視，不惜以武力強

〔註104〕 《國立清華大學學生會驅逐吳南軒宣言》（1931 年 5 月 29 日），王學珍、張萬倉編：《北京高等教育文獻資料選編（1861～1948）》，首都師範大學出版社，2004 年，第 639 頁。

〔註105〕 《呈教育部文》（1931 年 5 月 30 日），清華大學校史研究室編：《清華大學史料選編》第 2 卷上冊，清華大學出版社，1991 年，第 109～110 頁。

〔註106〕 《致教部電》，《大公報》，1931 年 5 月 31 日，第 4 版。

〔註107〕 《教育消息：清華大學風潮》，《教育雜誌》第 23 卷第 7 期，1931 年 7 月 20日，第 108～109 頁。

〔註108〕 《國內要電二（北平）》，《申報》，1931 年 6 月 3 日，第 7 版。

行解散清華。

　　教育部於 5 月 29 日致電吳南軒，支持其繼續留任校長，內稱：「大學規程既經本部指令修改轉府備案，自不能遽予變更，校長係國府所任命，亦非任何人所能主張進退」，要求吳南軒「照常積極負責，分別開導，並照章相機處理，以泯糾紛，而重校務，仍將辦理情形，隨時具報」。〔註109〕在徵得南京方面的慰留和支持後，5 月 30 日，吳南軒在《世界日報》《華北日報》等報刊上登載「清華啟事」，攻擊和誣陷清華師生是受「反動分子」煽動，唆使學生召集大會脅迫校長，違抗部令，發起風潮。〔註110〕同時，吳南軒還要求教育部致電保管清華基金的中華文化教育基金董事會，表示「清華經費，除吳校長外，他人概不得具領」。〔註111〕以此來斷絕清華的經費來源，藉以向教授會施壓。就當時情況而言，清華確實面臨著巨大危機，校內「存煤只敷十日之用」，因印信被吳氏等人帶走，經費來源又受阻，供給遂告中斷，如果「十日後不能解決，則該校煤火電燈均將斷絕」。〔註112〕

　　有鑑於此，清華教授會於 6 月 2 日召開會議，經過討論通過了六項決議案：「（1）組織臨時委員會，推定委員九人；（2）推代表三人赴京，向教部說明真相，請從速解決，推定張奚若（法）、吳正之（理）、馮友蘭（文）；（3）各教授各捐四十元，為代表旅費；（4）函吳南軒質問所登啟事，何人為反動分子，有何證據；（5）電教部對吳啟事加以辯證；（6）組織審查畢業同學委員會。」〔註113〕依據決議，6 月 3 日早晨，教授會專門致電教育部，對於吳南軒在報刊上誣陷風潮為「反動等語」予以澄清。內稱：「反動為黨部下最重罪名，同人等任職清華大學，除努力學術外，別無所圖。此次清華問題，鈞部無論作何處置，反動罪名何指，應請鈞部澈查辯白。」〔註114〕教授會南下代表本欲 4 日啟程，但適逢南京方面委派北京大學校長蔣夢麟赴清華調解，並宣達教育部旨趣，「期各教授迅圖補救」。〔註115〕教授會於 3 日召開臨時會議，討論決

〔註109〕　《教部豔電》，《大公報》，1931 年 5 月 31 日，第 4 版。

〔註110〕　蔡仲德：《馮友蘭先生年譜初編》，河南人民出版社，1994 年，第 108 頁。

〔註111〕　《國內要電二（北平）》，《申報》，1931 年 6 月 3 日，第 7 版。

〔註112〕　《清華風潮甚僵》，《大公報》，1931 年 5 月 31 日，第 4 版。

〔註113〕　《清華風潮　教部對教授學生不滿》，《大公報》，1931 年 6 月 3 日，第 4 版。

〔註114〕　《教育消息：清華大學風潮》，《教育雜誌》第 23 卷第 7 期，1931 年 7 月 20 日，第 109 頁。

〔註115〕　《教育部指令》（1931 年 6 月 6 日），清華大學校史研究室編：《清華大學史料選編》第 2 卷上冊，清華大學出版社，1991 年，第 112 頁。

定暫不南下，靜候調查，南下之舉遂告暫停。蔣夢麟於 4 日考察清華後，致電教育部，表示「調解清華糾紛，已略有轉機，至具體辦法，俟商妥再行電告」。〔註 116〕與此同時，吳南軒又借機向教育部提出辭職請求，讓清華各方安心維持校務，風潮有所緩和。

　　但在 6 月 6 日，教育部發布指令慰留吳南軒，稱吳「學識優裕，誠摯篤實，自就任以來公忠治校，勤勞卓著」，「效忠黨國，辦事認真」，並無虧於職責，令其「積極負責，勿萌退志，以副本部殷殷之望。所請辭職之處，應勿庸議」；同時教育部指責清華師生，稱此次風潮係「校中教授突起誤解，學生發生越軌行動，演成教育界可痛之現象」，對於「學生迫辱師長，言行悖謬」一事，教育部希望吳南軒「查明為首滋事之人，照章懲處。」〔註 117〕教育部的此項指令明顯袒護吳，令清華師生大為不滿，原已緩和的風潮因教育部的一則指令再度掀起波瀾。清華師生隨即召開護校會議，議決「始終堅持維護學校及堅決驅吳二原則」。〔註 118〕

　　6 月 10 日，清華教授會再次召開會議，對於教育部指令中的不實指責，決定派先前議定的馮、張、吳三位代表，親赴南京向教育部解釋。南下代表原定於 12 日啟程，因車票未能購妥，改為 14 日南下。教授會於 12 日晚再次召開臨時會議，討論南下代表到南京後，「先訪何人及謁當局時之措詞，以表達教授公意，而免引起誤會。」〔註 119〕教授會委派代表南下，除了請教育部解決校長問題外，對於清華規程，也希望教育部能通盤計劃，「如認為有修改之必要時，亦請顧及清華實際情形」。〔註 120〕吳南軒在得知此事後，再度以辭職為要挾，以博取政府支持。此時張群正身在北平，並接到了蔣介石的電令，讓其與李石曾商談，「和平解決」清華風潮，「但須勿過失威信」。〔註 121〕隨後張群找吳南軒談話，令吳設法回清華，「回校後再斟酌情形辭職，以保全政府威信」。張群又向蔣夢麟徵詢意見，蔣也表示希望吳盡快返校。為緩和吳南軒與

〔註 116〕　《清華風潮轉機》，《申報》，1931 年 6 月 6 日，第 10 版。
〔註 117〕　《教育部指令》（1931 年 6 月 6 日），清華大學校史研究室編：《清華大學史料選編》第 2 卷上冊，清華大學出版社，1991 年，第 112 頁。
〔註 118〕　《清華風潮決裂》，《申報》，1931 年 6 月 7 日，第 11 版。
〔註 119〕　《清華問題之糾紛》，《教育雜誌》第 23 卷第 8 期，1931 年 8 月 20 日，第 255 頁。
〔註 120〕　《清華風潮愈趨嚴重》，《天津益世報》，1931 年 6 月 12 日，第 7 版。
〔註 121〕　《蔣中正電李煜瀛等處理清華大學學生反對校長糾紛》（1931 年 6 月 9 日），臺北「國史館」藏，國民政府檔案，檔案號：002-060100-00037-009。

教授會的矛盾，蔣夢麟、許心武（吳南軒好友，河南中山大學校長）、張子高（清華教授）等人積極調解，約集清華教授會代表與吳南軒定於 13 日在蔣宅會晤。但在當日，因「吳飯後猝病，不能出席」，教授代表「以吳既允而不到，為無誠意」，甚為不滿，雙方關係反而更加僵持。14 日上午，吳南軒讓校警衛隊長代送請柬，邀請教授會代表於下午六時在忠信堂聚餐，許心武也親赴張子高宅，讓其約請各教授屆時出席，但清華教授「以吳曾失信，故亦無談話之必要，婉詞謝絕。屆時無人出席」。〔註 122〕至此，吳南軒與教授會之間談判和解的嘗試失敗，雙方關係已勢同水火。馮友蘭等三位教授會代表也於 14 日乘車南下，前往教育部請願撤吳。

張奚若、吳正之和馮友蘭三人到達南京後據理力爭，向蔣介石（兼代教育部長）說明清華風潮的真相，建議其盡快撤換校長吳南軒，改任梅貽琦為校長。從前文所述的教育部指令、電文中可知，蔣介石從未有撤換吳的想法，但對於三教授的提議，「因理屈詞窮而致惱怒」，竟用手杖打了吳正之，一說是踢了吳一腳。〔註 123〕請願陷入僵局，陳果夫又積極謀劃解散清華，後經蔡元培、陳布雷等人調解斡旋，情況才有所緩和。與此同時，吳南軒攜帶學校印信躲進北平東交民巷使館區，庇護於外國人保護之下的事實，經全國報刊登載後，令南京當局十分尷尬，社會輿論也迅速倒向清華師生一方。為了查明清華風潮的真相，鑒於原先僅憑吳南軒的單方面報告，「不免隔閡」，蔣介石遂決定委派錢昌照〔註 124〕於 6 月 22 日親赴北平，調查風潮真相，「辦理結束清華學潮及善後事宜」。〔註 125〕

錢昌照於 6 月 24 日抵達北平後，住在其姐夫陶孟和家中，著手調查清華風潮真相，風潮形勢開始急轉直下。25 日，清華教授會和學生會代表分別往竭錢昌照，陳明此次風潮的真相，並將吳南軒所誣各點，特別提出，徵引社會輿論及各方言談以為證明。同時又向錢氏提出清華所特有的兩種精神：「一為研究學術之精神，一為教授治校之精神。」請其轉達教育部。錢昌照也表示，既「奉命調查真相。俟由各方調查，對此事件得一具體印象後，當呈報

〔註 122〕 《清華問題之糾紛》，《教育雜誌》第 23 卷第 8 期，1931 年 8 月 20 日，第 255 頁。

〔註 123〕 錢偉長：《懷念我的老師吳有訓教授》，《錢偉長文選》第 4 卷，上海大學出版社，2012 年，第 159 頁。

〔註 124〕 錢昌照時為蔣介石的秘書，兼理教育事宜，旋即被任命為教育部次長。

〔註 125〕 《清華風潮即日可定》，《大公報》，1931 年 6 月 23 日，第 3 版。

政府」，並保證「政府決不使清華基礎因此事件而有所動搖」。〔註126〕是日，錢昌照便發電報給蔣介石，建議「讓吳南軒等三人辭掉清華職務」，由其「另覓新人接替，蔣覆電同意」。〔註127〕吳南軒也自知難以繼續留在清華，加上清華學生會組織武力護校團，抗拒吳返校，最終在教授會和學生會的聯合反對之下不得不離開清華。〔註128〕吳南軒於25日選擇動身南下，在臨行前還專門發表了「南軒行矣」的宣言，為自己辯解，並指責清華「教授治校」的體制是「干涉校政，以為推倒他人之工具」，「造成『學生治校』『校長不治校』而『教授不治學』之風氣」。〔註129〕吳還表示「寧願乾脆的失敗，不願糊塗的成功」。〔註130〕

吳南軒走後，「驅吳」運動勝利結束，對於新校長人選，丁文江、陶孟和等人，向錢昌照提議翁文灝出任清華校長。〔註131〕但翁文灝志在努力研究學術，20年來未曾改行，且當時兼任著北平地質調查所所長，負責地質調查工作，「殊不願放棄」本職工作，後經過清華師生的一再懇勸，翁才允諾「擔任過渡之維持」。錢昌照遂將接洽結果致電教育部，「教部乃於一日電令翁氏暫行代理校務」。〔註132〕清華師生組織的護校會於7月2日召開大會，議決：「（1）吳南軒既已不能到校，教部派翁文灝代理校長，驅吳目的已達，本會即行結束；（2）函翁表示歡迎；（3）翁到校時，開歡迎會。」〔註133〕

7月3日，新任教育部長李書華簽發教育部訓令，指派翁文灝「暫行代理清華大學校務」，並促其盡快「到校視事具報」。〔註134〕翁文灝之所以能順利出任清華代理校長，除了丁文江、陶孟和等人的推薦外，還在於翁是國內外著名的地質學家，有相當高的社會威望；而且翁與清華大學也有一定的淵源，曾主持創辦了清華地理系，並擔任過系主任一職，當時也兼任著教授；此外，

〔註126〕《新聞：錢氏談話》，《消夏週刊》第1期，1931年7月10日，第20～21頁。
〔註127〕錢昌照：《錢昌照回憶錄》，中國文史出版社，1998年，第29頁。
〔註128〕馮友蘭：《馮友蘭自述》，中國人民大學出版社，2011年，第78頁。
〔註129〕《清華問題之糾紛》，《教育雜誌》第23卷第8期，1931年8月20日，第256頁。
〔註130〕《驅吳運動暫告段落》，《消夏週刊》第1期，1931年7月10日，第20頁。
〔註131〕錢昌照：《錢昌照回憶錄》，中國文史出版社，1998年，第28～29頁。
〔註132〕《翁先生到校視事》，《消夏週刊》第1期，1931年7月10日，第22頁。
〔註133〕《清華學潮已告解決 學生歡迎翁文灝》，《天津益世報》，1931年7月3日，第3版。
〔註134〕《教育部訓令》，《國立清華大學校刊》第303期，1931年7月21日，第1版。

翁文灝的態度主張一向平和,「沒有偏激的言論和行動,與清華各派之間向少糾葛」,〔註135〕以上因素,均是翁能順利出任代理校長,並受到清華教授、學生一致歡迎的原因。當時外界的評論文章也指出:「一個吳南軒可以造成學潮,而一個翁文灝可以收拾學潮」,〔註136〕也間接說明了兩人的學識人品之差距。

翁文灝於 7 月 4 日到校視事後,原先經吳南軒一手提拔的陳石孚(教務長)、朱一成(秘書長),陸榮光(會計科主任)、戈涵樓(庶務科主任)等親信人員,於當日提交辭呈。〔註137〕由吳南軒從校外聘任的文學院院長鍾魯齋也於 11 日被免職,改由馮友蘭接任。〔註138〕經此人事變動之後,吳南軒在清華的班底基本被掃除殆盡。翁文灝於 9 月 24 日建議教育部將梅貽琦從美國調回,出任清華校長,獲得通過,梅未到校前,仍由翁代理。〔註139〕1931 年 11 月,教育部正式任命梅貽琦為校長,〔註140〕結束了校長頻繁更迭的局面,清華大學也迎來校史中的「黃金時代」。〔註141〕

綜上可知,清華師生「驅吳」的主要原因是吳南軒自恃「奉黨國之命」,倡言整頓清華,企圖打破清華「教授治校」的傳統原則,以實現大權獨攬,為政府黨化教育之推行掃除障礙。其實吳南軒如能與教授會精誠合作,尊重清華「教授治校」的傳統,共商校務,完全可以和衷共濟。清華教授浦薛鳳就曾指出:「今有一項事實,恍然覺悟:即新校長與舊同仁之間,完全缺乏應有之適當溝通。假使當日蒞校就職之後,約集全體教授,在工字廳茶會聚談一次,當可開啟雙方之『交通。』」〔註142〕亦不會有後來之「驅吳」風潮。

此外,清華教員中大多未加入國民黨,許多教授也素有反政黨之傳統,而校長吳南軒及其任命的重要行政職員則多為黨員,由此導致學術與行政人員

〔註135〕李學通:《書生叢政──翁文灝》,蘭州大學出版社,1996 年,第 95 頁。

〔註136〕臧暉:《論學潮》,《獨立評論》第 9 期,1932 年 7 月 17 日,第 7 頁。

〔註137〕《布告第二、三、四號》,《國立清華大學校刊》第 301 期,1931 年 7 月 13 日,第 1 版。

〔註138〕《布告第六、七號》,《國立清華大學校刊》第 302 期,1931 年 7 月 17 日,第 1 版。

〔註139〕《吳南軒請辭校長職照准以梅貽琦繼任未到校前由翁文灝代理》(1931 年 9 月 24 日),臺北「國史館」藏,國民政府檔案,檔案號:001-032320-00007-000。

〔註140〕陳岱孫:《往事偶記》,商務印書館,2016 年,第 76 頁。

〔註141〕何炳棣:《讀史閱世六十年》,中華書局,2014 年,第 95 頁。

〔註142〕浦薛鳳:《浦薛鳳回憶錄》上冊,黃山書社,2009 年,第 155 頁。

雙方難以相容。〔註143〕清華師生對於吳南軒經常失信於人的做法，亦十分不
滿，如在教授聘書發放時間上，屢屢修改；在與教授會代表會晤談判時未能如
約而至等。吳南軒又不顧國格，躲到東交民巷使館區的飯店掛牌辦公，遭致社
會輿論的強烈指責，促使南京方面決定去吳。正如鄒韜奮在《學潮中的負責者》
一文中所說：「吳氏於誠信未孚之前，必欲於短時期內一掃教授治校的原則，而
引起委任院長的糾紛；繼又不就事實籌謀適當辦法，乃以茶點招待學生，離間
教授，並極力宣言擔保畢業級同學的飯碗問題以取媚；最後則逃往帝國主義勢
力下的東交民巷設辦公處。」〔註144〕凡此種種，吳南軒皆是自食其果。

　　除去以上表面化的矛盾衝突外，更深層次的則是府學之間的衝突，即威
權政治與清華民主治校傳統的碰撞，亦是清華與國民政府黨化教育政策之間
的衝突。南京方面抑制「教授治校」而倡導「校長治校」，藉以實現對大學的
更好控制。清華大學的體制模式對當時國內其他大學產生了一定的影響，故
蔣介石、CC派支持吳南軒出任清華校長，「任務就是扼殺這個體制，建立校長
的全權統治，為 CC 集團對教育、學術的絕對控制掃除障礙」。〔註145〕而「驅
吳」運動的勝利，也表明國民政府滲透大學的意圖，遭到秉持自由主義教授群
體的頑強抵抗而暫時受挫。

第三節　教授群體間的分裂與鬥爭──以北大為例

　　「教授治校」作為大學內部治理的一種模式，讓教授群體成為校務決策
管理的主導者，但教授在獲得治校權力的同時，也相應會存在權力濫用的情
形，容易形成學術「寡頭統治」。而且教授之間也往往會基於不同的立場、學
科、地緣或學緣等因素，意見多有分歧，有些甚至結成派系團體，爭權奪利，
互相攻伐。如北大的「英美派」和「法日派」，東大的「擁郭派」與「倒郭派」，
清華的「少壯派」、「元老派」等。周谷城在 1928 年就曾發出「凡教育界，無
不有黨，無不有派」的觀點。〔註146〕教授群體間的鬥爭以北京大學最為典

〔註143〕蘇雲峰：《從清華學堂到清華大學（1928～1937）》，生活‧讀書‧新知三聯書
　　　　店，2001 年，第 40 頁。
〔註144〕韜奮：《學潮中的負責者》，《國立清華大學護校特刊》第 5 期，1931 年 6 月
　　　　26 日，第 4 版。
〔註145〕陳岱孫：《往事偶記》，商務印書館，2016 年，第 75 頁。
〔註146〕周谷城還列舉了教育界不同的黨派類型，「就留學生之歸國服務教育界者言，
　　　　有所謂東洋派、西洋派等等。西洋派中，又有所謂英國派、美國派、法國派

型，也較為持久，這也成為制約北大「教授治校」良性發展的重要因素。

一、北大教授圍繞教務長一職的爭奪

　　20 世紀 20 年代初，隨著北大內部新舊勢力的重組，教授群體逐漸分化為「法日派」與「英美派」兩大陣營。校長蔡元培又經常離校，在 1923 年之後遊學海外，「自蔡去、蔣代後，北大喪失重心。教授因種種原因，便派別叢生」。〔註147〕作為代理校長的蔣夢麟，因資望尚淺，難以壓服各派，〔註148〕致使教授之間的鬥爭愈演愈烈。同時，北大以文史見長，雲集了一批文史哲大家，在管理上表現為一種文人式的思維型管理；而清華偏重理工型的邏輯式管理，注重團隊合作，且教師大多是清華畢業生，淵源深厚，這也是北大內部教授爭鬥較重，而清華等校較輕的一個因素。另一方面，北大在教育界地位顯赫，一些教授也想在校內奪取支配權，以「借助北大及其特殊的地位提升他們在國家大事中的影響力」。〔註149〕

　　美國教育研究者伯頓・R・克拉克指出，在大學同僚選舉中，產生了兼職的行政管理人員，推動了「行政」和「教職員」的緊密聯繫，但這種「『任命』來自下面而不是來自上面，不是來自一個高級官員或首腦」，要想當選，必須獲得同僚的賞識和投票。而「這種一人一票的權力，自然鼓勵某些公開的和隱蔽的政治活動，因為必須在個人和各派系之間獲得多數」。〔註150〕北大在「教授治校」體制之下，教務長、系主任等人員均由投票選舉產生，早先教授群體之間因文化思想上的新舊之爭，而逐步發展成派系之爭，並在人事上互相競爭，尤以圍繞教務長一職的爭奪表現得最為突出。

　　　　等等。就國內學校畢業之教育界人士言，有所謂北京派、南京派等等。就教育界人士出身之母校言，又有所謂某某大學派、某某高師派等等」。參見周谷城：《教育界之黨派觀》，《教育雜誌》第 20 卷第 7 期，1928 年 7 月 20 日，第 2 頁。

〔註147〕《北平三大學近況》，《大公報》，1931 年 10 月 15 日，第 5 版。

〔註148〕馬敍倫就曾明確指出，蔣夢麟「在北大里毫無根辦，拿什麼資格來替蔡先生代辦校長的職務」？蔣也有自知之明，「很識相，在某晚出席教職員會上很謙虛地說：『蔡先生派他來捺印子的，一切請各位主持』」。參見馬敍倫：《從「五四運動」到「六三索薪」》，肖衛主編：《北大歲月》，內蒙古文化出版社，2001 年，第 303～304 頁。

〔註149〕（美）魏定熙：《權力源自地位：北京大學、知識分子與中國政治文化（1898～1929）》，張蒙譯，江蘇人民出版社，2015 年，第 7 頁。

〔註150〕（美）伯頓・R・克拉克：《高等教育系統——學術組織的跨國研究》，王承緒等譯，杭州大學出版社，1994 年，第 125 頁。

　　北大廢除文理科學長制後，〔註151〕設立了由文理兩科教授會主任組成的
教務處，並從中選出一人為教務長。依據評議會通過的《文理科教務處組織
法》，教務處職權為：「（甲）襄助校長計劃全校及各學系之進行；（乙）教員之
延聘及解約等一切接洽事宜；（丙）分配教授科目及規定時間表；（丁）計劃關
於學術上之設備；（戊）辦理入學、畢業、獎勵、懲戒各事；（己）編制各學系
預算。」教務處「設教務長一人，執行議決事務及召集會議等事。由各教授會
主任公推之，任期一年，但得連任」。〔註152〕當時文理科各教授會主任為：
物理（何育傑）、化學（俞同奎）、哲學（陳大齊）、中國文學（沈尹默）、英文
（胡適）、法文（賀之才）、德文（顧兆熊）。〔註153〕

　　作為英文科教授會主任的胡適，對於文理科教務長一職頗感興趣，毛遂
自薦要求參選。但事與願違，經過沈尹默臺前幕後的一系列操作之後，胡適最
終放棄參選，而處於文理科之外的法科教授馬寅初卻脫穎而出，順利當選為
首任教務長。

　　沈尹默在得知胡適有意參選教務長的消息後，借機找蔡元培商議，陳說
天文學教授秦汾等理科教員強烈反對胡適及文科教員參選，遂提議「為了免
去無謂之爭端」，由文理科之外的法科經濟學系教授會主任馬寅初來擔任。
〔註154〕胡適在 1922 年 7 月 3 日在與陶孟和、胡敦復等人閒談時，談及此次
教務長選舉一事，也對沈尹默的幕後操作有所敘述：「當時原議教務長只限於
文理二科合成的本科，而不管法科。尹默又怕我當選，故又用詭計，使蔡先
生於選舉之日打電話把政治、經濟兩系的主任加入；一面尹默親來我家，說
百年（陳大齊）等的意思不希望我第一次當選為教務長。他們明說要舉馬寅

〔註151〕 北大在 1919 年 4 月廢除文理科學長制後，工科、法科學長依然存在。在五四
　　　　運動發生後，蔡元培辭職期間，北大召開評議會和各科教授會主任會議，決
　　　　定推舉法科學長王建祖、胡適、沈尹默等人組成委員會，與工科學長溫宗禹
　　　　（蔡元培委託其暫屬校務）共同代行校務。直到 1919 年 12 月北大評議會通
　　　　過內部組織試行章程，設立教務會議和教務處後，由教務處統一負責教學工
　　　　作，學長制遂完全廢除。參見樑柱：《蔡元培與北京大學》，寧夏人民出版社，
　　　　1983 年，第 38～39 頁。
〔註152〕 《文理科教務處組織法》，《北京大學日刊》第 348 號，1919 年 4 月 10 日，第
　　　　4 版。
〔註153〕 《文理兩科教授會主任辦公時間表》，《北京大學日刊》第 348 號，1919 年 4
　　　　月 10 日，第 1 版。
〔註154〕 沈尹默：《我和北大》，《文史資料選輯》編輯部：《文史資料精選》第 5 冊，
　　　　中國文史出版社，1990 年，第 436～437 頁。

初。」〔註 155〕從日記中所用「怕我」、「詭計」等詞言及沈尹默，亦可見胡對於沈的仇視之意。

1919 年 4 月 8 日，蔡元培召集文理兩科各教授會主任及政治、經濟門主任開會，投票選出教務長。當日到會者有秦汾、俞同奎、沈尹默、陳啟修、陳大齊、賀之才、何育傑、胡適 8 人，投票結果是馬寅初得四票，順利當選教務長，俞同奎得三票。但「惟馬君現奔喪南歸，未到校前，由俞同奎代行職務」，同時未設教授會的各門（如史學、日文、俄文及地質學等），「一切事務暫由教務長接洽辦理」。〔註 156〕而據胡適在日記中所載：當日投票的結果是「星樞（俞同奎）與寅初各三票，蔡先生加寅初一票，遂舉寅初」，胡適還提到雖然沈尹默推薦馬寅初當上了教務長，但後來兩人卻「又成冤家，至今不已」。胡適還特別指出他「對尹默，始終開誠待他，從來不計較他的詭計，而尹默的詭計後來終於毀了自己。而陰謀家的流毒，至於今日，惡果愈顯出來了。」〔註 157〕自此之後，不僅是沈尹默與馬寅初成了冤家，胡、沈兩派間的鬥爭也日漸公開化，變得難以調和，愈演愈烈。

馬寅初在當上教務長之後，工作並不順利。五四運動爆發，學生遊行示威、罷課，學校秩序十分紊亂。為應對北大日常教務事宜和社會複雜局面，馬寅初身心俱疲，遂於 1919 年 6 月 17 日在《北京大學日刊》上發布辭職啟事：「自弟任教務長以來，對於校務毫無建白，自知才具短淺，不克勝任，捫心自問，至深慚恧，教務長一席萬難繼續擔任。除向各主任辭職外，特此聲明。」〔註 158〕但馬的辭職申請卻未獲得各科教授會主任會議通過，加上五四運動也漸入尾聲、暑期將至，經挽留後，馬寅初遂決定繼續留任教務長。

1919 年 9 月，蔡元培返回北大復任校長，進一步健全「教授治校」體制。增設了「管理全校之事務」的總務處，「設總務長一人，總掌事務，總務委員若干人，分掌各部事務」。〔註 159〕不同於教務長由選舉產生，總務長直接由校

〔註 155〕 胡適：《胡適日記全編》第 3 冊（1919～1922），曹伯言整理，安徽教育出版社，2001 年，第 715～716 頁。

〔註 156〕 《大學本科教務處成立紀事》，《北京大學日刊》第 348 號，1919 年 4 月 10 日，第 3～4 版。

〔註 157〕 胡適：《胡適日記全編》第 3 冊（1919～1922），曹伯言整理，安徽教育出版社，2001 年，第 716 頁。

〔註 158〕 《馬寅初啟事》，《北京大學日刊》第 405 號，1919 年 6 月 17 日，第 2 版。

〔註 159〕 《國立北京大學現行章程》（1920 年 9 月 9 日），中國蔡元培研究會編：《蔡元培全集》第 18 卷，浙江教育出版社，1998 年，第 352 頁。

長任命,故各派對於總務長一職鮮有競爭。蔡元培任命新聘請的教育學教授蔣夢麟擔任總務長。〔註160〕10月24日,馬寅初致函蔡元培,以近來長期失眠為由,再度提出辭職,「竊寅初入夏以來,忽患失眠之症,又以校務更張,不能不悉心籌畫。現校務逐漸就序,而失眠之疾愈甚,近更頭痛發熱精力益形疲憊,延醫調治,均為非移居病需靜養不可。寅初不才謬長教務已懼弗克勝任,若再膺疾貽誤必多⋯⋯伏乞准允,卑得安心靜養,無任感激之至。」〔註161〕同時,馬寅初又專程致函各教授會主任,請求胡適代理教務長:「教務長一席,原請俞同奎先生代理。俞先生以公務殊忙,不允代理。現擬請胡適之先生代理。」〔註162〕俞同奎在第一次教務長選舉時,以一票之差輸於馬寅初,但在馬南下奔喪期間,俞曾短期代理教務長,知道其間之人事糾葛,故此時選擇主動退避。而胡適早就對教務長一職頗感興趣,只不過在第一次教務長選舉時,由於沈尹默在幕後的運作而最終失之交臂,此時馬寅初提議由其代理,胡適當然也樂意接受。

胡適決定接受馬的提議暫代教務長,並在《北京大學日刊》上發布啟事,列明瞭工作時間,並注明「馬教務長因病請假,暫委適代理兩星期」。〔註163〕但馬寅初突然宣布養病告假,並請胡適代理教務長,卻招來了外界無限遐想,一時謠言四起。有些人認為馬的請辭是北大內部各派暗中鬥爭的結果。《申報》上對此事有專文評論:「北大近來因教務長馬寅初有告假養病,請胡適之代理教務之舉。又教員沈尹默有辭職之說,外間遂紛紛揣測謂該校內部有暗潮發生。但經記者詳細調查則實無其事。馬氏確係因患失眠症須赴醫院靜養兩三星期,教務長一職原擬請俞同奎氏暫代,嗣以俞氏堅辭,乃改請胡適之,因胡氏才思敏捷且能耐勞也。沈氏辭職說亦實不確。」〔註164〕馬寅初告假請辭,係校內「暗潮發生」所致,雖被證實為虛,但也絕非「空穴來風」,從側面反映出北大內部教授間的爭鬥,已成為外界關注的敏感話題。

胡適在代理教務長期間,恰逢留學美國時的導師杜威(John Dewey)來華

〔註160〕 蔣夢麟:《西潮・新潮:蔣夢麟回憶錄》,新星出版社,2016年,第319頁。

〔註161〕 《馬教務長致校長函》,《北京大學日刊》第469號,1919年10月25日,第1版。

〔註162〕 《馬教務長致各主任函》,《北京大學日刊》第469號,1919年10月25日,第1版。

〔註163〕 《代理教務長啟事》,《北京大學日刊》第470號,1919年10月27日,第2版。

〔註164〕 靜觀:《北京通信:都門學界消息》,《申報》,1919年11月5日,第6版。

（1919 年 5 月到 1921 年 7 月）講學，作為學生的胡適常去擔任講學翻譯，事務繁忙，故胡適催促馬寅初盡快復職。1919 年 12 月 17 日，在馬病癒後，正式將教務長職務歸還，並發布啟事，告知全校師生，「以後關於教務的事，請問他（馬寅初）接洽」。〔註165〕但馬寅初在復職不久，於 1920 年 1 月 15 日再次致函蔡元培請辭，明確提出不再擔任教務長一職，表示：「賤恙雖愈，而身體仍弱，恐難永久擔任。用特於月之十二日開臨時主任會議，請各主任重選，準寅初辭職，未蒙各主任許可，但寅初既無才具又無精力，若再謬長教務，勢必貽害本校前途。用特專函，奉懇務祈准予辭職，並囑各主任另選能人接辦教務，不勝感激之至。寅初今日始不再至教務長室辦事。」〔註166〕

馬寅初決意辭職，蔡元培也不再強求，但教務長任期為一年，到期再重新投票改選。馬寅初在 1919 年 4 月 8 日當選，按規定至 1920 年 4 月才算任期屆滿。為此，北大在 1920 年 1 月 17 日召開各系教授會主任會議，投票選舉此後 4 個月代理教務長的人選。當日到會者共十人（數學及德文系教授會主任未到），選舉結果為陶履恭（孟和）得八票，俞同奎、胡適各得二票，最終陶履恭當選為教務長。〔註167〕隨後陶履恭發布啟事，表示：「今馬先生因病不能到校視事，鄙人暫時代理至本年四月為止，以後再行改選。」〔註168〕陶履恭與胡適來往甚密，是此後北大「英美派」的代表人物之一。陶履恭於 1919 年赴歐洲考察時，特別注意羅致人才，舉薦了在英國留學的李四光、丁西林至北大任教，並專門寫信給胡適，介紹李、丁二人的情況：「此間學生，有專門地質者李君四光，曾在伯明翰充助教，若能延至吾校，當能勝任。又有丁君燮林（西林），年只二十四歲，在倫敦充物理之助教，亦不觀之材。望與校長一商如能得兩君來吾校則大佳矣。」〔註169〕李、丁兩人回國後也俱被蔡元培延聘至北大，成為了「英美派」成員之一。

除了胡適一派人員重組，積極吸納留學英美經歷的教員外。沈尹默一派也不甘落後，積極拉攏李煜瀛（石曾）、顧孟餘等留學日本、法國等國的教員，最

〔註165〕　《胡適啟事一》，《北京大學日刊》第 516 號，1920 年 1 月 16 日，第 1 版。
〔註166〕　《馬教務長致校長函》，《北京大學日刊》第 515 號，1920 年 1 月 15 日，第 1 版。
〔註167〕　《本校布告》，《北京大學日刊》第 518 號，1920 年 1 月 19 日，第 1 版。
〔註168〕　《陶履恭啟事》，《北京大學日刊》第 519 號，1920 年 1 月 20 日，第 1 版。
〔註169〕　《陶孟和致胡適》，中國社會科學院近代史研究所中華民國史組編：《胡適來往書信選》上冊，中華書局，1979 年，第 80 頁。

終發展為「法日派」。李煜瀛是「法日派」的核心人物之一，1917年12月從法國回國後，應其好友蔡元培之邀，被聘為北大生物學與社會學教授。胡適對李煜瀛的印象和評價都很差，在其日記中寫道；「我第一次看見石曾，便不喜他；第二次見他，便同他作對（為里昂大學、北大海外部事）。十年以來，無有一次看得起此人的。蔡先生費大力引他入北大，終使北大壞在他手裏，真是引狼入室。」〔註170〕從胡適的日記話語中，足見胡、李二人成見之深。

正如周作人所說，沈尹默「沉著，有思慮，因此雖凡事退後，實在卻很起帶頭作用。朋友們送他一個徽號叫『鬼谷子』，他也便欣然承受」。〔註171〕在教務長選舉一事上，沈尹默經常退居幕後，謀劃操作，上文中所提馬寅初出任教務長便主要出自其手。沈尹默在「某籍某系」的基礎上，通過聯合李煜瀛和顧孟餘等人發展成為「法日派」，勢力迅速壯大。在蔡元培離校，蔣夢麟代理北大校長期間，「法日派」逐漸把持北大校務，教務長一職也主要由該派人員擔任。

陶履恭在代理教務長期滿過後，1920年4月29日下午，北大召開教務長選舉會議，到會者11人，最終選舉結果是，顧孟餘以八票當選，其餘陳惺農得二票，蔣夢麟得一票。〔註172〕「法日派」的顧孟餘以絕對高票當選教務長，自此之後，顧又連續數次當選教務長。1921年9月23日，顧孟餘期滿之後，蔡元培召集各教授會主任開會選舉教務長。〔註173〕此次胡適雖然參選，但改選教務長的結果是：「顧孟餘九票（當選），胡適三票，陶履恭一票。」〔註174〕顧孟餘仍以高票當選。胡適在當日的日記中，對於選舉前後的情形有具體描述：「六時，大學選舉教務長，孟餘當選。前夜蔡宅商議時，孟餘力辭連任，故他們要我幹此事。我也知道有些人的推我未必出於誠意，但我也不曾力辭。我也要看看他們的把戲。今日舉我的票數少於那夜的人數；這是我意料之中的。孟餘是熟手，自然最適宜。舉出後，他推辭不肯連任，但他的理由不能成立，故我駁他，勸他不要辭了。」〔註175〕可知，胡適此次雖有意參選，但又

〔註170〕胡適：《胡適日記全編》第5冊（1928～1930），曹伯言整理，安徽教育出版社，2001年，第666～667頁。

〔註171〕周作人：《自傳·知堂回想錄》，群眾出版社，1999年，第324頁。

〔註172〕《教務長選舉會紀事》，《北京大學日刊》第595號，1920年4月30日，第2版。

〔註173〕《校長通告（二）》，《北京大學日刊》第848號，1921年9月23日，第1版。

〔註174〕《校長通告》，《北京大學日刊》第850號，1921年9月26日，第1版。

〔註175〕胡適：《胡適日記全編》第3冊（1919～1922），曹伯言整理，安徽教育出版社，2001年，第475頁。

深知其中的「把戲」內幕，故在落選後亦能泰然處之。

1922 年 4 月 25 日，北大再次改選教務長，胡適僅以微弱優勢當選教務長，具體票數為「胡適四票（當選），陳世璋兩票，陶孟和兩票，顧孟餘兩票，馬裕藻一票」。〔註 176〕但對此時的胡適而言，已不像先前那樣熱衷於教務長一職。當時胡適已身兼英文系主任、評議會評議員等職，故有請辭之意。胡適在當日的日記中，寫道：「今天選舉教務長，我當選。我不願幹，蔡先生不許我辭。我說，明天再說吧。」次日下午，胡適再次給蔡元培寫了封長信，並陳明辭去教務長的兩個理由：「（1）為己，我要多點時間來做學術的研究；（2）為大學，我此時已不配做管理上的事務；我若做此事，必致百務廢弛。」〔註 177〕蔡元培在得到胡適的長信後，並未即刻給出答覆，決定於 28 日重開會議討論，討論結果是胡適「仍不得辭」，最終於 29 日正式接任教務長。〔註 178〕

筆者以為，胡適除了以上兩個請辭理由外，還應有顧孟餘的影響。顧前兩次皆以高票當選，連續任職教務長兩年有餘，已形成一定的人際網絡，而此次失利，可能與此間沈尹默離開北大去日本進修有關，〔註 179〕少了「鬼谷子」沈尹默的幕後運作支持，顧的影響力必然大受影響。而在選舉結束不久，沈尹默就從日本回來了，胡適還專程登門去看沈。〔註 180〕沈尹默歸來之後，形勢果然大為改觀。

1922 年 12 月 22 日，胡適因病請假，遂決定投票選舉代理教務長人選，投票結果為「顧孟餘五票，陳啟修三票，馬裕藻一票」，顧孟餘得票最多，重新當選教務長。〔註 181〕其後顧孟餘又連續三屆以高票當選為教務長。1923 年 3 月 30 日，改選教務長時，「顧孟餘七票（當選），王星拱三票，陳啟修一票」。〔註 182〕1924 年 4 月 25 日，教務長改選時，「顧孟餘九票（當選），王星拱一票，胡適一票，王世杰一票」。〔註 183〕1925 年 3 月 16 日，改選教務長時，「顧

〔註 176〕《校長通告（二）》，《北京大學日刊》第 1011 號，1922 年 4 月 26 日，第 1 版。

〔註 177〕胡適：《胡適日記全編》第 3 冊（1919～1922），曹伯言整理，安徽教育出版社，2001 年，第 643 頁。

〔註 178〕耿雲志：《胡適年譜》，福建教育出版社，2012 年，第 90 頁。

〔註 179〕北大條例規定，教授在任滿七年後，可以出國進修一年。1921 年，沈尹默赴日本西京大學進修。

〔註 180〕胡適：《胡適日記全編》第 3 冊（1919～1922），曹伯言整理，2001 年，第 643 頁。

〔註 181〕《北京大學布告》，《北京大學日刊》第 1137 號，1922 年 12 月 22 日，第 1 版。

〔註 182〕《評議會布告》，《北京大學日刊》第 1202 號，1923 年 3 月 31 日，第 1 版。

〔註 183〕《校長布告》，《北京大學日刊》第 1455 號，1924 年 4 月 26 日，第 1 版。

孟餘八票（當選），陳大齊二票，王星拱一票」。〔註184〕顧孟餘之所以能長期連任教務長，除了背後有沈尹默、李煜瀛等「法日派」支持外，與其個人因素也有很大關係。顧孟餘長期兼任文科的德文系和法科的經濟學系教授，身兼文、法兩科教授，人際網絡相對廣泛。而且顧為人低調，善於疏通人際關係，在處理學校教務事務上左右逢源，容易獲得各方認可與支持。

「法日派」的顧孟餘連續數年以高票當選教務長，自然引起胡適、陶孟和等「英美派」的不滿。胡適在1925年1月17日的日記中，記有他與陳源談論「法日派」結黨把持校政的情形：「通伯又談北大所謂『法國文化派』結黨把持，傾軋夢麟的情形，聞之一歎。夢麟方倚此輩為腹朋友呢！我雖早窺破此輩的趨勢，但我終不料他們會陰險下流到這步田地！此輩者，李石曾、顧孟餘、沈尹默一班人也。」〔註185〕言語之間對李、沈、顧等「法日派」的鄙夷一覽無餘。當1926年4月12日，改選教務長時，蔣夢麟以十三票當選，陳大齊、王世杰各一票。〔註186〕因蔣夢麟與胡適等「英美派」來往密切，迅疾遭到「法日派」的非議和反對，理由是蔣長期兼任總務長一職，不應再同時擔任教務長。隸屬「某籍某系」的周作人在4月25日又專門致函校長蔡元培，內稱：「『教授治校』，此為北大之特長，使校長不妨暫離之原因。但以個人觀之，成績亦未可樂觀，如教務長與總務長不能兼任，載在章程。最近改選教務長，乃即由現任總務長當選兼任，該項章程，在此次選舉，似已不發生效力，故北大法治之精神，實已有疑問。不得不望先生之來而加以補救者也。」〔註187〕有鑑於此，4月26日，為避免非議，蔣夢麟最終決定辭去總務長，由余文燦接任，而專任教務長一職，〔註188〕事態方得以平息。

「英美派」與「法日派」除了在人事上圍繞教務長一職長期競爭外，在北大其他科系也普遍存在這種現象。文科國文系、歷史系主要由「法日派」把持，而「英美派」的勢力則主要在法科和英文系。據當時在北大任職的歷史系教授陳翰笙（教歐美通史和史學史課程）所說：「北大教師當時分為兩派，一派是英、美、德留學生，以胡適為首，另一派是日、法留學生，領頭的是李石

〔註184〕 《校長布告》，《北京大學日刊》第1648號，1925年3月17日，第1版。
〔註185〕 胡適：《胡適日記全編》第4冊（1923～1927），曹伯言整理，安徽教育出版社，2001年，第202頁。
〔註186〕 《校長布告》，《北京大學日刊》第1884號，1926年4月17日，第1版。
〔註187〕 《本校教授周作人君致校長書》，《北京大學日刊》第1895號，1926年4月30日，第2版。
〔註188〕 《校長布告》，《北京大學日刊》第1895號，1926年4月30日，第1版。

曾。這兩派明爭暗鬥，互不相容。歷史系的系主任朱希祖是日法派的，他對我這個從歐美回來的人很不喜歡，想把我排擠走，要他的留日朋友代替我。」朱希祖以「陳翰笙是南方口音，我們聽不懂，他講課的內容也不適合」為由，提交評議會審議陳的去留問題。其後陳翰笙專門找王世杰、陶孟和等「英美派」教授商議，均無合適的應對辦法，最後找到法學系負責人周鯁生，同意聘陳到法學系兼課，講授美國憲法史，才得以繼續留任北大教學。〔註189〕從中亦可看出兩派在其他人事方面糾葛之一斑。

二、北大「索薪」運動中的紛爭

五四運動後，北洋軍閥為爭奪中央政權而互相攻伐，戰爭不斷，軍費開支龐大，教育經費被挪用作軍費成為常態。導致政府長期拖欠教育經費、積欠教職工薪資，請願、罷教和罷課風潮此起彼伏。為了維持學校的正常運行，教育界發起了「索薪」運動和爭取「教育獨立」的鬥爭。但胡適一派反對教職員罷工、學生罷課，使學校陷入停頓，捲入政潮之中。而沈尹默、馬敘倫和李石曾一派卻熱衷於此，並希望借機掌控教育界的領導權。雙方圍繞罷工罷課等問題而爭論不斷。

1919 年冬，北京大中小 60 多所公立學校教職員，聯合發起了「索薪」運動，要求政府清償積欠的薪資，馬敘倫被推選為教職員會主席。12 月 12 日，馬敘倫等人在北京法政專門學校召開各校教職員聯席會議，決定從 15 日起實行罷課罷教，以迫使政府盡快下發經費、薪資。〔註190〕而胡適是一個「有啥說啥」之人，其「一喜一怒，也確是他底真情的流露」。〔註191〕在此次「索薪」運動中既是如此。胡適在得知北大要參與罷教罷課的消息後，就率先一個人站出來表示反對，並質問教職員會代表，雖有權與政府交涉，但無全權代替他們辭職罷課。〔註192〕但胡適的反對並未奏效，大多數人「怕飯碗打破」，仍然堅持罷課決議。在阻止北大罷課失敗後，胡適於 12 月 17 日，斷然辭去代理教務長職務。〔註193〕隨後離開北大，赴南方講學。

胡適走後，「英美派」頓失重心。1920 年 6 月，胡適應南京高等師範暑期

〔註189〕陳翰笙：《四個時代的我》，中國文史出版社，1988 年，第 28～29 頁。
〔註190〕江渤：《馬敘倫》，遼寧教育出版社，1987 年，第 58～59 頁。
〔註191〕（美）唐德剛：《胡適雜憶》，華東師範大學出版社，1999 年，第 13 頁。
〔註192〕胡適：《胡適日記全編》第 3 冊（1919～1922），曹伯言整理，安徽教育出版社，2001 年，第 309 頁。
〔註193〕耿雲志：《胡適年譜》，福建教育出版社，2012 年，第 66 頁。

學校的邀請赴南京講學，身在北大的陶孟和寫信給胡適，通報學校近況，並表達對沈、馬等人把持校政的不滿，希望胡適能盡早返校。信中稱：「近日沈（尹默）、馬（敘倫）諸公屢有秘謀，對於預科移至第三院一事猶運動反對，排列課程，延請教員，皆獨斷獨行，長此以往，恐非大學之福。弟意非有除惡務盡之辦法，則前途不堪設想。暑校完事，務必早日歸來為妙。」〔註194〕到了8月，高一涵又寫信給胡適，告知他北大正在開會，準備再次向政府索薪：「大學內部趁你不在這裡，又在興風作波調集一般『護飯軍』開什麼會議了！結果怎樣還不知道。」〔註195〕從陶、高二人寫給胡的信函之中，可知在胡適離校後，「法日派」勢力日彰，「英美派」急切希望胡適返校主持大局，兩派劍拔弩張之勢也躍然紙上。

1921年3月中旬，直系軍閥控制下的北京政府，已積欠北京國立各校教職員新增達四個月有餘，各校遂決定再次推舉代表向政府請願。3月12日，北大召開教職員臨時大會，決定：「自三月十四日起暫行停止職務，要求政府於直轄各鐵路收人項下，撥付教職員積欠薪俸及國立六校常年經費。」〔註196〕並選出馬敘倫、顧孟餘等11位教職員為委員，負責執行大會決議。但在3月14日，北京工業專門學校突然發起學生罷課、職員罷工的倡議，北京其他學校教職員也立即行動起來，向政府索要積欠的薪俸。對於此次各校突然發起的罷課活動，胡適也是「發自內心不贊成」，更「不願出頭做代表」。〔註197〕

3月16日上午，北京國立八校〔註198〕教職員代表20人在北京美術專門學校開會，決定由每校選派3名代表組成「北京國立專門以上各校教職員聯席會議」，馬敘倫被推選為聯席會議主席。〔註199〕6月3日，北京各校教師、學

〔註194〕《陶孟和致胡適》（1920年6月12日），中國社會科學院近代史研究所中華民國史研究室編：《胡適來往書信選》上冊，社會科學文獻出版社，2013年，第71頁。

〔註195〕《高一涵致胡適》（1920年8月11日），中國社會科學院近代史研究所中華民國史研究室編：《胡適來往書信選》上冊，社會科學文獻出版社，2013年，第81頁。

〔註196〕《教育經費獨立之大運動》，《晨報》，1921年3月13日，第2版。

〔註197〕馬勇：《趕潮的人；蔣夢麟傳》，東方出版社，2015年，第330頁。

〔註198〕北京國立八校：除北京大學稱大學以外，其餘七校都是專門學校，有北京法政專門學校、北京高等工業專門學校、北京農業專門學校、北京醫學專門學校、北京高等師範學校、北京女子高等師範學校、北京美術專門學校。參見馬敘倫：《馬敘倫自述》，中國大百科全書出版社，2012年，第45頁。

〔註199〕覃藝、張佩：《李大釗》，中國工人出版社，2012年，第119頁。

生千餘人前往總統府求見徐世昌，要求發薪，卻遭到了軍警的毆打，造成數十人受傷。據《晨報》所載：「自上午九時迄下午四時，始終拒絕不見。同人堅求放入，不意門前密布之軍警，即用槍柄肆行毆打，並往來追擊，當時血肉橫飛，慘不忍觀。北大校長蔣夢麟，受傷不能行動，法專校長王家駒、北大教授馬敘倫、沈士遠，頭破額裂，血流被體，生命危在旦夕。李大釗昏迷倒地，不省人事，此外受重傷者30餘人，輕傷者百餘人。」〔註200〕請願運動遭到如此粗暴對待，故八校教職員聯合發表聲明，決定以集體辭職方式抗議，並呼籲全國同胞起而向政府問罪。

胡適一派並不熱衷於罷課罷教，較少參與其中。6月10日端午節，胡適還與蔣夢麟去西山遊玩，欣賞風景，期間曾以調侃的方式談論到教育界的「索薪」運動。據胡適在日記中所載：「夢麟說，北京的教育界像一個好女子；那些反對我們的，是要強姦我們；那些幫助我們的，是要和姦我們。我說，夢麟錯了，北京教育界是一個妓女，有錢就好說話，無錢免開尊口。」〔註201〕

北京各校通過罷課、罷教和請願等方式發起的「索薪」運動，並未解決實際問題，反而造成學校秩序紊亂，使得教育界四分五裂。有鑑於此，6月28日，北大「英美派」教授丁燮林、李四光、王世杰三人，邀請胡適、陶孟和、王星拱、陳啟修、陳聘丞，以及教務長顧孟餘等人，到其寓所商量學潮之事。丁燮林、李四光、王世杰、王星拱等人，表示已厭倦了無休止的學潮，想離開北大，到南方辦西南大學，但「餘人都承認此事為不可靠」；隨後又談到出走北大的方式，即「軟」走還是「硬」走的問題。胡適建議：「與其做好漢而走，不如做小人而走。怎麼叫『做小人而走』呢？我們應當寫一公函與聯席會議、校長團及學生會，提出最低限度的條件，請他們限期進行；如無效，則代表可以不幹了，我們更不幹了。這樣做去，一定可以早日解決，但解決之後一定有人罵我們讓步；但我們若不負此惡名，誰也不肯負。」接著又提出了一個具體的善後辦法：「（1）暑假中，籌辦招考事。（2）提早開學，約在8月中旬到下旬。（3）自開學至11月底，為第三學期，補完上學年。（4）自12月1日到2月底為第一學期，3月1日到5月底為第二學期，6月一個月加上暑假學校為第三學期，趕完下學年。（5）開學後，不放假期。（6）如此，則下學

〔註200〕《挨打教職員學生之文告》，《晨報》，1921年6月5日，第2版。
〔註201〕胡適：《胡適日記全編》第3冊（1919～1922），曹伯言整理，安徽教育出版社，2001年，第309頁。

年的課程、書籍、教員等事，尚可從容籌備，而上學年的功課也不致敷衍過去。」胡適提出的善後辦法旨在將學生因學潮而耽誤的學習時間補回來。眾人對於善後辦法頗為贊成，但對於胡適所提「做小人」的辦法則大多持否定態度。最後討論的結果是「請我們（北大）的臨時委員辭職，請別人去幹」。陶孟和隨後擬了一份辭職書，定於次日召集其餘委員，開會議決。〔註202〕但在6月29日的北大臨時委員會上，蔣夢麟突然到來，告知范源濂將出來調停，辭職一事遂罷。〔註203〕但范的調停進展得並不順利，北大直到10月中旬才得以復課，中間因學潮罷課，停課達7月有餘。

9月初，丁燮林、李四光、王世杰三人又再次提出辭職，胡適當然不希望這三位「英美派」的重要人物離開，故在返校後，連夜造訪丁、李、王三人，勸其不要辭職。〔註204〕經胡適勸說後，三人表示願意留任。而此前一直衝鋒在前的「索薪」鬥爭領袖馬敘倫，對於蔣夢麟、陶孟和等人的做法，「大不滿意」，在「和夢麟們（指代蔣夢麟、胡適等人）鬧意見之後」，離開了北大而南下上海。〔註205〕後又擔任浙江第一師範學校校長。1922年6月，馬敘倫改任浙江省教育廳廳長，9月，王寵惠組閣，湯爾和出任教育總長，將好友馬敘倫重新調回了北京，任命其為教育部次長。〔註206〕在馬敘倫離開北大後，胡適、陶孟和、王世杰等「英美派」與沈尹默、李石曾等「法日派」的鬥爭仍在繼續。

三、北大「脫部」事件中鬥爭的白熱化

1925年8月18日，當教育總長章士釗準備武力解散北京女子師範大學（以下簡稱女師大）之際，北大師生得知消息後，群情激憤。北大學生會以「章士釗摧殘一般教育及女師大事」，請求學校「與教育部脫離關係」，〔註207〕聲援女師大。但此時代理校長蔣夢麟〔註208〕因回家探親，不在學校，校務暫

〔註202〕胡適：《胡適日記全編》第3冊（1919～1922），曹伯言整理，安徽教育出版社，2001年，第337頁。

〔註203〕胡適：《胡詩全集》第29卷，安徽教育出版社，2003年，第327頁。

〔註204〕胡適：《胡適日記全編》第3冊（1919～1922），曹伯言整理，安徽教育出版社，2001年，第466頁。

〔註205〕胡適：《胡詩全集》第29卷，安徽教育出版社，2003年，第445頁。

〔註206〕江渤：《馬敘倫》，遼寧教育出版社，1987年，第67～69頁。

〔註207〕《評議會布告》，《北京大學日刊》第1748號，1925年8月22日，第1版。

〔註208〕蔡元培自1916年底出長北大後，在其離校（赴歐美各國考察）或提出辭職（從1917年至1927年任北大校長期間，蔡元培因各種原因，先後七次向教育部提出辭職）時期，由蔣夢麟作為代理校長主持校務，直至1926年，「三一八

由教務長顧孟餘代理。

　　顧孟餘在 18 日主持召開評議會，但「事前未聲明事由」，評議員到場後，才告知是「反對章士釗為教長的事」。〔註 209〕北大的評議會會員，「由全體教授互舉，（講師助教不在內），約每五人舉一人」，為學校最高的立法和權力機構。〔註 210〕當日到場的評議員共計 15 人，〔註 211〕具體為顧孟餘、李煜瀛（石曾）、馬裕藻、朱希祖、譚仲逵、皮宗石、王世杰、王星拱、周鯁生、丁燮林、高一涵、沈尹默、羅惠僑、馮祖荀、余文燦。教務長顧孟餘為主席，評議會開始後，李煜瀛首先提議：「章士釗摧殘女師大，實為教育界罪人，學生既反對章士釗，君儕亦應十三分援助，北京大學宜與教育部宣告脫離關係，一致驅章」。此議一出，引發激烈爭論，主要分成贊成與反對兩方。反對者的理由有兩點：「（一）評議會無此權力，（二）教育不應捲入政潮漩渦」。〔註 212〕贊否雙方辯論達三小時之久，主席顧孟餘不得不宣告討論結束，並決定以投票方式表決。

　　表決的問題主要有兩個，一是北大對於教育部解散女師大一事是否應有所表示；二是北大是否脫離教育部。馬裕藻提出北大應有所表示，並明確指出評議會有建議於教育部之權。在投票表決時，羅惠僑、余文燦二人拒絕投票，率先退席。在場者剩下 13 人，依照慣例，會議主席不參與投票。但由於投票結果為贊成與反對各六票，一時難以裁決。作為大會主席和「法日派」成員的顧孟餘，自然選擇站在了李煜瀛一邊，投了贊成票，遂使贊成者居多數。次表決北大應否脫離教育部時，皮宗石為表抗議也退席而去，王星拱、王世杰等人則聲明對於如此重大事項，評議會無表決權，應交由全體教授大會議決，但顧孟餘「卒以此案付表決」，以贊成者居多數，決議北大脫離教育部。〔註 213〕並

　　　　　慘案」爆發後，為躲避軍閥迫害，蔣夢麟選擇離京南下。蔡元培在其自述中
　　　　　也說道：「綜計我在北京大學校長的名義，十年有半；而世紀在校辦事，不
　　　　　過五年有半。」參見蔡元培：《蔡元培自述》，中國言實出版社，2015 年，第
　　　　　125 頁。
〔註 209〕　《這回為本校脫離教育部事抗議的始末》，《北京大學日刊》第 1763 號，1925
　　　　　年 9 月 21 日，第 2 版。
〔註 210〕　《現行組織》，《北京大學日刊》第 771 號，1920 年 12 月 17 日，第 2 版。
〔註 211〕　20 世紀 20 年代初期，北大的教授人數通常保持在 80 人左右，故推選的評議
　　　　　員人數一般為 15 至 17 人。
〔註 212〕　《北京大學宣告脫離教部關係》，《申報》，1925 年 8 月 22 日，第 9 版。
〔註 213〕　《這回為本校脫離教育部事抗議的始末》，《北京大學日刊》第 1763 號，1925
　　　　　年 9 月 21 日，第 2 版。

以北大評議會的名義宣布：「不承認章士釗為教育總長，拒絕收受章士釗簽署之教育部文件。」〔註214〕

從評議會參會的成員、表決態度和投票結果來看，截然分成對立的贊否兩派，即「贊成與教育部脫離關係者為李煜瀛、馬裕藻、朱希祖、沈尹默、譚仲逵、馮祖荀六人，反對與教育部脫離關係者為皮宗石、周鯁生、王世杰、王星拱、丁燮林、高一涵六人。」〔註215〕贊成者多屬於「法日派」，反對者則多為「英美派」。由於主席顧孟餘贊成脫離教部，此案遂表面上以多數贊成通過。但反對者卻堅稱讚反各半，並不承認顧孟餘的那一票，導致爭論不斷、愈演愈烈。外界報導則多稱「七對六多數通過本案」，符合民主程序，〔註216〕這也是蔣夢麟回校後，仍未否決此決議的重要原因。

會後，教務長顧孟餘並未立刻將會議結果電告代理校長蔣夢麟，便下令文牘科退回教育部的文件，同時致函財政部，聲明已與教育部脫離關係，代替蔣夢麟執行了「脫部」的具體程序。評議會通過的此項決議，也引起了北大一些教授（非評議員）的反對，主要是胡適、王世杰等「英美派」，他們認為「事前並未與聞，而事後亦未經全體討論，評議會並無此權限可以通過如此重大案件，且大學為研究學問之府，不應有政治的行動，極端反對」；並且他們已準備提出抗議，「促評議會反省，如評議會不理，而學校當局又貿然執行該議案，則擬對於評議會為不信任之表示，速謀改組」。〔註217〕8月19日，胡適、陶孟和、顏任光、燕樹棠、陳源五位教授聯名致書評議會，明確提出抗議和反對意見，認為「就校章言，此項議決既非評議會法定權限以內之事；就先例言，本校於彭允彝長部時期脫離教部，亦係經由教職員大會議決」。同時「就手續言，不免有越權自專，抹視全體教職員同人之嫌」，而且「從根本上著想，恐亦決非本校之福。即就目前而論，下學年本校之經費尚無著落，下學年之考試與課務亦尚缺乏任何準備」。〔註218〕

從胡、陶等人的上書中可以看出，反對「脫部」的理由主要有二：一是認為評議會此項決議有越權之嫌，照前例應該交由教職員大會表決。二是認為脫離教育部將會給學校的經費、教學等方面造成不利影響。北大地質系主任，也

〔註214〕 《評議會布告》，《北京大學日刊》第1748號，1925年8月22日，第1版。
〔註215〕 《北京大學宣告脫離教部關係》，《申報》，1925年8月22日，第9版。
〔註216〕 章士釗：《章士釗全集》第5卷，文匯出版社，2000年，第178頁。
〔註217〕 《北京大學宣告脫離教部關係》，《申報》，1925年8月22日，第9版。
〔註218〕 《致評議會書》，《北京大學日刊》第1748號，1925年8月22日，第1版。

是「英美派」成員之一的李四光，明確支持胡、陶等人的抗議。稱：「先生等以公民資格宣布反對，光亦願隨諸先生之後」，李也認為「一則以評議會對於此種非常事件無決議之權，再則以大學為純粹學術機關，不宜轉入於政治漩渦之內，理由正大光明，亦極表贊同」。〔註219〕但當胡、陶等人將抗議書送至評議會時，「法日派」的顧孟餘「並不採這種抗議」。〔註220〕兩派對立之勢已截然分明。

與此相對，周作人、李宗侗、徐炳昶、李書華、張鳳舉、江紹原、王尚濟等八位教授（主要為「法日派」）也聯名致書校長，請求「將議決案速為執行，實為公便」，催促學校盡快執行脫離教育部的決議，並強調：「章士釗媚外無恥，摧殘教育，罪惡遠在彭允彝、王九齡之上，已為國人所不容；本大學為全國最高學府，早應不承認其為教育長官。聞本校評議會已於八月十八日開會決定，不收受章士釗任內教育部之任何公文，同人極端贊成」。〔註221〕學生會也堅定地站在了反章的一邊，並發表了《國立北京大學學生會反對章士釗宣言》，鄭重宣布：「否認章賊為教育總長，除請求本校評議會已通過一致拒絕章氏之亂命外，並聯合京內外各校一致行動，誓除章賊」，以示支持評議會的決議；並明確表示，對於「阿附章氏者，敝會為貫徹主張計，擁護教育計，必以對待章氏之手段對之，邦人君子，幸共圖之。」〔註222〕以此表達反章的決心。

8月21日之後，贊成派與反對派雙方論戰進一步升級。胡適、陶孟和等人繼發表反對評議會決議的抗議書後，於21日又聯合李四光、丁燮林、王世杰、高一涵、陶孟和、皮宗石、王星拱等17人（主要為「英美派」）聯名致函全校教職員，聲明對此事的意見和主張。他們認為大學作為學術研究機關，「不應該自己滾到政治漩渦裏去，尤不應該自己滾到黨派政爭的漩渦裏去」。對於1919年五四以來，北京教育界所發起和參與的各種政治活動，則認為不說「全是勞而無功」，但卻犧牲太大；對於章士釗的「許多守舊的主張」，「許多浮誇的政策，與輕躁的行為」，他們也認為應當反對，但主張「盡可用個人的資

〔註219〕《李四光教授致陶孟和教授等書》，《北京大學日刊》第 1748 號，1925 年 8 月 22 日，第 1 版。

〔註220〕《教育界消息：北京大學脫離教部問題之糾紛》，《教育雜誌》第 17 卷第 10 期，1925 年 10 月 20 日，第 6 頁。

〔註221〕《致校長書》，《北京大學日刊》第 1748 號，1925 年 8 月 22 日，第 1 版。

〔註222〕《國立北京大學學生會反對章士釗宣言》，《北京大學日刊》第 1749 號，1925 年 8 月 29 日，第 3 版。

格或私人團體的資格，去攻擊他或反對他，不應該輕用學校機關的名義」，以免牽動學校全體，影響學校的穩定。在公函的最後，他們還提出了三項具體的主張：「（一）本校應該早日脫離一般的政潮與學潮，努力向學問的路上走，為國家留一個研究學術的機關。（二）本校同人要做學校以外的活動的，應該各以個人的名義出去活動，不要牽動學校。（三）本校評議會今後應該用其大部分的精力去謀學校內部的改革，不當輕易干預其職權以外的事業」。〔註 223〕

在胡適眼中，所謂的「政治」乃是軍閥政府「玩世不恭的陰謀活動」，而學校參與到政治漩渦之中，則意味著將「從事那些就其自身意義而言，非常腐敗的活動」。〔註 224〕因而胡適曾發出「20 年不談政治」的宣言與決心，並「一直保持著對政治的懷疑主義」。〔註 225〕同時胡適也極為反對學生參與學潮運動，認為「在一個擾攘紛亂的時期裏跟著人家亂跑亂喊，不能就算是盡了愛國的責任」，學生真正的任務應該是「在紛亂的喊聲裏，能立定腳跟，打定主意，救出你自己，努力把你這塊材料鑄造成個有用的東西」！〔註 226〕

8 月 22 日，代理校長蔣夢麟回校後，對於「脫部」一事及其在校內引發的糾紛，頗感左右為難。胡適等人知道評議會決議已經執行，也並不希望回校後的蔣夢麟去否認他的代理人——顧孟餘，只是希望由蔣能「召集評教聯席會議覆議此案」。〔註 227〕23 日，胡適、顏任光、王世杰等 14 位教授聯名寫公函給蔣夢麟，〔註 228〕懇請他盡快召集評議會與教務會議聯席會議，覆議此案，並列出了幾項理由，與前面抗議書中的內容大體一致。但顧孟餘、李煜瀛、馬裕藻等「法日派」教授強烈反對覆議。陳大齊、朱家驊、張鳳舉、王烈

〔註 223〕 《為北大脫離教部關係事致本校同事的公函》，《北京大學日刊》第 1749 號，1925 年 8 月 29 日，第 2 版。

〔註 224〕 （美）格裏德：《胡適與中國的文藝復興——中國革命中的自由主義（1917～1937）》，魯奇譯，江蘇人民出版社，2010 年，第 151 頁。

〔註 225〕 （美）沙培德：《戰爭與革命交織的近代中國（1895～1949）》，高波譯，中國人民大學出版社，2016 年，第 160 頁。

〔註 226〕 胡適：《愛國運動與求學》，《現代評論》第 2 卷第 39 期，1925 年 9 月 5 日，第 8～9 頁。

〔註 227〕 《教育界消息：北京大學脫離教部問題之糾紛》，《教育雜誌》第 17 卷第 10 期，1925 年 10 月 20 日，第 6～7 頁。

〔註 228〕 署名的 14 位教授為：顏任光、王世杰、丁燮林、高一涵、燕樹棠、陶孟和、胡適、皮宗石、周覽、王星拱、陳源、胡濬濟、陳翰笙、張歆海。參見《這回為本校脫離教育部事抗議的始末》，《北京大學日刊》第 1763 號，1925 年 9 月 21 日，第 2 版。

四位教授，試圖調停兩方的意見，也終無效果。胡適等 16 位教授於 25 日夜，再次致函蔣夢麟，〔註229〕請其盡快召集評教聯席會議，信函中稱：「當時承先生允於二十六日開聯席會議。乃至今日尚未聞有召集聯席會議的通知，我們因此再致書於先生，請求早日召集此項會議。」迫不得已，蔣夢麟於 26 日下午發出通知，將於 28 日上午召開評教聯席會議。〔註230〕但從蔣夢麟對於胡適等人的回應來看，蔣明顯偏向於贊成派，能拖則拖，宣布召開評教聯席會議也是不得已之舉，後續的發展也有所印證。

　　贊成「脫部」一派也不甘示弱，反對召開評教聯席會議。8 月 26 日，李煜瀛、馬裕藻等 17 位教授發表了《為反對章士釗事致本校同事的公函》，聲明自己的主張，指出：「評議會為大學最高機關，所議決案件，他種機關當然無推翻之權，此次反對章士釗為教育總長一案，評議會中反對此案的少數評議員在會場中兩次均參加表決，在閉會以前評議會書記朗讀此案原文時，少數反對派之評議員亦均在場，明明認此案之成立已無疑義。」〔註231〕意在表明評議會通過的議決案合理合法，無需再召開評教聯席會議覆議。27 日，又有愛國運動大同盟的多名代表，前往評議員及各系主任家中訪問，勸其勿推翻評議會原案。〔註232〕當時任北大國學門助教的顧頡剛，在 26 日也曾以學生的口吻寫信給胡適，內稱：「此次北大內部欲借女師大學潮為黨爭之具，心地均不坦白，而一面又拉先生為領袖，遂致反對者集矢於先生」，建議胡適「不必與任何方面合作，要說話就單獨說話，不要說話就盡守沉默」。〔註233〕實則顧頡剛

〔註229〕 此次署名的 16 位教授為：顏任光、燕樹棠、胡適、張歆海、王世杰、皮宗石、胡濬濟、鄧以蟄、丁燮林、陶孟和、陳源、張祖訓、高一涵、王星拱、陳翰笙、周覽。與 23 日署名的教授相比增加了鄧以蟄和張祖訓兩人。參見《這回為本校脫離教育部事抗議的始末》，《北京大學日刊》第 1763 號，1925 年 9 月 21 日，第 2 版。

〔註230〕 《這回為本校脫離教育部事抗議的始末》，《北京大學日刊》第 1763 號，1925 年 9 月 21 日，第 3 版。

〔註231〕 《為反對章士釗事致本校同事的公函》，《北京大學日刊》第 1749 號，1925 年 8 月 29 日，第 2 版。署名的 17 人為：王尚濟、朱希祖、李煜瀛、李書華、李璧玉、李宗侗、沈士遠、沈兼士、沈尹默、周作人、馬裕藻、馬衡、徐炳昶、馮祖荀、楊震文、譚熙鴻、顧孟餘。

〔註232〕 《這回為本校脫離教育部事抗議的始末》，《北京大學日刊》第 1763 號，1925 年 9 月 21 日，第 3 版。

〔註233〕 《顧頡剛致胡適》（1925 年 8 月 26 日），中國社會科學院近代史研究所中華民國史研究室編：《胡適來往書信選》上，社會科學文獻出版社，2013 年，第 248 頁。

深知此次風潮係李煜瀛等「法日派」教授所主導，已成大勢，勸胡盡快退出爭論，明哲保身。

8月28日上午九時，評教聯席大會在北大第二院會議廳如期召開，參加會議者有李煜瀛、沈尹默、馬裕藻、朱希祖、馮祖荀、譚熙鴻、王世杰、周覽、王星拱、丁燮林、皮宗石、高一涵、羅惠僑、余文燦、陳大齊、沈兼士等17位評議員，以及胡適、陳大齊、楊芳、朱家驊、馬裕藻、朱希祖、顧兆熊、顏任光、王仁輔、王烈、王星拱、沈士遠等15位各系教授會主任，除去重複者，到會者共24人。〔註234〕此次評教聯席會議中，「幼漁對於適之幾致衝突」。〔註235〕會議開始後，馬裕藻提出此次召開的會議，並無法律依據，只可作為談話會。胡適等人也情願讓步，同意改此會為談話會，但聲明談話會仍可以投票表決，表決案只取建議書形式，對學校無約束力。馬裕藻、李煜瀛、沈尹默等人則不同意談話會有表決權。雙方爭持不下，胡適等人遂決定退席，經眾人挽勸後，李煜瀛也作出讓步，同意於建議書上簽名表決。隨後胡適、王世杰等「英美派」提出了兩份建議書：一為「建議於校長請其對於本月十八日評議會議決案斟酌情形停止執行」，簽名者有12人。〔註236〕二為「建議評議會請求議定：評議會凡對於政治問題，以及其他與本校無直接關係之重大問題，倘有所議決，須經評議會之二度議決；或經由評議會與教務會議聯席會議之復決；或經由教授大會之復決；方能執行。」〔註237〕簽名者有22人。〔註238〕第二份建議書意在通過評教聯席會議或教授大會來制衡評議會，防止類似由「法日派」主導評議會「脫部」一幕再次發生。

鑒於28日的聯席會議並未取得實質性決定。8月31日，評議會再次召開會議，繼續討論「脫部」一案，參會者有蔣夢麟、李煜瀛、王世杰、高一涵、

〔註234〕《北大獨立事件尚未解決》，《申報》，1925年8月31日，第9版。

〔註235〕錢玄同：《錢玄同日記》中冊，北京大學出版社，2014年，第652頁。

〔註236〕簽名的12人為：胡適、高一涵、皮宗石、王烈、丁燮林、王星拱、余文燦、羅惠僑、顏任光、周覽、王世杰、王仁輔。參見《八月二十八日評議會教務會議談話會》，《北京大學日刊》第1749號，1925年8月29日，第1版。

〔註237〕《這回為本校脫離教育部事抗議的始末》，《北京大學日刊》第1763號，1925年9月21日，第3版。《八月二十八日評議會教務會議談話會》，《北京大學日刊》第1749號，1925年8月29日，第1版。

〔註238〕簽名的22人為：王世杰、皮宗石、丁燮林、高一涵、王烈、顏任光、王仁輔、沈尹默、胡適、王星拱、余文燦、羅惠僑、馬裕藻、朱希祖、馮祖荀、楊芳、陳大奇、沈兼士、顧孟餘、朱家驊、周覽、譚熙鴻。參見《八月二十八日評議會教務會議談話會》，《北京大學日刊》第1749號，1925年8月29日，第1版。

陳大齊、馬裕藻、馮祖荀、沈尹默、沈兼士、譚熙鳴、羅惠僑、余文燦、顧兆熊、朱希祖等 15 人，主席蔣夢麟首先就北大是否繼續執行脫離教部一案發表意見，認為：「本問題有兩種主張，然今日為對外關係起見，不宜內部自召破裂，示人以弱，此案既經議決，宜繼續執行脫離教部，一切由本人負責辦理」。蔣夢麟選擇站在了贊成「脫部」一派，此案遂成定局。會上贊成反對雙方依舊爭論不斷，「贊成脫離教部者言，所謂脫離教部，不過為脫離教育部長章士釗，並非反對教部。而反對脫離者，則謂反對章教育長，實際上無疑反對教育部機關」。〔註239〕蔣夢麟也在當日發布啟事，告知全校師生，「本月十八日評議會之議決案，既未經評議會之變更，似宜繼續執行。」〔註240〕至此，北大「脫部」一案以贊成派取得最後勝利，但雙方斗爭仍在繼續，並最終導致胡適離開北大。

　　此次「脫部」事件中與李煜瀛、沈尹默等人的爭執，使得胡適感到身心俱疲，遂告了長假，南下上海養病著書。〔註241〕1925 年 11 月，胡適在上海寫信給蔣夢麟，正式提出辭職，稱：「我這回決定脫離北大，於上回爭獨立事件絕無關係，全不是鬧意氣，實在是我的自動的決心。這個決心的來源，雖不起於今日，而這回的南遊確與此事大有關係。」〔註242〕胡適在信中所說的辭職原因，可謂此地無銀三百兩。1926 年 7 月，胡適辭去北大教職，前往倫敦出席「中英庚款委員會議」，歸國後擔任中國公學校長，直至 1930 年蔣夢麟長校北大後，才又重返北大任教。

　　縱觀此次北大「脫部」的過程，從頭至尾都摻雜著不同派系間的鬥爭，可以明顯的分為兩派陣營：贊成與反對，其成員如表 5-1。

　　從表 5-1 可知，贊成脫離教育部者多為法日派，以李煜瀛、顧孟餘、馬裕藻等人為代表。反對脫離者則多為英美派，以胡適、陶孟和、王世杰等人為代表，也是此派反對將學校捲入政治漩渦中的一貫做法。吳虞曾對兩派勢力、人數比例，有所評價：「李石曾輩很有勢力，北大教職員會，李派與胡適之派人數平均。」〔註243〕兩派的鬥爭由來已久，只不過這一次表現的更加明顯，雙

〔註239〕《北大宣告決定脫離教部》，《申報》，1925 年 9 月 3 日，第 9 版。
〔註240〕《蔣夢麟啟事》，《北京大學日刊》第 1750 號，1925 年 9 月 1 日，第 1 版。
〔註241〕王凡西：《雙山回憶錄》，東方出版社，2004 年，第 14 頁。
〔註242〕《胡適致蔣夢麟》（1925 年 11 月 10 日），胡適：《胡適全集》第 23 卷，安徽教育出版社，2003 年，第 414 頁。
〔註243〕吳虞：《吳虞日記》下冊，四川人民出版社，1986 年，第 295 頁。

方爭論針鋒相對、勢同水火。而且是「法日派」率先發難，並搶得先機，造成「英美派」措手不及。

表 5-1 1925 年北大「脫部」事件中贊反兩派人員

贊成派	反對派
李煜瀛、顧孟餘、馬裕藻、馬衡、沈尹默、沈士遠、沈兼士、沈尹默、譚仲逵、馮祖荀、魯迅（周樹人）、周作人、李宗侗、李壁玉、徐炳昶、李書華、張鳳舉、江紹原、王尚濟、譚熙鴻、陳大齊、朱希祖、朱家驊、朱洪、吳文潞、林損、徐寶璜、翁之龍、陳君哲、陳綽、張頤、屠孝實、賀之才、葉瀚、楊芳、楊震文、趙承易、劉文典、黎士薰、錢玄同、戴夏、關應麟	胡適、陶孟和、皮宗石、周鯁生、王世杰、王星拱、丁燮林、高一涵、顏任光、燕樹棠、陳源、李四光、周覽、胡濬濟、張歆海、陳翰笙、鄧以蟄、高仁山、張祖訓、王烈、余文燦、羅惠僑、王仁輔

資料來源：依據 1925 年 8～9 月《北京大學日刊》及《申報》等報刊報導整理統計而成。

就 8 月 18 日召開的評議會而言，「法日派」其實早有準備，首先避開與「英美派」來往甚密的代理校長蔣夢麟，「評議會原應於十九日召集，但李煜瀛因恐蔣夢麟回京，此事發生障礙，故特提前於十八日舉行」，由本派的顧孟餘召集開會。而且會議「係臨時倉猝動議」，故一部分評議員事先未聞而多未赴會，李煜瀛等人又在會前「私行開會，秘密協商計劃」，致使原應 9 點開的會，推遲至 12 點。〔註 244〕而在投票環節，大會主席顧孟餘的一票起到了決定性作用。蔣夢麟 22 日回校後，「法日派」又連夜訪蔣，力言評議會決議案，「不能不執行，為保持吾儕人格，維持學校尊嚴計，亦不能推翻前意」。至於蔣所擔心的經費問題，李煜瀛「謂此絕無問題，因北大直接向財部領款已有成例，且李贊侯（思浩）對此決不能不幫忙，即使領不到款，借款亦可支持幾個月，廣州大學、中法大學應得金款尚有幾十萬，可以暫時挪用，章士釗教長生命果能苟延幾個月耶」。〔註 245〕經費有了著落，無疑給蔣下了個定心丸。加上蔣夢麟屬於國民黨，在「脫部」反對段祺瑞執政府的問題上，受組織約束，至少不能公開支持胡適等人的主張。其後，胡適等「英美派」雖於 23 日、25 日兩次致函蔣夢麟，請其盡快召開評教聯席會議覆議，但也並未改變蔣繼續執行評議會決議的初衷。雖然派系紛爭摻雜其中，但蔣夢麟最終選擇維持原評議會決議，也在於他認為決議是合乎民主程序的。

〔註 244〕《北大宣布獨立事件尚難解決》，《申報》，1925 年 8 月 26 日，第 9 版。
〔註 245〕隱隱：《北京大學脫離教部之索引》，《申報》，1925 年 9 月 12 日，第 9 版。

此外,「現代評論派」〔註246〕(多屬「英美派」)與「語絲派」〔註247〕
(多屬「法日派」)中的北大教員也參與其中。「現代評論派」中的胡適、王
世杰、陳源、丁燮林、周鯁生等人,以及「語絲派」中的周作人、魯迅、錢玄
同等人,雙方依靠各自所辦的刊物發表主張。即使在北大脫離教育部已成定局
之後,「現代評論派」也沒有放棄,仍在吶喊。表示:「那部分反對與教育部脫
離最力的人,一定還盡力的擁護北大,不會因為他們的奮鬥失敗而放棄他們的
責任」。〔註248〕美國學者魏定熙認為在此次北大「脫部」一案中,還存在地緣
上的派系之爭。「浙江派」(馬幼漁、魯迅和周作人等浙江人)不僅參與了女師
大風潮,還「迫使北大與教育部脫離關係」。〔註249〕但筆者認為北大的地緣派
系之爭,在五四前後較為突出,表現為胡適、陳獨秀等安徽籍人與馬敘倫、
沈尹默等浙江籍人間的鬥爭,但自陳獨秀離開北大後,已漸被「法日派」與
「英美派」等學緣(留學背景)所取代。許紀霖也曾指出:「到1920～1930年
間,一個以現代學統為中心的等級性精英網絡基本形成」,傳統的血緣和地緣
關係漸被弱化。〔註250〕此次反對北大「脫部」者中的陶孟和、王世杰、羅惠
僑、張歆海等人也都為浙江人,所以地緣派系之爭已不明顯。

　　至於李煜瀛等人為何提議以「脫部」的方式來反抗章士釗解散女師大,原
因在於李煜瀛、顧孟餘、馬裕藻等人「皆女師大風潮之主要人物」,當學生方
面趨於失敗時,希望通過宣布北大獨立,促使其餘各校,「或當為北大馬首是
瞻,亦追隨脫離教部」。〔註251〕從而帶動更大的學潮,給政府以巨大壓力,達
到「驅章」保校之目的,實現李煜瀛等人掌控北京教育界之欲望。其實早在女
師大風潮爆發時,有人便指出李煜瀛「干涉女師大事,且強指為外交問題,以

〔註246〕現代評論派,20世紀20年代的政治文化派別之一,因出版《現代評論》週
　　　　刊(1924年1月至1928年12月,共出205期)而得名。其成員多是歐美留
　　　　學歸國的自由主義知識分子,代表人物是胡適、陳源(陳西瀅)、王世杰、唐
　　　　有壬、徐志摩、李四光、丁燮林等。

〔註247〕「語絲派」,現代文學中的一個流派,因1924年11月創辦的《語絲》週刊和
　　　　建立「語絲社」而得名,1930年3月10日停刊,主要撰稿人有魯迅、周作
　　　　人、孫伏園、林語堂、俞平伯、錢玄同、劉半農等。

〔註248〕召:《政府與北大》,《現代評論》第2卷第40期,1925年9月12日,第5頁。

〔註249〕(美)魏定熙:《權力源自地位:北京大學、知識分子與中國政治文化(1898
　　　　～1929)》,張蒙譯,江蘇人民出版社,2015年,第249～250頁。

〔註250〕許紀霖:《近代中國知識分子的公共交往》,上海人民出版社,2008年,第11
　　　　～12頁。

〔註251〕隱隱:《北京大學脫離教部之索引》,《申報》,1925年9月12日,第9版。

圖風潮擴大，遂其掃除異己之謀」。〔註252〕顧頡剛也提到，李煜瀛之所以不惜以北大「脫部」方式，來抵制章士釗解散女師大，旨在搶奪女師大的控制權；而對於北大，由於「英美派」的存在，李則有所顧忌，深知無力掌控，「搶到手也是麻煩」，故而「專搶北京的各專科學校」。〔註253〕1925年9月4日，朱經農在致胡適等人的信函中也指出：「這一次北大脫離教部關係，實在沒有道理。李石曾的政治行動，令吾人失望。」實乃「煽動利用青年」，「可笑亦可歎」。〔註254〕

從此次北大「脫部」一案中亦可看出，評議會在北大「教授治校」體制中的地位和權力，儘管胡適等人對此次評議會的決議權限問題存有爭議，但評議會在學校重大事務決策中所擁有的權威顯露無疑。評議員又主要由各系教授會推選的教授代表組成，也是教授權力和權威的體現。然而，正因為有此項權力的存在，一些利益薰心的教授便利用手中權力，爭權奪利。正如顧頡剛所言：「蔡先生組織教授會，定出教授治校的辦法，因此教授就有了權。權之所在成了爭奪的目標，於是馬上分成英美派和法日派兩大系，用團體的力量做鬥爭的工作。校裏要請一位教員，他如是美國留學的，那麼法日派裏必定提出一個他們的人。」〔註255〕

綜上所述，北大教授群體間的分裂及派系爭鬥，制約了「教授治校」的良性發展，導致某些決議難以一致通過，而不得不覆議、再議。從側面也可看出，北大「教授治校」的維持和教授間的團結，很大程度上依賴蔡元培的聲望、個人魅力。當蔡離校後，代理校長蔣夢麟因資歷尚淺，很難維繫校內平衡，遂使教授間的鬥爭表面化。正如《現代評論》上發表的文章所言：「北大蔡校長在校的時候，北大是個極好的虛君共和『教授制』。自蔡校長離校以後，漸漸的變成了一個橫恣跋扈少數專制的局面。」〔註256〕這也成為1930年蔣夢麟正式就任北大校長後，決定改變「教授治校」制，而公開提出「我的口號是

〔註252〕向紹軒：《李石曾》，《甲寅》第1卷第7期，1925年8月29日，第21頁。
〔註253〕顧頡剛：《顧頡剛自述》，高增德、丁東編：《世紀學人自述》第1卷，北京十月文藝出版社，2000年，第28頁。
〔註254〕《朱經農致胡適、陶孟和等》（1925年9月4日），中國社會科學院近代史研究所中華民國史研究室編：《胡適來往書信選》上，社會科學文獻出版社，2013年，第249頁。
〔註255〕顧頡剛：《顧頡剛自述》，高增德、丁東編：《世紀學人自述》第1卷，北京十月文藝出版社，2000年，第27頁。
〔註256〕召：《政府與北大》，《現代評論》第2卷第40期，1925年9月12日，第5頁。

校長治校」〔註257〕的一個重要原因。1931 年《大公報》刊載的評論也指出了
這一層意涵：「民十四為反對章士釗事，現代、語絲兩派爭鬥甚烈，蔣氏應付
頗感痛苦……故此次問校，即決定取消『評議會』制度……由教授會議制，一
變而為校長獨裁制。」〔註258〕

〔註257〕陳岱孫：《往事偶記》，商務印書館，2016 年，第 163 頁。
〔註258〕《北平三大學近況》，《大公報》，1931 年 10 月 15 日，第 5 版。

第六章　民國時期「教授治校」的成效與局限

　　「教授治校」在中國近代一些大學的運作實踐，對於推動中國大學的轉型發展和教育民主化進程發揮了重要作用。但由於中國近代大學缺乏先天性的自主傳統和現代大學制度文化理念上的積累，加上近代以來動盪不安的政治社會環境，在實踐過程中也存在一些問題和局限。

第一節　「教授治校」的成效

　　良好的制度體制對於辦好一所大學的重要性不言而喻，「教授治校」作為西方大學傳統的治理模式，有其自身的制度優勢，自清末民初傳入中國後，走上了一條曲折發展之路。「教授治校」實施和影響的主體主要有二：一為大學，二為教授等教師群體，其在中國近代一些大學的成功實踐，對於打破傳統僵化的大學管理體制，激活教師學術活力，推動中國近代高等教育的轉型與發展等方面發揮了積極作用，對北大、清華和西南聯大等校的發展和影響更是至深且遠。

一、推動近代大學內部管理的民主化

　　系統完備的制度體系是支撐大學落實理念、學術研究和服務社會等功能的堅實骨架。在大學管理中，專制獨裁不僅危害教職員的民主權利，對於學術獨立、思想自由的大學理念、精神信仰也造成重大破壞，是制約學校發展穩定，釀成武斷盲從、抱殘守缺等不良學風的根源所在。陳旭麓指出：「對於

我們這個封建歷史漫長、缺乏民主傳統、吃夠專制苦頭的國度來說，民主是個迷人的字眼，也是近代知識分子群體力追不捨的目標。」〔註1〕「教授治校」深刻體現了民主辦學的要義，有效防止了大學管理中的個人專斷獨裁，推動了中國近代大學內部管理民主化的進程。

北京大學在蔡元培未改革之前，內部官僚習氣濃厚，學校如同衙門。校內各項事務管理主要由校長、學監主任等少數人決定，教師不得與聞。蔡元培也指出：「一國之政治，操之少數人之手，權勢偏重，最易生反動力。法蘭西之大革命，美利堅之脫離羈束，各起極大之戰爭，其結果遂有立憲政治之產出，而劑其不平。」〔註2〕大學的情況也與此類此，少數人專斷獨裁的格局，不利於教職員積極性的發揮，並會引發一些矛盾衝突。

為了打破北大傳統專制集權式的管理體制，推行民主化管理，蔡元培通過成立新的評議會，將學校重要事務的決策權集中於教授群體手中，而非校長等極少數人之手；通過設立各科教授會，將基層的權力集於各科教師（教授、講師和外國教員）手中；設立的行政會議也將行政權力集於教授為主體的各專門事務委員會手中，而非個別行政領導。評議會、各科教授會、行政會議和教務會議等組織機構，皆主要以民主協商或投票的方式決定各類事務，成員或領導力量均以教授為主導，使教授群體成為參與校政管理的主體，調動了教授群體的創造性和積極性，也徹底改變了以往由校長、學監少數人獨攬校政的格局，「無論何人來任校長，都不能任意辦事」。〔註3〕

約翰・E・丘伯指出：「教師如果對自己的工作有很大的控制權，那麼在工作時就會投入更多的熱情，獲得更多的自豪感，他們明白這對學校整體的成功有很大意義。」〔註4〕梅貽琦執掌清華大學時期，被視為「校史中的黃金時代」，就在於他堅持民主治校，重視教授在辦學中的主導作用，不斷健全和完善教授會、評議會等組織形式，將「教授治校」推向更穩固的階段，使清華「事實上變成校長、教授互相尊敬、合作無間、共同治校，最和諧、美滿、高

〔註1〕 陳旭麓：《近代中國社會的新陳代謝》，生活・讀書・新知三聯書店，2017年，第363頁。

〔註2〕 《蔡孑民在北京通俗教育研究會演說詞（民國五年十二月二十七日）》，《東方雜誌》第14卷第4期，1917年4月，第198頁。

〔註3〕 《回任北大校長在全體學生歡迎會上演說詞》（1919年9月20日），高平叔編：《蔡元培教育論著選》，人民教育出版社，2017年，第244頁。

〔註4〕 （美）約翰・E・丘伯、泰力・M・默：《政治、市場和學校》，蔣衡等譯，教育科學出版社，2003年，第97頁。

效的新局面」。〔註 5〕自 1930 年就任教於清華大學的政治學教授浦薛鳳也強調，清華的「教授治校，絕非教授干預學校行政，更非校長推諉責任，而是環境、傳統、作風、需要，交織形成。舉凡校中施教方針，年度預算，規章細則，建築設計，以及類似重要事項，或則由教授會議決，或則由評議會商定。教授會每年只開兩三次，而評議會則至少每週一次」，「評議會中盡可因公而爭得面紅耳赤，但絕不影響私交。此種民主作風，此種對事不對人之雅量，值得大書特書者」。〔註6〕

二、調動教授的積極性與激活學術活力

大學作為一種以特殊的學術性組織，既不同於行政機關和一般的事業性機構，與同為學校的中小學也有很大區別，具有相對獨特的性質。大學最主要之目的就是「研究高深學術」，而以教授為代表的教師群體則是學術研究的主體。只有給他們創造一種具有穩定感、安全感和平等感的工作環境，「在機構周圍框架的保護和穩固之中，教員個人可以發揮創造能力」，〔註 7〕大學才能更好地發展。

以教授為代表的教師群體是大學教學科研工作的主要承擔者，也是推動大學發展的決定性因素。蔡元培等人在籌辦杭州大學的「意旨書」中就明確提出：「一校之學術，出自教員而不出自校長」，故「以學校行政與學術之權，畀諸全體教授」。〔註8〕美國著名社會學家愛德華·希爾斯也指出：「那些在學術進步上傑出的大學，通常享有相當程度的、至少是實際上的自主權、比較高度的學術自由和某種程度的內部的精神統一。」〔註 9〕「教授治校」體制的建立，保障了教授在大學治理中的主人翁地位和享有高度的學術自由，而不受外部政治勢力和內部行政人員的不合理干擾，為學術爭鳴、自由探索創造了良好氛圍，對於調動教師群體的創造性和積極性，推動學術進步發揮了重要作用。

〔註 5〕何炳棣：《讀史閱世六十年》，中華書局，2014 年，第 95 頁。
〔註 6〕浦薛鳳：《音容宛在》，商務印書館，2015 年，第 69～70 頁。
〔註 7〕（美）克拉克·克爾：《大學之用》，高銛等譯，北京大學出版社，2019 年，第 55 頁。
〔註 8〕杭州大學董事會：《杭州大學意旨書》，《北京大學日刊》第 1198 號，1923 年 3 月 27 日，第 3 版。
〔註 9〕（美）愛德華·希爾斯：《學術的秩序——當代大學論文集》，李家永譯，商務印書館年，2007 年，第 74 頁。

　　1922 年 12 月，胡適在北大成立 25 週年的紀念會上，也明確表示，北大實行「教授治校」，對於「增加教員對於學校的興趣與情誼」和「利用多方面的才智」發展學校，具有重要意義。〔註 10〕教授群體如若缺乏這種主人翁的地位和意識，也會影響其本職的教學、科研工作，進而影響大學的發展。為了鼓勵教師積極研究高深學術，北大還採取了以下措施：「（甲）強調教授及講師不僅僅是授課，還要不放過一切有利於自己研究的機會，使自己的知識不斷更新，保持活力。（乙）在每一個系，開始了由師生合作進行科學方面及其他方面的研究。（丙）研究者進行學術討論有絕對自由，絲毫不受政治、宗教、歷史糾紛或傳統觀念的干擾。」〔註 11〕改革後的北大，名師薈萃，學術討論、思想爭辯之風盛行，哲學研究會、地質研究會、平民教育講演團等各類學術團體紛紛建立，北大也迅速成為全國的學術研究重鎮和新文化運動的中心。

　　清華在「教授治校」的原則理念下，運行體制高效而柔性，校園學術風氣十分濃厚，吸引了一批學有專長的教授和優質的生源，短短數年間成為全國最重要的學術中心之一，被美國學界譽為「中邦三十載，西土一千年」，〔註 12〕以贊其進步之速。蕭公權在 1931 年至 1935 年間擔任清華大學政治系教授，對於清華的教學、生活環境頗為讚賞，他曾坦言：「清華五年的生活，就治學的便利和環境的安適說，幾乎接近理想。」〔註 13〕長期在清華任教的馮友蘭也指出，當時清華校園內有一種議論，「說清華有三種人物：神仙、老虎、狗。教授是神仙，學生是老虎，職員是狗」。〔註 14〕在教授治校、學術自由的民主氛圍下，學術環境寬鬆獨立，學術研究成果迭出。據蘇雲峰統計，清華大學在 1928 年至 1937 年的 10 年間，「共出版專書 348 種，發表論文 683 篇，編譯圖書 102 種，撰寫書評 101 篇」，清華教師「每人平均發表專書 2.4 種，論文 4.7 篇，譯書與書評均為 0.7 本，比教育部調查的兩年半時間內僅研究專題一種為高」。〔註 15〕

〔註 10〕　胡適：《回顧與反省》，《胡適全集》第 20 卷，安徽教育出版社，2003 年，第 103 頁。

〔註 11〕　蔡元培：《中國現代大學觀念及教育趨向》（1925 年 4 月 3 日），高平叔編：《蔡元培教育論著選》，人民教育出版社，2017 年，第 520～521 頁。

〔註 12〕　梅貽琦：《梅貽琦自述》，安徽文藝出版社，2013 年，第 80 頁。

〔註 13〕　蕭公權：《問學諫往錄》，黃山書社，2008 年，第 100 頁。

〔註 14〕　馮友蘭：《三松堂自序》，東方出版中心，2016 年，第 344 頁。

〔註 15〕　蘇雲峰：《從清華學堂到清華大學（1928～1937）》，生活・讀書・新知三聯書店，2001 年，第 121～122 頁。

西南聯大僻居西南一隅，又處在外敵入侵、風雨如晦的艱苦環境中，卻仍為國家培養了一大批優秀人才，關鍵就在於其繼承和發揚了清華、北大和南開的優良傳統。聯大在教授治校、自由民主的校園環境下，三校關係和諧融洽，不僅完成了聯合辦學的任務，也取得了很大的學術成績，在國內外一些學科前沿開拓了新領域。如華羅庚的「堆壘素數論」，錢穆的《國史大綱》，馮友蘭的新理學及其貞元六書等，都成稿於此際。〔註16〕西南聯大八年間也是名師薈萃，共聘任教授 302 人，為國家建設培養了一批優秀學生和傑出人才。在 1948 年中央研究院評定的 81 位院士中，曾在聯大任教者有 27 人，占院士總數的 1/3。自 1955 年至 1997 年為止，聯大教師中有 72 人被評為中國科學院院士（學部委員）；學生中有 78 人被評為中國科學院院士（學部委員），12 人被評為中國工程院院士。〔註17〕

此外，北大、清華和西南聯大等校在「教授治校」體制下，均設有聘任委員會，協助校長聘任新教師，其成員一般由各科系中學術、聲望和資歷上較高的教授擔任。凡新聘或續聘教師都須經過聘任委員會審查、投票決定，對應聘或續聘教師也制訂有嚴格的考察標準，能較好地甄別和吸收學有專長、真才實學的教師。同時，對於那些學術水平低、人品低劣的教師，無論中外教員及背景如何，皆一律清退解聘。堅持學術至上的標準，保證了大學優良的師資水平，間接推動了學校學術科研的繁榮與發展。

三、有力維護了大學的獨立與穩定

歐洲中世紀的巴黎大學也正是為了維護學校的獨立自治，教師們參照當時社會上盛行的商業行會組織，建立了教師社團組織，「以便保護他們的利益，以及引入有利於自己的壟斷機制」，〔註18〕由教師集體決策學校各類事務，從而開創了西方大學「教授治校」之傳統。

「教授治校」的潛臺詞就是要求「學術與政治之分離」。〔註19〕民國時期，政局動盪不安，尤其是在北洋政府時期，軍閥混戰、內爭頻繁，教育制

〔註16〕陳明章主編：《學府紀聞：國立西南聯合大學》，臺北南京出版有限公司，1981年，第 48 頁。

〔註17〕西南聯合大學北京校友會編：《國立西南聯合大學校史──1937 至 1946 年的北大、清華、南開》．前言，北京大學出版社，2006 年，第 2 頁。

〔註18〕（法）雅克‧勒戈夫：《中世紀的知識分子》，張弘譯，商務印書館，1996 年，第 59、60 頁。

〔註19〕左玉河：《中國近代學術體制之創建》，四川人民出版社，2008 年，第 265 頁。

度不健全。以主管全國教育行政的最高長官——教育總長為例，自 1912 年至
1928 年之間，除兼署代理教育總長的 22 人次不算外，共換 15 人次，「任期均
短，其間有理想者僅蔡元培、范源濂、湯化龍等數位，絕大多數實無理想可
言」。〔註 20〕

　　中央教育行政部門尚且如此，下面所任命的大學校長人選也是更迭頻繁，
「易長」風潮此起彼伏。以清華學校（1925 年後改辦大學）為例，由於國內政
局、政府內閣改組的不斷變化，以及校內師生的反對，自 1911 至 1928 年的 17
年間，清華校長就「十易其人」。先後擔任過清華校長或代行校長職務者，有
周自齊、范源濂、唐國安、周詒春、趙國材、張煜全、羅忠詒、嚴鶴齡、金邦
正、王文顯、曹雲祥、溫應星。其中大多數任期不到一年，有的到任僅三個月
便被師生抵制出走（如羅忠詒）。〔註 21〕校長一人之去職、進退，又往往牽動
整個學校的穩定。

　　「教授治校」的目的也在於讓大學「脫離政治的漩渦，按部就班往前進
行」。〔註 22〕以維護大學的獨立與穩定。蔡元培在北大推行「教授治校」的初
衷，就是希望學校在軍閥混戰、政局動盪的政治環境，及在校長離校或去職的
情況下，依靠「教授治校」來維持學校穩定。1922 年，蔡元培在北大成立二十
五週年紀念會發表的演說中，就明確表示，設立評議會、各系教授會、行政會
議等組織機構，「凡此種種設施，都是謀以專門學者為本校主體，使不致因校
長一人之更迭而搖動全校」。〔註 23〕胡適也同樣指出：北大「教授治校」的管
理體制，「使學校的基礎穩固，不致因校長或學長的動搖而動搖全體」。〔註 24〕
同時，教授群體借助評議會等組織執掌校政大權，也相應弱化了校長權力，使
「校長不至為眾矢之的，亦不至為野心家爭奪之目標」。〔註 25〕北大在校長蔡

〔註 20〕蘇雲峰：《中國新教育的萌芽與成長（1860～1928）》，北京大學出版社，2007
　　　　年，第 100 頁。
〔註 21〕清華大學校史編寫組編：《清華大學校史稿》，中華書局，1981 年，第 19 頁。
〔註 22〕萍夫：《教授治校問題的研究》，《白河週刊》第 1 卷第 49 期，1932 年 8 月 6
　　　　日，第 548 頁。
〔註 23〕趙仲濱、郁士元記：《本校第二十五年成立紀念會的演說：蔡校長的開會詞》
　　　　第 1138 號，1922 年 12 月 23 日，第 1 版。
〔註 24〕胡適：《回顧與反省》，《胡適全集》第 20 卷，安徽教育出版社，2003 年，第
　　　　103 頁。
〔註 25〕《蔡元培等對於籌辦杭州大學之意見》，《教育雜誌》第 15 卷第 3 期，1923 年
　　　　3 月 20 日，第 8 頁。

元培多次宣布辭職或遊學歐美期間，仍能保持獨立穩定、蓬勃發展，就在於實行了「教授治校」。1923 年 1 月，北大在發起反對教育總長彭允彝，挽留校長蔡元培的「去彭挽蔡」運動中，明確宣告：「今日的北京大學，有評議會和教授會可以維持秩序；蔡先生就不回來，這種『教授治校』的制度是可以維持下去的。」〔註26〕

北京師範大學校長范源濂於 1925 年以經費困難為由，提出辭職，其朋友也向范建議：「如范決意辭職，則校外野心家將同時勃起，風潮更不知所底，故勸范為愛師大計，應倡教授治校制，如此則個人潔身遠引，風潮亦可消弭無形，實兩全之道」。〔註27〕范源濂深以為然，積極倡議北師大實行「教授治校」，以維持學校穩定。在前後數次校長風潮中，北師大「沒有校長，由評議會治校，倒可以維持秩序」，〔註28〕也說明了這一點。清華大學同樣在校長羅家倫辭職後，依靠「教授治校」體制，使學校「所有計劃照常進行；學生學業絲毫未受影響」。〔註29〕浦薛鳳在回憶中也指出，「清華園內，一切協和安定。當時一般學風動盪，華北局勢緊張，清華之所以能寧靜如恒」，皆主要緣於教授治校的推行。〔註30〕同時也有效地抵制了外部勢力對清華的行政化干預，較好地維護了學術生態。馮友蘭曾強調，清華大學的發展過程也「是中國近代學術走向獨立的過程」。〔註31〕西南聯大雖僻處昆明，外在的阻力也重重不斷，終能巋然屹立，並被美國副總統華萊士譽為「東亞僅存的民主堡壘」，維繫學校的真正力量也在於「德高望重的教授」。〔註32〕

在 1946 至 1949 年的國共內戰時期，受戰局影響，國民政府對大學校長的任命屢屢遲滯，個別校長為躲避戰禍也選擇去南方避難，造成一些大學一度出現「無校長」執掌校務的局面。為了維持學校的穩定，應對動盪的時局，

〔註26〕適：《蔡元培與北京教育界》，《努力週報》第 39 期，1923 年 1 月 28 日，第 3 版。
〔註27〕隱隱：《范源濂倡議教授治校之由來》，《申報》，1925 年 9 月 18 日，第 7 版。
〔註28〕適：《蔡元培與北京教育界》，《努力週報》第 39 期，1923 年 1 月 28 日，第 3 版。
〔註29〕《國立清華大學教授會宣言》（1930 年 6 月 27 日），馮友蘭：《三松堂全集》第 14 卷，河南人民出版社，2000 年，第 44 頁。
〔註30〕浦薛鳳：《音容宛在》，商務印書館，2015 年，第 70 頁。
〔註31〕馮友蘭：《清華發展的過程是中國近代學術走向獨立的過程》（1987 年 11 月 16 日），《三松堂全集》第 14 卷，河南人民出版社，2000 年，第 208 頁。
〔註32〕沈石：《西南聯大群相（上）》，《申報》，1946 年 1 月 25 日，第 5 版。

多所大學主動借鑒清華模式，設立教授會、校務維持委員會等組織機構，推行「教授治校」，由教授集體協商決定學校重大事務，上海、北平等市的大學還組織成立了區域性的教授聯誼會。「教授治校」的實行對處於風雨飄搖時局下大學的發展穩定，以及維護師生權益發揮了巨大作用。

四、應對外部勢力的干預更為有效

學術與政治之間的矛盾是現代大學制度的一個基本問題，而中國大學常被直接整合於公共政治之中，成為政府的附屬機構。〔註33〕在「教授治校」的制度體制之下，教授群體在校務管理事務上享有很大的發言權。而為了抵制外部勢力「對學術自治的騷擾，學者團體歷來指望專業組織提供保護」，〔註34〕以教授為主體的教授會、評議會等組織，無疑為其提供了應對外部干預的堅強組織保障。教授群體以評議會、教授會等組織為依託，集眾人之力，便能夠迅速形成群體效力，其力度和影響力遠勝於個別教授的單獨行動，對於外部各種勢力干涉學術獨立等行為的反擊也更加迅猛有力，從而較好地維護了大學的自主發展空間。

20世紀20年代，在北洋軍閥爭奪中央權力之際，教育部也成了各派軍閥勢力爭奪權勢的重要機構，各路政客粉墨登場充任教育總長及其他教育行政職位。正如蔡元培所言：「十餘年來，教育部處於北京腐敗空氣之中，受其他各部之薰染；長部者又時有不知學術教育為何物，而專鶩營私植黨之人，聲應氣求，積漸腐化，遂使教育部名詞與腐敗官僚亦為密切之聯想。」〔註35〕當這些「不稱職」的政客型教育總長干涉學術自由獨立時，北大便依靠「教授治校」的體制，即使在校長蔡元培南下離職的情形下，校園仍能穩定發展，並「對於不職的教育長官既決定反抗的態度，遂由彭（允彝）而王（九齡）而章（士釗），一律反對」。〔註36〕為了讓北洋政府撤銷對彭允彝教育總長的任命和挽留校長蔡元培，北大作出了強有力的反擊。1923年2月1日，評議會討

〔註33〕周光禮：《學術與政治──高等教育治理的政治學分析》，《中國地質大學學報》（社會科學版），2011年第3期。

〔註34〕（美）約翰·S·布魯貝克：《高等教育哲學》，王承緒等譯，浙江教育出版社，2002年，第31、39頁。

〔註35〕《〈大學院公報〉發刊詞》（1928年1月），高平叔編：《蔡元培教育論著選》，人民教育出版社，2017年，第557頁。

〔註36〕周作人：《我最》，鍾叔河編：《周作人文選（1898～1929）》，廣州出版社，1995年，第407～408頁。

論決定：「自 2 月 1 日起，所有教育部彭允彝署名一切公文，概不接收。」
〔註37〕並聯合北京其他高校發起了更大規模的「驅彭挽蔡」運動。而為了抗
議教育總長章士釗強行解散北京女子師範大學，北大更是於 1925 年 8 月 18
日召開評議會，宣布脫離教育部而獨立，「不承認章士釗為教育總長，拒絕收
受章士釗簽署之教育部文件」。〔註38〕以北大為首的教育界的反抗，「可以說
是為腐朽殘暴的北洋軍閥作了釜底抽薪的反抗」。〔註39〕可見，「教授治校」不
僅具有校內民主的一面，也具有抵禦校外各種政治、黨派勢力侵入的自衛功
能，清華大學在這一方面表現的尤為明顯。

　　清華自 1926 年依據《清華學校組織大綱》，設立了評議會和教授會，初步
確立「教授治校」體制後。在 1929 年至 1931 年較為動盪的時期，清華教授依
託教授會、評議會等機構，與企圖全面掌控清華，甚至想打破「教授治校」傳
統的校內外勢力展開鬥爭博弈，發起了「改隸廢董」、驅羅（家倫）、拒喬（萬
選）和驅吳（南軒）等一系列運動。正如何炳棣所說：清華大學傳統的「教授
治校」原則，「部分地源於早期教授與政客型校長的鬥爭」。〔註40〕時任清華經
濟系教授的陳岱孫也明確指出，清華「教授治校」的制度體制，「在校內，它
有以民主的名義對抗校長獨斷專權的一面；在校外，它有以學術自主的名義對
抗國民黨派系勢力對教育學術機構的侵入和控制的一面」。〔註41〕清華師生在
經過數次與政客型校長及外部政治勢力的博弈鬥爭中，「教授治校」的體制也
日趨健全和完善，逐步成為清華主導的治理模式，並在 1931 年梅貽琦出任校
長後進入「黃金時代」。

　　抗戰時期，西南聯大在意識形態、組織、經費和人事上受到國民政府的全
面干預，但其仍然能夠保持相當程度的自治和學術自由，也與其「教師治校」
的制度體制有很大關係。南京國民政府成立以後，教育部多次謀求統一高等教
育課程，但是直到抗戰爆發前，教育部也未完成這一任務。1938 年 9 月，教育
部專門出臺了《文、理、法三學院共同課目表》，繼續啟動統一大學課程的工
作。此舉遭到了聯大師生的強烈反對，為此西南聯大專門召開教務會議、常務

〔註37〕《評議會布告》（1921 年 2 月 1 日），《北京大學日刊》第 1171 號，1923 年 2
　　　　月 23 日，第 1 版。
〔註38〕《評議會布告》，《北京大學日刊》第 1748 號，1925 年 8 月 22 日，第 1 版。
〔註39〕賀麟：《文化與人生》，商務印書館，2017 年，第 271 頁。
〔註40〕何炳棣：《讀史閱世六十年》，廣西師範大學出版社，2005 年，第 98 頁。
〔註41〕陳岱孫：《往事偶記》，商務印書館，2016 年，第 84～85 頁。

委員會進行討論，並將反對教育部統一大學課程設置的結果呈函上報。〔註42〕
在西南聯大的抵制和呼籲之下，教育部最終默許了高校變通執行有關教學工作
的各項訓令，實際上就是放棄統一高校課程。教授會是西南聯大「教授治校」的
重要體現，也是聯大組織結構中重要的組成部分，在校內事務決策處理上享有
很大的權力，尤其是當學校遇到重大問題決策時，均須交由教授會討論決定。
如在「一二·一」慘案〔註43〕發生前後，聯大教授在短短一個月之內，召開教
授會議達九次之多，共有135位教授先後出席大會，總人次達764次。〔註44〕
教授會積極商討應對政策，聲援和同情學生運動，發表宣言聲明真相和倡言集
會自由之民主權利，訴諸法律嚴懲慘案兇手。為防止事態擴大，政府強行解散
聯大，教授會又在中央、地方當局和學生之間周旋協調，推動學校恢復正常秩
序。為了嚴懲慘案的製造者李宗黃等人，1945年12月22日，聯大召開教授會
議，決定以教授會的名義，「請求政府將李宗黃先行予以撤職處分，如不能辦到
撤職，則教授全體辭職」，並提出了期限，強調「從今日起，以兩個月為求此事
實現之最大限度」。〔註45〕面對聯大教授會「全體辭職」的強大壓力，蔣介石
也不得不反覆權衡，於23日電告雲南省主席盧漢，命其「忍讓為懷，謹慎處
理」。〔註46〕24日又電召李宗黃回重慶。〔註47〕西南聯大通過師生的努力，化
解了被政府強行解散的風險，學生也陸續復課，校內秩序日趨穩定。

〔註42〕《西南聯合大學教務會議就教育部課程設置諸問題呈常委會函》（1940年6月
10日），王學珍主編：《國立西南聯合大學史料（一）》，雲南教育出版社，1998
年，第17頁。

〔註43〕1945年12月1日，國民黨地方當局為鎮壓昆明青年學生發起的反內戰、爭民
主的愛國民主運動，派去大批特務、軍人，「攜帶武器，分批闖入雲南大學、
中法大學、聯大工學院、師範學院、聯大附中等五處，搗毀校具，劫掠財物，
毆打師生」；總計各校學生重傷者11人，輕傷者14人，死亡4人，聯大教授
中也有多人痛遭毆辱。聞一多稱此日為「中華民國建國以來最黑暗的一天」。
參見聞一多：《「一二·一」運動始末記》，《聞一多作品集》，現代出版社，2016
年，第214頁。

〔註44〕於化民：《「一二·一」運動時西南聯大教授會出席情況簡析》，《近代史研究》，
2010年第4期，第103～104頁。

〔註45〕《三十四年度第九次會議》（1945年12月22日），北京大學、清華大學等編：
《國立西南聯合大學史料》第2卷·會議記錄卷，雲南教育出版社，1998年，
第562頁。

〔註46〕王雲：《「一二·一」運動簡記》，中國人民政治協商會議雲南省昆明市委員會
編：《昆明文史資料集萃》第5卷，雲南科技出版社，2009年，第3785頁。

〔註47〕《傅斯年謁蔣主席報告處理昆明學潮經過》，《大公報》，1945年12月31日，
第2版。

第二節 「教授治校」存在的問題與局限

「教育制度，無絕對善者，無絕對不善者」。〔註48〕民國時期，「教授治校」在一些大學的推行順應了歷史發展的潮流，推動了中國近代高等教育的發展。但任何制度本身都會存在一些與生俱來的消極特性，並伴隨始終，「只要是制度設計，就必然有制度本身難以克服的缺陷」。〔註49〕「教授治校」也不例外，也存在一定的問題和局限。

1932年，筆名為艾的學者曾在《鞭策週刊》上發文，對「教授治校」所引起的負面效應作了嚴厲的批判，文中稱：「『教授治校』為近年學校利病兼因之實相；利名病實，如學閥之養成，學潮之起伏，學系交攻，聘委威嚴，把持、兼併，相孚相用，視教育為兒戲，講學為例外，同流合污，巧稱學派，其罪皆演於『治校』之名。天下事本無善惡，名亦無好壞；玩事以貪名者，惡事立見；竊名以亂世者，壞名斯出。教授為一尊名，教授治校為一善事，無如貪玩亂竊者過多，致墮教授之尊，毀治校之事。」〔註50〕此文中的評判雖然有些矯枉過正，但也確實指出了「教授治校」存在的一些問題。

一、決策管理的效率問題

「教授治校」在制度設計上採取「代議制」與「合議制」相結合，通過結成的評議會、教授會等組織平臺，平等協商對學校事務進行決策管理。與獨裁制相比，這種組織形式雖有助於集思廣益、分工互助，防止校院長專斷舞弊，但也存在「效率的不敏捷」問題。〔註51〕決策環節多，每次決策時均須按少數服從多數的原則，民主協商或投票議決，而非通過行政命令作出，「集議時又意見分歧，實寶貴時間，多消磨於互相辯論之中」。〔註52〕而且院、校兩級中的重要事務，都要經過以教授為主體的組織機構議決通過，方可施行。

在這種民主決策的體制之下，大學也會「像其他權威性的政治組織一樣，他們必定有一種把個人對群體決策的偏好加總的方式」，「例如，假設兩個成

〔註48〕郭秉文：《中國教育制度沿革史》緒言，商務印書館，1916年，第4頁。
〔註49〕左玉河：《中國近代學術體制之創建》，四川人民出版社，2008年，第732頁。
〔註50〕艾：《御用教授兼治外交》，《鞭策週刊》第1卷第21期，1932年7月24日，第3頁。
〔註51〕萍夫：《教授治校問題的研究》，《白河週刊》第1卷第49期，1932年8月6日，第549頁。
〔註52〕姜琦、邱椿：《中國新教育行政制度研究》，商務印書館，1928年，第48頁。

員要決定努力水平是高、中等還是低。每個人都可以以三種不同的方式為這三種選擇排序,這意味著共有 36 種可能的排序組合」。〔註53〕因而經常無法有效且及時地設計出解決方案,反而引來無端的爭論不休,在辦事效率上明顯比由校長、院長少數人專斷低很多。

但我們也需辯證的看待此問題,與校長集權治校,少數人獨裁專斷相比,教授治校雖然在決策時,要花費更多的時間、人力和物力,但憑藉眾多專業背景不同教師之間的集體協商、討論,集思廣益,可以提高決策管理的民主性、科學性,也有利於構築決策主體之間的價值認同和管理工作的貫徹落實。

二、教授權力濫用與派系鬥爭問題

「教授治校」的體制模式讓教授群體成為校務決策管理的主導者,但教授在獲得治校權力和足夠權威的同時,由於缺乏相應的監督機制,又會存在權力濫用的現象,因為「在任何一個組織中,都存在部門利益與整體利益的衝突」。〔註54〕

德國哲學家卡爾·雅斯貝爾斯就明確指出:「大學的制度很容易被權慾薰心的學者所利用,成為他們手中的工具,這些人會或多或少不留情面地利用自己的名望、關係和朋友來提攜某些人。完全由某個思想流派的幾個代表性人物分別執掌大學的權力,這種現象自從黑格爾生活的時代以來,一直就是人們批評的對象。」〔註55〕教授治校在實際運作中,容易過分遵從權威教授的意見,而忽視非教授職稱、低銜教師的權力,形成學術「寡頭統治」獨斷專行的局面,造成一部分利益薰心的教授,醉心於校務,「拋棄了學術的立場而捲入事務的漩渦」,利用手中的治校權力操縱校務管理,以獲取私利,易「引起教授中黨同伐異的見解,妨及純粹學者的地位」,將大學「變為私人分贓的組織」。〔註56〕

大學也像其他社會組織一樣,內部常會存在著不同的利益集團,並相互競

〔註53〕 (美)蓋瑞·J·米勒:《管理困境——科層的政治經濟學》,王勇等譯,上海人民出版社,2002 年,第 82〜83 頁。

〔註54〕 張維迎:《大學的邏輯》,北京大學出版社,2012 年,第 39 頁。

〔註55〕 (德)卡爾·雅斯貝爾斯:《大學之理念》,邱立波譯,上海人民出版社,2007 年,第 112 頁。

〔註56〕 萍夫:《教授治校問題的研究》,《白河週刊》第 1 卷第 49 期,1932 年 8 月 6 日,第 548、551 頁。

爭和衝突。〔註57〕在政局動盪、黨派紛爭的民國時期，外部政治勢力也不斷向大學校園滲透，校園也成了各派勢力博弈鬥爭的一個重要舞臺，深刻影響著教授的治校行為。教授們也會因政治、思想、年齡、工作、學科的不同，自然而然形成若干團體。〔註58〕教授之間往往基於不同的立場、價值觀念和利益驅動，意見多有分歧，引發紛爭；也會在地緣、學緣等因素之下形成不同派系，互相攻伐、濫用公權、爭權奪利等，這也正是芟所說的「教授治校」存在的問題之一，即「學閥之養成，學潮之起伏，學系交攻，聘委威嚴，把持、兼併，相孚相用」。〔註59〕

吳晗在回憶抗戰勝利復校後的清華教學生活時，就曾提到，當時清華大學「評議會的組成人員是元老和元老有關係的一些人，沒有青年人說話的餘地」；吳晗及其他青年教授想要在評議會改選中，爭取入會的嘗試也遭到壓制而失敗，因為「元老們看出來青年們要造反了，立刻提高了警惕。他們控制會場搶著一個接一個提」其他元老的名，並竭力打壓「最不守本分」的吳晗，實行「堅壁清野」，將吳晗排除在復校後成立的幾十個委員會之外，「甚至連個搞中國史的什麼委員會」也不讓其參加。〔註60〕筆者以為吳晗遭排擠也跟當時國共內戰的大背景有一定關係，吳晗屬於較激進的「左派」教授，元老們打壓他，也是考慮不想讓學校捲入黨派政潮之中。

曾在北大求學和任教的顧頡剛，對北大教授群體間的鬥爭更是深有感觸，他指出：「蔡先生組織教授會，定出教授治校的辦法，因此教授就有了權。權之所在成了爭奪的目標，於是馬上分成英美派和法日派兩大系，用團體的力量做鬥爭的工作。校裏要請一位教員，他如是美國留學的，那麼法日派裏必定提出一個他們的人，要求同時通過；法日派如果先提出，英美派也必要這樣以保持其平衡。」〔註61〕評議會是北大「教授治校」體制中最為核心的機構，也是全校最高的立法機關，在校政決策中的作用舉足輕重。其成員除校長、教務

〔註57〕　孟令戰：《民國時期教學自由權制度與文化結構研究》，武漢大學出版社，2013年，第 87 頁。

〔註58〕　謝泳：《西南聯大與中國現代知識分子》，福建教育出版社，2009 年，第 18 頁。

〔註59〕　芟：《御用教授兼治外交》，《鞭策週刊》第 1 卷第 21 期，1932 年 7 月 24 日，第 3 頁。

〔註60〕　吳晗：《清華雜憶》，蘇雙碧主編：《吳晗自傳書信文集》，中國人事出版社，1993 年，第 30～31 頁。

〔註61〕　顧頡剛：《顧頡剛自述》，高增德、丁東編：《世紀學人自述》第 1 卷，北京十月文藝出版社，2000 年，第 27 頁。

長等當然會員外，其他由教授選舉產生，故每逢評議員換屆改選，競爭都十分激烈。當時的《晨報》也曾刊發評論，指出北大評議會「每屆改選，各教授靡不極力競爭」。〔註 62〕如擔任中國文學系主任最久的馬裕藻，「在北大評議會（馬神廟公主府銀安殿上）二十四把交椅中，常居首席。但是中國文學系的主任也不是好當的，因為學校裏派別分歧，新舊兩派的鬥爭常很激烈，每逢一學年開始，馬氏常坐著包車，奔走於各派之間，一面聯絡舊交，一面網羅新進。」〔註 63〕馬裕藻奔走於各派別之間，除了盡主任職責外，也未嘗不是為評議會改選拉選票，故而常能居於首席。

　　教授群體的分裂組合和鬥爭又會導致在評議會、教授會討論中爭執不斷，決議遲遲難以定論，某些議案難以一致通過而覆議再議，致使效率大受影響。以北大為例，「法日派」與「英美派」教授群體間的爭鬥弱化了「教授治校」的效率，也使得重要的校務審議機構——評議會一度變質成寡頭政治形態，無法體現全體教授的民意。這在 1925 年北大脫離教育部事件中表現的尤為明顯。1925 年 8 月 18 日，為抗議教育總長章士釗解散女師大，北大於當日緊急召開評議會，討論是否脫離教育部一事。從參會的成員、表決態度和投票結果來看，截然分成對立的兩派。其中贊成者李煜瀛、馬裕藻、沈尹默等人多屬於「法日派」，反對者則多屬於「英美派」，投票決議時主席顧孟餘（教務長）贊成脫離教部，此案遂表面上以「七對六多數通過」。〔註 64〕其後「英美派」的胡適、王世杰等人也加入爭論陣營，反對此項決議，認為「事前並未與聞，而事後亦未經全體討論，評議會並無此權限可以通過如此重大案件，且大學為研究學問之府，不應有政治的行動，極端反對」。〔註 65〕在 8 月 22 日代理校長蔣夢麟回校後，雙方爭論並未休止，隨後又多次召開評議會、評教聯席大會進行討論，至 8 月 31 日評議會作出議決，仍維持「本月十八日評議會之議決案，既未經評議會之變更，似宜繼續執行」。〔註 66〕斷斷續續十幾天的爭論終以贊成「脫部」而告終，但暗地裏雙方斗爭仍在繼續，並成為導致胡適離開北大的主要動因。

〔註 62〕《北大評議會改選　徐炳昶等十二人當選》，王學珍、郭建榮主編：《北京大學史料》第 2 卷上冊，北京大學出版社，2000 年，第 147 頁。

〔註 63〕朱偰：《五四運動前後的北京大學》，中國人民政治協商會議全國委員會文史資料研究委員會編：《文化史料叢刊》第 5 輯，文史資料出版社，1983 年，第 171～172 頁。

〔註 64〕章士釗：《章士釗全集》第 5 卷，文匯出版社，2000 年，第 178 頁。

〔註 65〕《北京大學宣告脫離教部關係》，《申報》，1925 年 8 月 22 日，第 9 版。

〔註 66〕《蔣夢麟啟事》，《北京大學日刊》第 1750 號，1925 年 9 月 1 日，第 1 版。

三、校務決策機構中的教授代表問題

　　評議會、校務會議等機構是學校的議事決策機構，其中的教授代表人數是否佔據多數，是能否真正實現「教授治校」的重要保障。同時，每屆推選的教授代表往往被幾個「內圈」人物長期把持，局限於幾位權威教授，也一定程度上影響了民主性，無法真正反映底層教師的意願。

（一）教授代表人數問題

　　1912 年 10 月教育部頒布的《大學令》中，[註67]雖規定大學須設立評議會（以各科學長及各科教授互選若干人為會員）和各科教授會（以教授為會員），將「教授治校」的制度理念推向全國。但對評議會中的教授代表人數並未作具體的規定，其後的《修正大學令》（1917 年）及《國立大學校條例》（1924 年）中，也基本延續了《大學令》的做法，未對評議會中的教授人數作限定，仍規定「以校長及正教授、教授互選若干人組織之」。[註68]對教授互選人數未作具體限定，也就無法真正保證各大學在實行過程中教授代表在評議會中佔據多數，從而影響教授治校的效力。

　　南京國民政府建立後，在 1929 年 7 月頒布的《大學組織法》中，取消了評議會，而改設校務會議，成員「以全體教授、副教授所選出之代表若干人，及校長、各學院院長、各學系主任組織之」，[註69]也未對教授代表人數、比例作出具體的規定。而評議會或校務會議的決議通常是以投票（即每人一票），少數服從多數的原則來議定，只有教授代表「佔有多數席位才有可能影響決策，才能真正實現教授治校」。[註70]因而，大學要想真正的實現「教授治校」，就必須保證教授代表在評議會或校務會議、校務委員會等決策機構中佔據絕對多數。

　　到了 1948 年初，由於各界反獨裁、求民主的呼聲此起彼伏，多所大學也開始恢復民初「教授治校」的原則理念，國民政府才頒布《大學法》，對校務

〔註67〕《大學令》（1912 年 10 月 24 日），高平叔編：《蔡元培教育論著選》，人民教育出版社，2017 年，第 25～27 頁。

〔註68〕《教育部公布國立大學校條例令》（1924 年 2 月 23 日），中國第二歷史檔案館編：《中華民國史檔案資料彙編》第 3 輯教育，江蘇古籍出版社，1991 年，第 174～175 頁。

〔註69〕《法規：大學組織法》，《立法院公報》第 8 期，1929 年 8 月，第 124～125 頁。

〔註70〕張正峰：《權力的表達：中國近代大學教授權力制度研究》，福建教育出版社，2007 年，第 101 頁。

會議中教授代表的人數作了限定和調整，使參會的教授代表人數大於其他當然會員，〔註71〕從而保障了教授在校務會議中的發言權和主導地位。以 1948 年的國立中央大學為例，中央大學依照《大學法》的規定對校務會議中教授參會人數作了調整，將原先《中央大學校務會議規則》中的第五條：「教授推選本會議會員特按學院分別舉行，每教授 10 人選舉會員 1 人，餘數如滿 6 人得加選會員 1 人，其不滿 10 人之學院得按照學院分別選舉 1 人。」修改為：「教授推選本會議會員按學院分別舉行，每教授 5 人選舉會員 1 人，餘數如滿 3 人得加選會員 1 人。」〔註72〕使得參與校務會議的教授代表人數增加了一倍多，而居於絕對多數。

民國時期，由於政府政策法令不夠細化，只作出粗略的框架規範，故「教授治校」在各校的推行，仰賴其改革者能否保證教授代表在「代議制」機構中，比之校長等行政人員占多數優勢，如此才能真正反映出教授群體的利益訴求。蔡元培在對北大進行大刀闊斧的改革，建立「教授治校」體制時，也及早注意到了這一點。

1917 年 3 月，蔡元培主持成立了評議會，作為全校最高的立法和權力機構，並對《大學令》中的相關規定作了補充完善，制定了配套的《評議會規則》，規定評議會中的教授代表，「每科二人，自行互選」，校長及各科學長為當然會員。〔註73〕保證教授代表在評議會中占絕對多數，而議決事項又遵循少數服從多數的民主原則，從而保證教授在決策管理中的主導權。以 1917 年的評議會為例，該屆評議會共有評議員 19 人，除校長及文、理、法、工四科學長等 5 人為當然會員外，其餘文、理、法、工四科（各科又細分本科、預科兩類）互選教授代表 14 人，占評議員總數的 73%。〔註74〕清華大學也關注到了這一點，評議會和校務會議中，除了校長、教務長和秘書長等行政人員外，其餘人員均為教授會推選出的代表。西南聯大的學校行政也由梅貽琦、蔣夢

〔註71〕《大學法》（1948 年 1 月 12 日），王學珍、張萬倉編：《北京高等教育文獻資料選編（1861～1948）》，首都師範大學出版社，2004 年，第 941～942 頁。

〔註72〕《國立中央大學校務會議 37 年度第一次會議記錄》，《南大百年實錄》編輯組編：《南大百年實錄·中央大學史料選》上卷，南京大學出版社，2002 年，第 524 頁。

〔註73〕《北京大學評議會規則》（1917 年），中國蔡元培研究會編：《蔡元培全集》第 18 卷，浙江教育出版社，1998 年，第 228 頁。

〔註74〕《本校評議會本年評議員一覽表》，國立北京大學編：《國立北京大學廿週年紀念冊》，北京大學廿週年紀念冊編輯處發行，1917 年，附表第 1 頁。

麟等常務委員,與由教授會推選出的 12 位代表組成校務會議「協調處理一切」,〔註75〕保證教授代表佔據絕對多數。

(二)教授代表的「固化」問題

以下以北大評議會中的教授評議員為例,來觀察這一問題。依據 1919 年 10 月北大評議會議決通過的《評議會選舉法》,「不分科亦不分系,但綜合全校教授總數互選五分之一」。〔註76〕自此之後,評議會會員由全體教授在每年第四季度投票選舉產生,約每 5 人中推舉 1 人。當時北大教授約 80 餘人,推舉出的教授評議員一般維持在 16 人左右,「凡校中章程規律,均須經評議會通過」。〔註77〕

表 6-1　1920 至 1925 年北大評議會中的教授評議員

年度	教授代表
1920 年	顧孟餘、胡適、王星拱、馮祖荀、朱希祖、陶履恭、蔣夢麟、俞同奎、陳啟修、李大釗、馬敘倫、何育傑、陳世璋、沈士遠、鄭壽仁、張大椿
1921 年	顧孟餘、胡適、譚熙鴻、王星拱、馮祖荀、馬裕藻、陶履恭、陳世璋、何育傑、沈士遠、朱錫齡、李大釗、俞同奎、夏元瑮、賀之才、張大椿
1922 年	顧孟餘、胡適、譚熙鴻、王星拱、馮祖荀、李煜瀛、馬裕藻、陶履恭、朱希祖、李四光、陳啟修、丁燮林、李大釗、
1923 年	顧孟餘、胡適、譚熙鴻、王星拱、馮祖荀、李煜瀛、馬裕藻、朱希祖、馬敘倫、李大釗、陳大齊、沈士遠、羅惠僑、余文燦、沈兼士、沈尹默
1924 年	顧孟餘、胡適、譚熙鴻、王星拱、李煜瀛、馬裕藻、朱希祖、丁燮林、陳大齊、馬敘倫、王世杰、沈尹默、沈兼士、石英、羅惠僑、周覽、李四光
1925 年	顧孟餘、胡適、譚熙鴻、李煜瀛、馮祖荀、馬裕藻、朱希祖、陳大齊、朱家驊、沈尹默、沈兼士、丁燮林、高一涵、徐炳昶、李書華、周覽、王世杰

資料來源:依據王學珍、郭建榮主編;《北京大學史料》第 2 卷(1912～1937)上冊,
　　　　北京大學出版社,2000 年,第 139～147 頁整理而成。為便於觀察,筆者
　　　　調整了原資料中當選評議員的順序,將當選次數多的人選排在前面。

從上表中不難看出,從 1920 年至 1925 年間,顧孟餘和胡適均連續當選評議員,這與兩人在學校的聲望、地位有很大關係,顧、胡分別為北大「法日派」

〔註75〕《中國國民黨三民主義青年團中央擬事會書記長張治中呈團長蔣中正有關西南聯合大學現況概述》(1944 年 8 月 10 日),臺北「國史館」藏,國民政府檔案,檔案號:001-014100-00010-005。

〔註76〕吳虞:《吳虞日記》上冊,四川人民出版社,1984 年,第 648 頁。

〔註77〕蔣夢麟:《過渡時代之思想與教育》,商務印書館,1933 年,第 460 頁。

和「英美派」的代表人物，且都擔任過教務長、系主任。譚熙鴻則為哲學系教授，並擔任校長室秘書，是蔡元培所倚重的核心人物之一，地位也很特殊。如在 1921 年 10 月，蔡元培因病不能到校辦公，便發公告：「所有應與校長接洽事務，請與譚熙鴻教授接洽。」〔註78〕其他當選次數較多的教授，則多為各系主任和學術聲望高的權威教授。而從評議會這六年裏當選的教授評議員整體來看，其「固化」重複現象還是十分嚴重的，這樣的人員構成在議決事項時，往往會帶有一定的傾向性，如偏向本學科或本派系等，影響決策的民主性。

清華大學的評議會也存在「固化」這一傾向，評議會每學年改選一次，由教授會投票選舉評議員。但歷屆評議員大多出自各系負責人，只有少數幾位著名教授以教員身份當選評議員，即使在梅貽琦長校清華時也大體如此。吳宓在日記中對此也有所闡述。1928 年 11 月 2 日，清華召開教授會議選舉評議員。吳宓以家中有來客為由，未去參加，在日記中則言道：「繼知其應舉之人，業由當局布置妥帖，則往與不往，更不足輕重矣。」〔註79〕曾被多次選為評議員的政治學系主任浦薛鳳也指出，評議會中由教授會推選的評議員，「事實上均係系主任，但因名額有限，並非每一系主任能夠當選」。〔註80〕

四、大學規模擴張帶來的挑戰

民國建立之初，大學數量少、規模小，組織機構相對簡單，易於管理，有利於「教授治校」的推行，而且教授的教學科研任務少，也有足夠的精力、時間和熱情參與校務管理。國立大學在十年間並沒有增添，僅有北京大學一所國立大學和山西、北洋兩所省立大學，至 1921 年，才在南京設立東南大學與北京大學遙遙相對。〔註81〕而且大學的規模都比較小。據統計，20 世紀 20 年代全國專科以上學校（含公私立大學、專科學校及教會學校）達 125 所，但平均每校的在校學生人數僅為 279 人，即使是綜合性大學，在校生人數平均也只有四五百人。〔註82〕

北京大學在 1913 年本科第一批畢業學生僅有 226 人，1914 年招生總人數

〔註78〕顧國泰：《艮山門外話桑麻》下冊，杭州出版社，2013 年，第 449 頁。
〔註79〕吳宓：《吳宓日記》第 4 冊，吳學昭整理，生活·讀書·新知三聯書店，1998年，第 157 頁。
〔註80〕浦薛鳳：《浦薛鳳回憶錄》上冊，黃山書社，2009 年，第 169 頁。
〔註81〕中國學生社編：《全國大學圖鑒》，上海良友圖書印刷公司，1933 年，第 4 頁。
〔註82〕劉雪梅、呂志茹主編：《中國近代教育史》，科學出版社，2017 年，第 165 頁。

也只有 250 人，其中文科 70 名，理科 30 名，法科 110 名，工科 40 名。〔註83〕
1917 年初蔡元培出任北大校長，推行「教授治校」體制時，北大作為全國規模
最大的一所高等學校，在 1918 年全校學生也只有 1980 人，教員則有 217 人，
其中教授 90 人。1921 年至 1927 年的七年間，北大共畢業了 3105 名學生，其
中畢業最多的 1925 年也僅有 472 名，最少的 1927 年只有 128 名。〔註84〕而
同一時期的其他學校則更少，北洋大學在 1917 年全校學生僅有 392 人，教職
員 34 人；1920 年又有所減少，在校學生僅 215 人，教職員 28 人。〔註85〕學
校規模小，各類事務相對簡單，教授的教學科研壓力也不大，這就有足夠的時
間和精力參與治校。

　　南京國民政府建立之後，政局相對穩定，教育經費支出也大幅增加，高等
教育事業有很大發展；同時，政府著力整頓大學教育，頒行《大學組織法》，
進一步規範了校院系科層化的建制體系，行政階層人員也隨之增加；並取消了
單科大學的設置，裁併了一些不合格的高校，保留下的大學規模則不斷擴大。
據統計，1947 學年度第一學期，全國專科以上學校總數達到 207 所，其中國
立大學 31 所，私立大學 24 所，國立獨立學院 23 所，省立獨立學院 21 所，私
立專科學校 24 所，共有學生 155036 人。〔註86〕伴隨著大學自身規模的增長，
內部事務也隨之增多，組織管理日益複雜化、多樣化，學術研究也日漸系統化，
學科邊界不斷擴大，「使得大學呈現出一派複雜、忙碌、倉促的景象」。〔註87〕
行政、學術性事務不斷增多，且界限不夠明確，如何妥善有效地處理日益複雜
化的各類事務，給教授治校帶來了很大挑戰。正如美國學者菲利浦・阿特巴赫
所說：「現代大學的規模和複雜性增加了科層結構，疏離了教師和學生，削弱
了參與意識和共同管理。當前，在中世紀巴黎大學被視為神聖且幾個世紀以來
受到維護的教授治校的傳統可能正面臨最嚴峻的挑戰。」〔註88〕

〔註83〕蕭超然等編：《北京大學校史（1898～1949）》，上海教育出版社，1981 年，第
　　　　35 頁。
〔註84〕蕭超然等編：《北京大學校史（1898～1949）》，上海教育出版社，1981 年，第
　　　　46 頁。
〔註85〕北洋大學　　天津大學校史編輯室編：《北洋大學——天津大學校史》第 1 卷，
　　　　天津大學出版社，1990 年，第 101 頁。
〔註86〕熊明安：《中華民國教育史》，重慶出版社，1990 年，第 308 頁。
〔註87〕（美）愛德華・希爾斯：《學術的秩序——當代大學論文集》，李家永譯，商務
　　　　印書館年，2007 年，第 74 頁。
〔註88〕（美）菲利浦・阿特巴赫作，蔣凱、陳學飛譯：《大眾高等教育的邏輯》，《高
　　　　等教育研究》，1999 年第 2 期，第 5 頁。

　　繁重的校務也會分食教授在學術事務上的投入，而教授的精力則十分有限，同時兼顧管理和學術工作已顯分身乏術，以至於「教師要麼由於沒有充分的時間，要麼由於缺乏必要的專門知識，難以全面理解決策過程或資源的獲得與分配等許多涉及到控制本質的問題」。〔註89〕教授參與治校的壓力遂不斷增大。20世紀30年代初，北大校長蔣夢麟之所以改變了「教授治校」體制，而提倡「校長治校、教授治學」，也在於北大院系、學科的增多，規模的不斷擴大，造成各項事務日益繁重，管理越發複雜化，為了提高辦事效率，而倡導校長集權治校，並不斷增加行政職員人數，〔註90〕試圖將教授從日常繁瑣的行政事務中解脫出來，專注於治學。

　　著名哲學家賀麟指出：「長於政治的人，不一定長於學術，同樣長於學術的人，也不一定長於政治……治學與治事，雖不無相互關係，但究有不同，需要兩套不同的本事。」〔註91〕雖然教授在參與學術事務管理方面具有一定優勢，但行政管理與學術管理畢竟存在性質、目標、功能上的差異，由於缺乏一定的行政管理經驗，受學科專長和精力所限，在決策處理行政事務中難免會存在一些不足。「正如高深學問的發展需要專門化一樣，大學或學院的日常事務也需要職能的專門化。事務工作和學術工作必須區別開，因為每一方面都有它自己的一套專門的知識體系。」〔註92〕而且教授在參與校務決策中，常以學術標準為準則，容易受自身學科專業的限制，持學科本位主義，視野和角度難以轉換，對社會、市場需求等方面考慮較少，在決策時容易缺乏全局觀念和長遠性規劃，或損害其他學科之局部利益。

〔註89〕　（美）羅伯特·伯恩鮑姆：《大學運行模式：大學組織與領導的控制系統》，別敦榮主譯，中國海洋大學出版社，2003年，第9頁。

〔註90〕　北大在1922年蔡元培擔任校長期間，行政職員有100人，教員有230人，其中9位教員兼任職員，行政職員占全校教職員的比例為30.3%。而到了1935年，隨著校長蔣夢麟不斷增加行政職員，職員占全校教職員的比例變為43%。參見《國立北京大學職員錄》，《國立北京大學核發薪金清冊》，王學珍、郭建榮主編：《北京大學史料》第2卷，北京大學出版社，2000年，第375～382、502～513頁。

〔註91〕　賀麟：《文化與人生》，商務印書館，2017年，第266頁。

〔註92〕　（美）約翰·S·布魯貝克：《高等教育哲學》，王承緒等譯，浙江教育出版社，2002年，第37頁。

結　語

　　「教授治校」是依據大學規章和一定的組織形式（教授會、評議會等組織），由教授集體協商、共同參與，執掌大學內部的全部（行政及學術）事務或主要學術性事務，在大學事務決策管理中起主導性作用，並對外維護學校自主獨立的一種民主管理模式。可以簡單以梁啟超提出的「以大權歸之教習」來理解。〔註1〕「教授治校」作為西方大學傳統的治理模式，經歷千年的歷史滄桑，仍能經久不衰，持續沿用至今，就在於它深刻反映了大學作為傳播、探究知識的特殊性學術組織和以學術本位的內在邏輯。

　　「教授治校」制度理念在清末民初傳入中國後，自蔡元培執掌北大時正式付諸實踐，至 20 世紀 20 年代普遍推行於多所大學，經過 20 世紀 30 年代清華大學和抗戰時期西南聯大的修正完善，實現了本土化改造，一直延續至新中國成立初期。「教授治校」在民國一些大學的推行，確立了教授在大學決策管理中的主人翁地位，開創了民主治校的新風尚，並為大學的發展穩定和學術自由提供了制度保障，推動了中國近代高等教育的轉型與現代化發展。通過對「教授治校」在近代中國發展軌跡、實踐情況的歷史考察，筆者得出以下幾方面的結論。

第一，中國近代大學「後發外生型」的特點，制約和影響著「教授治校」在近代中國的演進及其命運浮沉。

　　先發內生型和後發外生型是兩種截然不同的現代化發展模式。先發內生型

〔註 1〕《附：康有為記章程起草之經過》，王學珍、張萬倉編：《北京高等教育文獻資料選編（1861～1948）》，首都師範大學出版社，2004 年，第 81 頁。

也稱為「內源型」現代化（modernization from within），是以自我本土力量為推動，由社會內部長期「創新」自發演進而來，是政治、經濟、科技與文化等各個系統相互作用的結果。後發外生型也稱作「外源型」現代化（modernization from without），是由於自身缺乏內部現代性的積累，對外部現代性刺激或挑戰產生的一種有意識的積極的回應，並由政府強行啟動和主導而發生的現代化。〔註2〕英國、法國等早期現代化國家，與後來者（日本、俄國）之間的區別，就在於前者是循序漸進地轉變本國的各種本土因素實現現代化，而後者則主要依靠借鑒外來模式，變更現存結構來實現。〔註3〕中國的現代化發展也屬於後者，且「不是一種比較平穩的階梯式推進，而是一種極不穩定的波折式推進」。〔註4〕

從某種意義上講，西方大學是在與外部環境不斷矛盾衝突中「生長」形成的，呈現一種自發演進、並不斷自我調整的過程，具有明顯的「內生性」特徵。同時在這一過程中長期積累形成了自己的大學文化，建構了獨特的內在邏輯與運行機制，「教授治校」的傳統便是其中之一。自中世紀的巴黎大學組建「教師行會」，開啟由教師集體決策處理大學事務的治理模式後，英國、德國和美國等國大學予以繼承和發揚，大學自治、學術自由等內涵理念也薪火相傳，基本保持不變。而後發現代化國家的高等教育體系主要是經由學習遷移借鑒形成的，中國近代大學的發展具有明顯的「後發外生型」特點，是典型的移植體。自身缺乏先天性的自主條件與傳統，以及現代大學制度理念的積累，主要通過移植、借鑒和融合西方大學的發展模式而走向現代化，正如梅貽琦所言：「今日中國之大學教育，溯其源流，實自西洋移植而來，顧制度為一事，而精神又為一事」。〔註5〕

此外，中國近現代大學體系的形成表現為政府主導建立，「我國制度，既認教育為國家任務，學校為設施國家教育之所，故根本計劃乃由國家主持」，〔註6〕

〔註2〕 師麗娟：《中外農業工程學科發展比較研究》，中國農業大學出版社，2017年，第26～27頁。

〔註3〕 （美）吉爾伯特・羅茲曼主編：《中國的現代化》，國家社會科學基金「比較現代化」課題組譯，江蘇人民出版社，2014年，第4頁。

〔註4〕 羅榮渠：《現代化新論：中國的現代化之路》，華東師範大學出版社，2013年，第198頁。

〔註5〕 梅貽琦：《大學一解》（1941年4月），王學珍、張萬倉編：《北京高等教育文獻資料選編（1861～1948）》，首都師範大學出版社，2004年，第802頁。

〔註6〕 程湘帆：《中國教育行政》，商務印書館，1932年，第255頁。

其發展過程「基本上是一種自上而下的官方、政府和制度行為」。〔註7〕早期師從日本，後來學習德國，再到參照美國。新中國成立後，從全面參照學習蘇聯進行大學院系調整，再到現在的「雙一流」建設，高等教育發展的每一個階段都主要由政府主導，這與歐美大學內生的演進方式存在很大差異。「教授治校」作為一種大學內部治理模式，在傳入中國後也深受政府干預或政治勢力介入的影響。其中政府制定和實施的教育方針、政策，制約著大學教育的性質、管理體制與內容；同時，各階段當政者不同的思想傾向，又會經常調整文教方針政策，影響大學發展。〔註8〕

「大學自治的範圍和程度取決於政府的性質。」〔註9〕甲午中日戰爭後，中國近代教育發展迎來重大轉折點，京師大學堂、南洋公學等「普通大學」得以創辦。〔註10〕「教授治校」作為一種制度形式和精神理念也在此間傳入中國。江南道監察御史李盛鐸在上奏清廷的奏摺中，提議參照日本大學的內部組織結構，在大學堂設立評議會，以校長、各科學長及教員為評議員，「凡各科廢置，規制變更，皆公議而後定，又授學位有須各員評議而後酌量選授者，似宜做照辦理」。〔註11〕梁啟超在草擬京師大學堂章程時，也提出「以大權歸之教習」的主張。〔註12〕但在當時君主專制制度的體制之下，「教授治校」這種民主辦學機制，顯然有悖於「政教合一」、集權管理的傳統，因而在清末的教育改革中並不受重視。興辦的京師大學堂，在清政府的觀念中也只不過是對古代太學、國子監的繼承和延續，大學堂師生也常以此自居。〔註13〕大學堂的實際管理也主要由總監督等少數人獨裁決斷，有大學之形而無現代大學之實。

〔註7〕 侯懷銀：《西方教育學在20世紀中國的傳播和影響》，東北師範大學出版社，2011年，第4頁。

〔註8〕 孫培青：《中國歷代教育的主要特徵》，中國教育學會教育史分會編：《教育史研究與評論》第二輯，人民教育出版社，2015年，第8頁。

〔註9〕 中央教育科學研究所比較教育研究室編譯：《簡明國際教育百科全書·教育管理》，教育科學出版社，1992年，第299頁。

〔註10〕 周予同：《中國現代教育史》，良友圖書印刷公司印行，1934年，第189頁。

〔註11〕 《江南道監察御史李盛鐸摺》（1898年6月30日），朱有瓛主編：《中國近代學制史料》第1輯下冊，華東師範大學出版社，1986年，第635頁。

〔註12〕 《附：康有為記章程起草之經過》，王學珍、張萬倉編：《北京高等教育文獻資料選編（1861～1948）》，首都師範大學出版社，2004年，第81頁。

〔註13〕 陳明章主編：《學府紀聞：國立西南聯合大學》，臺北：南京出版有限公司，1981年，第21頁。

　　中國近代教育雖直接受政治支配，但政體變革卻可以引發教育思想發生重大變動。〔註14〕辛亥革命推翻了清王朝的封建統治，建立了中華民國，「凡從前因緣君主專制制度而存在的典章與思想，均受根本打擊」。〔註15〕中國教育的現代化進入新的歷史時期，「開始致力於建立一種具有自治權和學術自由精神的現代大學」。〔註16〕民主共和政體的確立將政府的控制權轉移到民眾手中，使傳統封建教育的諸多價值觀念失去依託，催生了民初教育的新氣象和大學內部變革的新精神，〔註17〕為教育的民主化改革和「教授治校」的推行奠定了基礎。1912 年教育部頒布《大學令》規定大學設立評議會和各科教授會，分別負責審議學校和各科事務，開啟了「教授治校」在中國大學推行實踐的歷程。〔註18〕其後頒行的《修正大學令》（1917 年）和《國立大學校條例》（1924年）等教育法規，也基本繼承了《大學令》的精神，為近代大學走向符合自身發展的民主之路提供了制度依據。這些均體現出政府干預主導大學體制的一面，並通過頒行教育法令進行規範。而北洋政府時期，南北對立、軍閥混戰，客觀上對傳統的專制勢力在文教方面的控制起到瞭解構作用，「教育救國論」和「教育獨立論」成為一股社會思潮，為教育、學術獨立的發展，教育理論實踐的多樣化探索創造了有利環境。

　　但南京國民政府建立之後，以強硬姿態登場，威權體制逐漸確立，中央政府的控制力也隨之強化，教育政策的原則轉變為「力矯從前的放任主義，而代之以干涉主義」，〔註19〕注重對社會思想的整肅控制，強調集權統一和「以黨治國」，將「學校的獨立性和自主權視為政治的不穩定和非理性因素」。〔註20〕中國教育自此走上了一條以政黨政治為主導的發展道路。國民政府通過完善教育立法和制度建設，強力推進各類教育的標準化和規範化，在北洋時期教

〔註14〕舒新城：《近代中國教育思想史》，中華書局，1928 年，第 15 頁。

〔註15〕陳翌林：《最近三十年中國教育史》，上海太平洋書店，1930 年，第 171 頁。

〔註16〕（加）許美德：《中國大學 1895～1995：一個文化衝突的世紀》，許潔英譯，教育科學出版社，2000 年，第 66 頁。

〔註17〕蔡元培：《中國現代大學觀念及教育趨向》（1925 年 4 月 3 日），高平叔編：《蔡元培教育論著選》，人民教育出版社，2017 年，第 517 頁。

〔註18〕何炳松：《三十五年來中國之大學教育》，莊俞、賀聖鼐編：《最近三十五年之中國教育》，商務印書館，1931 年，第 97 頁。

〔註19〕陳青之：《中國教育史》，商務印書館，1936 年，第 752 頁。

〔註20〕（美）約翰・E・丘伯、泰力・M・默：《政治、市場和學校》，蔣衡等譯，教育科學出版社，2003 年，第 49 頁。

育思想理論界相對活躍的局面，也轉而變得單調與沉悶。國民政府在大學管理方面，極力倡導校長集權治校，壓制「教授治校」，以加強對大學的實際控制，1929 年頒布《大學組織法》取消了評議會、教授會等組織，並在各大學設立區黨部，要求大學院長以上教職員必須加入國民黨，以實現「以黨治校」之目的，「教授治校」轉入低潮期。

　　在此期間，大部分大學已喪失諸多自主權和政治自信，留下的只有 20 世紀初期「創校者熱烈追求獨立自主的回憶而已」。〔註21〕清華大學憑藉其特殊的地位，通過師生發起了「改隸廢董」、「拒喬（萬選）」、「驅吳（南軒）」等一系列運動，捍衛和堅守住了清華「教授治校」的傳統，教授會、評議會制度也得以保留，並不斷健全完善，顯示出自由主義教授群體對校內外政治等各種勢力破壞體制傳統的頑強抵抗。清華之所以幸免於難，除了清華師生的聯合抵制和反抗外，也因其擁有美國庚款的強大財力，經費來源相對獨立，國民政府企圖以經濟封鎖壓制清華的辦法難以奏效，經濟獨立也支撐著清華學術獨立精神的涵育和發展。而其他大學之所以甘於接受改制，除了國民政府的政治權威外，也緣於政府相對穩定的經費支持，推動各類教育事業穩步發展，取得顯著的成績。抗戰全面爆發後，國民政府在強調戰時教育當平時看，採取多方措施扶助高校內遷的同時，也借機利用戰時各校經費短缺的現實困境，依仗政府財政撥給的便利和優勢，制定相關政策，進一步強化對大學的滲透和控制。地處西南邊陲，遠離政治中心的西南聯大，依託相對寬鬆的特殊環境，得以繼承和發揚「教授治校」的傳統，制度的延續性並未中斷。

　　解放戰爭時期，國民政府忙於應戰，放鬆了對教育的控制；同時通貨膨脹、物價飛漲，政府財政困難，教育經費銳減，大學對政府財政的依賴性也隨之降低。北大、交通大學等多所大學，延續或借鑒了西南聯大、清華模式，率先設立了教授會等組織，以轉換大學治理觀念，保證在動盪的時局下，維護學校發展穩定和學術的自由獨立。為了緩解教育界風潮，響應民主要求，國民政府也適時調整教育政策，在 1948 年頒布《大學法》，保障教授在校務、院務會議中占絕對多數，「教授治校」迎來復興期。

　　新中國建立後，中央政府的權力高度集中和一元化，大學管理也基本複製了蘇聯高度集中統一的管理模式。中國大學逐漸走向行政化的制度突變之

〔註21〕（美）葉文心：《民國時期大學校園文化（1919～1937）》，馮夏根、胡少誠等
　　　　譯，中國人民大學出版社，2012 年，第 78 頁。

路,大學國有化和行政化特點突出,實際成為「政府的一個特設機構」。〔註22〕
同時,受意識形態的影響,「教授治校」在反右鬥爭和「文革」時期遭到了嚴
厲批判,〔註23〕被列進「封、資、修」的反動範疇,拋進「歷史的垃圾堆」。
〔註24〕直至改革開放以後,隨著思想解放和政治民主化進程的加快,學術環
境氛圍的改善,以及高等教育管理體制改革的深入推進,「教授治校」才重新
走進學術視野。

可見,中國近代大學「始終是一種政府主導下的大學組織」,以國家和社
會需要為中心的「外部使命居於主導地位」。〔註25〕教師群體較少主動去爭取
治校之權力,而主要選擇被動接受政府的指令,並主要在政府認可及其任命的
校長主導下,確立「教授治校」之體制,基本呈現「自上而下」的特點。而西
方大學從中世紀的教師、學生行會組織中發展而來,深受行會自治獨立思想的
影響。教師群體通過「自下而上」的主動鬥爭獲得治校權力,使其免受世俗、
宗教勢力的干擾,從而形成一種牢不可摧的「學者共和國」堡壘。美國大學也
是如此,政府干預較少,教師們通過與董事會的不斷鬥爭,逐步參與到學校事
務的決策管理之中。西方大學的轉型也「總是從大學基層單位和整個大學的若
干人開始」,通過有組織的創新,改革大學的結構和方向,衝突中的「抵抗力
總是自下而上,巨頭們難以長期控制」。〔註26〕因而就西方大學而言,外部政
府控制較松,而內部底層基礎穩固,「教授治校」的制度體制故能持久穩定,
延續至今。

對於後發外生型的中國大學而言,在移植借鑒西方大學制度的過程中,
由於傳統社會中政治功能十分強大,脫離政治而談教育,基本是「緣木求
魚」,故而在中國大學由傳統向現代轉型的過程中,政治權力的消解與大學個
體自由的獲得之間的張力維度如何調試,也成為了一大難題。〔註27〕就近代
中國大學而言,教授治校的權力呈現一種隨著政府控制的強弱而減增的趨

〔註22〕張維迎:《大學的邏輯》,北京大學出版社,2012年,第54頁。
〔註23〕馮友蘭:《馮友蘭自述》,中國人民大學出版社,2011年,第289頁。
〔註24〕章開沅:《汲取歷史智慧 回歸教育本真》,中國教育學會教育史分會編:《教
　　　　育史研究與評論》第三輯,人民教育出版社,2016年,第10頁。
〔註25〕胡仁東:《我國大學組織內部機構生成機制研究》,廣東教育出版社,2010年,
　　　　第132頁。
〔註26〕(美)伯頓‧克拉克:《建立創業型大學:組織上轉型的途徑》,王承緒譯,人
　　　　民教育出版社,2003年,第3頁。
〔註27〕葉雋:《大學的精神尺度》,福建教育出版社,2011年,第146頁。

勢。〔註28〕但政府對大學的實際控制力又受制於政府自身的實力，並與大學的辦學自由呈現此消彼長的互動關係。近代中國政局風雲變幻，深處內憂外患之中，中央政府集權與穩定，對教育控制之強弱時斷時續，「教授治校」在這種環境下生存，自然也難以穩定持久，呈現出曲折發展之勢。

第二，「教授治校」在近代中國的演進軌跡，反映了中國近代大學內部權力結構的變化，尤其是學術權力走向制度化的過程。

這一過程具體表現為由清末傳統教育中的行政權力獨攬，到民初學術權力增強，並成主導之勢，再到國民政府時期行政權力上揚，受時局和各校發展所限，行政與學術權力此消彼長，逐漸走向平衡的發展格局。這種大學內部權力結構的分化也是傳統教育向現代轉型的必然結果，推動了教育民主化和現代化的進程。

在現代大學內部權力結構體系中，一般分為行政權力和學術權力兩種，它們「不但在結構上相互分離，而且也是建立在不同的權力系統之上」。〔註29〕行政權力是指以校長為首的行政人員及機構，依照國家法規與大學章程對大學行政事務行使的管理權力；學術權力則是以教師及其相關學術組織機構，依照國家法規和相關章程行使的管理權力。〔註30〕民國時期大學學術權力的保障依賴「外部立法」和「內部建章」，外部通過政府立法使評議會、教授會等組織職權明確化，大學內部再制定章程進一步細化和落實。

伊斯雷爾・愛潑斯坦指出，就中世紀的歐洲和古代中國而言，「中國的形勢是高度複雜的，其集權的程度是其他任何大國都難於與其相提並論的」。〔註31〕傳統教育領域的集權程度也是如此，並以政教合一、學在官府為主要特徵。清末創辦的大學堂集中體現了政府的政治目的，其辦學宗旨、教員聘任和課程設置等方面均由政府控制，在內部管理上基本與清政府行政系統同構，籠罩著濃厚的封建色彩。管學大臣、總監督等學堂主要領導，皆由朝廷官員擔任或兼任，儼然如「朝廷的一個政府機關，按照政治的邏輯在運行，強調統一和

〔註28〕張正峰：《權力的表達：中國近代大學教授權力制度研究》，福建教育出版社，2007 年，第 178 頁。

〔註29〕（美）羅伯特・伯恩鮑姆：《大學運行模式：大學組織與領導的控制系統》，別敦榮主譯，中國海洋大學出版社，2003 年，第 11 頁。

〔註30〕湛中樂主編：《高校行政權力與學術權力運行機制研究》，北京：北京大學出版社，2018 年，第 212 頁。

〔註31〕伊斯雷爾・愛潑斯坦：《從鴉片戰爭到解放》，鞠方安等譯，新星出版社，2015 年，第 5 頁。

服從」。﹝註32﹞學術自由等大學的精神理念尚未受到關注。而且教員在封建專制大環境的教化和影響下，地位卑微，思想禁錮，缺乏追求學術自由與治校權力的主觀意識，加之教員隊伍規模小，難以形成合力去抵制總監督等行政人員的專斷控制，故而雖然京師大學堂內部設立有「會議所」等民主議事機構，但教習僅有一定的參議權，並無決策權，仍由總監督定議一切，行政權力佔據核心地位。

民國建立後，政治制度和文化觀念發生根本性變革，為中國近代大學的現代轉型創造了新的機遇和條件。以蔡元培為代表的教育改革家，以德國現代大學制度為參照，通過建章立制，對傳統的教育管理體制進行改革。教育部頒布《大學令》，第一條即規定：「大學以教授高深學術，養成碩學閎材，應國家需要為宗旨。」﹝註33﹞指出了大學研究學術、培養人才的基本使命和存在價值，廢除了原先以忠孝為本和經學為基的封建教條；並要求各大學設立評議會、各科教授會，將教授等教學人員的學術權力突顯出來，賦予其決策管理權，為學術權力在大學內部的確立提供了法律依據和保障。大學的學術權力開始掙脫行政權力的專制而逐漸顯現，此後各大學雖在組織結構設置及職能方面存在諸多差異，但大學章程的制定均體現出服務學術的旨歸。

北大等校「教授治校」實踐的開展，使得評議會、教授會等學術權力機構得以建立和鞏固，從而推動了學術權力的發展壯大。蔡元培出長北大後，對北大進行大刀闊斧的改革，貫徹落實《大學令》中的內容，實行民主管理，結束了一切校務都由校長和學監主任、庶務主任少數人辦理，行政權力居於主導的局面。﹝註34﹞以教授為主體的評議會成為全校最高的立法和權力機構，行政會議及其下級所設的各類事務委員會、教務會議、總務處等起服務與輔助的作用，執行評議會的決策。經此改革，北大從一個原先由少數行政人員支配的官僚養習所，一躍而成為以教授等學術權力控制的研究高深學術的機構，「北大校務，以諸教授為中心」。﹝註35﹞評議會和各科教授會兩級學術權力機構的設

﹝註32﹞夏仕武：《大學教師學術權利的制度設計研究》，北京師範大學出版社，2011年，第86頁。

﹝註33﹞《大學令》（1912年10月24日），高平叔編：《蔡元培教育論著選》，人民教育出版社，2017年，第25頁。

﹝註34﹞《回任北京大學校長在全體學生歡迎會上的演說詞》，蔡元培：《蔡元培文集》，線裝書局，2009年，第109頁。

﹝註35﹞蔡元培：《致北大學生函》（1923年6月24日），高平叔、王世儒編注：《蔡元培書信集》上冊，浙江教育出版社，2000年，第670頁。

立，為以教授為代表的學術群體捍衛學術自由、推動學術發展提供了組織保障。其後的東南大學、交通大學和清華學校等校也紛紛傚仿設立評議會、教授會等組織，取得了與北大類似的格局，學術權力漸成主導之勢。

　　南京國民政府建立後，對大學的內部組織形式進行了重新調整，在頒布的《大學組織法》中廢止了評議會、教授會等組織機構，並參照美國大學教育模式，形成了校—院—系的科層化建制體系，「系主任對院長負責，院長對校長負責，校長管理大學的一切事務，並對政府負責」。〔註36〕在事實上「取消了教授治校制度」，而直接「採用校長負責制」。〔註37〕院長、各學系主任、職員及事務員等均由校長任命，校長掌握著全校主要的人事任免權。而取代評議會的校務會議又壓縮教授代表的比例，增加了不少行政人員。設立的院務會議也僅以院長、各系主任組成，排除了教授的參與。〔註38〕與民國初期相比，教授參與學校決策管理的發言權被大為削弱，學術權力萎縮，行政權力上揚，學術事務管理也向行政權力傾斜。但這種科層式、以校長等行政權力主導的管理模式也存在諸多問題，如過分強調等級秩序和層次，難以形成平等、自由的學術環境，不利於調動教師學術研究的積極性；而且也加劇了大學管理體制官僚化的趨勢，校長掌握著教職員的「黜陟自由」，可隨便在校內指派或從校外延聘，「不僅把民主制改為獨裁制而已，並且於最高學府中侵入官僚化的習氣」。〔註39〕

　　對於如何尋求學術權力與行政權力之間的平衡，清華大學做了有益的探索。為了迎合政府頒布的《大學組織法》的規定，清華在評議會、教授會等機構的基礎上，也設立了校務會議，但注重行政與學術的分權並重。教授會主要負責學術事務，校務會議主管行政事務，學校的重大事務則由評議會討論議定，權力集中於不同的層面。清華模式也成為抗戰時期西南聯大及戰後北大、交大等校借鑒傚仿的對象，顯示出各大學追求行政與學術權力平衡的努力。國民政府在1948年也順應民主要求，對大學組織法進行了調整，頒布了《大學法》，保證教授代表人數在校務會議中佔據絕對多數，使學術權力在校務議事

〔註36〕蔡磊砢：《『蕭規曹隨』？——蔡元培與蔣夢麟治校理念之比較》，蔡元培研究會編：《蔡元培與現代中國》，北京大學出版社，2010年，第70頁。

〔註37〕李海萍：《清末民初大學內部職權研究》，教育科學出版社，2014年，第141頁。

〔註38〕《法規：大學組織法》，《立法院公報》第8期，1929年8月，第124～125頁。

〔註39〕辰：《大學組織法之關鍵》，《鞭策週刊》第2卷第21期，1932年7月24日，第390頁。

機構中居於主導地位；同時又增設以校長、教務長等行政人員組成的行政會議，盡力謀求學術與行政權力間的平衡。

第三，「教授治校」在民國一些大學的成功實踐推行，反映出中國近代大學從最初的移植模仿，逐漸走向自覺選擇、調適和融合的過程，彰顯了中國近代高等教育在發展過程中，借鑒外部制度與調整內部結構的本土化敘事。

正如教育家舒新城所說，中國近代教育思想在清末表現為「被動的、模仿的」，進入民國以後逐漸走向自覺，轉為「自動的、創造的」。〔註40〕中國大學的百年發展史，也是一個不斷學習、移植借鑒西方大學理念，並逐步建構起具有中國特色大學理念的歷史；同時西方大學理念、模式的影響與中國教育傳統的自身慣性又處於一種矛盾狀態，致使近代中國大學治理模式的發展演變表現為西方大學模式在中國的移植並不斷被本土化改造的過程。自 19 世紀後半葉起，中國近代大學的模仿對象，「最初為日本，其次是德國，後又轉向美國」。〔註41〕蔡元培在 1925 年世界教育會聯合會上的演講中，也明確指出：「我國的國立學校起初都是書院式的，後來逐步轉變，先採用日本的教育體制，繼而採用德國和法國的，現在則採用英美制。」〔註42〕「教授治校」在近代中國的模式轉換也基本如此。

而中國近代大學在移植、借鑒西方大學模式的同時，並非照抄照搬，各校均注意結合傳統教育特點及自身的發展環境，不同程度地對其進行本土化改造，從而形成頗具中國特色的「教授治校」體制模式，以清華大學最為典型。有學者也曾明確指出，教授治校有西方民主的影響，但「如果只看到西方影響，看不到中國傳統，就有一種危險：把中國固有的好東西，當成西方傳來的壞東西」。〔註43〕

清末民初，中國的教育變革基本以「遠法德國，近採日本」為指導方針。1912 年《大學令》中體現「教授治校」的相關內容，也是教育總長蔡元培對日本、德國大學治理模式的移植借鑒。北大的「教授治校」體制也主要以德國大

〔註40〕舒新城：《近代中國教育思想史》，中華書局，1928 年，第 18 頁。
〔註41〕（日）大冢豐：《現代中國高等教育的形成》，黃福濤譯，北京師範大學出版社，1998 年，第 6 頁。
〔註42〕蔡元培：《中國教育的歷史與現狀》（1925 年 7 月 25 日），高平叔編：《蔡元培教育論著選》，人民教育出版社，2017 年，第 526 頁。
〔註43〕涂又光：《中國高等教育史論》，華中科技大學出版社，2014 年，第 88 頁。

學模式為參照，注重教授在基層建制中的主導地位，未設立校級的教授會。各科教授會不僅負責各科具體事務，還掌握著科一級的人事任命權。而由教授推選出的評議員與校長、學長組成評議會，則在校一級事務的決策管理中發揮重要作用。但北大也並非完全照抄照搬德國模式，也注意結合學校實際予以調整，如各科教授會成員不僅限於教授，講師、外國教員皆為其會員，民主性更強。北大也吸收了中國傳統書院教育的特點，在風格上呈現出「自由散漫的中國傳統書院和 19 世紀晚期高度學術化的德國大學的混合」。〔註44〕

　　自 20 世紀 20 年代開始，隨著「壬戌學制」的公布實施及庚款留美學生的陸續回國，美國現代大學理念迅速取代德國經典的大學理念，成為中國大學發展模式的重要參照對象。1924 年，北洋政府也適時頒布《國立大學校條例》對美國模式予以規範化，以法律的形式認可了評議會和教授會制度。〔註45〕「教授治校」的模式在此期間也由德國模式向美國模式轉移，並形成一股潮流，是「教授治校」制度理念普遍傳播和推行時期。在北洋政府教育經費緊缺，「索薪」風潮此起彼伏的背景下，借鑒美國大學理念也具有很強的現實意義。東南大學首次在國立大學引入董事會制，並基於學術─行政二元化的權力分配格局，設立了評議會、教授會和行政委員會等機構。教授會分為校、科（系）兩級，校級的教授會主管教務等學術事宜，行政事務則由行政委員會負責，這也充分體現了美國模式注重學術、行政分權管理的特點。北大在此時期也吸收了美國模式分權的理念，增設行政會議、教務會議、總務處等機構，各司其職。

　　但美國模式在中國大學的推行過程中，如何結合中國大學自身的傳統與實際，平衡和把握董事會與評議會、教授會等校內機構的職權範圍，成了一個重要難題。如果董事會權力僅集中在籌集經費、財產保管等方面，基本不干預校內事務，便能很好地發揮評議會、教授會等組織進行民主治校的機制，實現某種平衡；但如若董事會權力過大，過度干涉校務，勢必侵奪評議會、教授會等職權，嚴重破壞「教授治校」之原則，從而引發教授群體與董事會之間的衝突。東南大學和清華大學等校在移植美國模式時，均出現了此類問題，最終在教授們的努力鬥爭下，廢除了董事會。顯示出中國大學在移植西方大學治理模

〔註44〕（美）葉文心：《民國時期大學校園文化（1919～1937）》，馮夏根、胡少誠等譯，中國人民大學出版社，2012 年，第 149 頁。

〔註45〕郭卉：《權利訴求與大學治理：中國大學教師利益表達的制度運作》，中國海洋大學出版社，2009 年，第 141 頁。

式方面，既有繼承，也有批判與重建。

正如張伯苓強調南開大學的發展方向，應以「土貨化」為指導方針時所說：「外人之法制能資吾人之借鏡，不能當吾人之模範。革新運動必須『土貨』化，而後能有充分之貢獻」，中國的大學教育要「以中國歷史、中國社會為學術背景，以解決中國問題為教育目標」。〔註46〕20世紀30年代，中國近代大學已經走過了對外來文化的適應和吸收階段，開始注意結合中國的傳統和實際情況，追尋中國特色，在借鑒歐美大學制度理念的基礎上，逐步形成了具有自身特色的「知識自由和社會責任的大學辦學思想」。〔註47〕清華大學在借鑒美國模式的基礎上，結合學校實際，從制度上予以完善，使其轉向本土化發展。取消了掣肘「教授治校」發揮的董事會，規範和強化了評議會、教授會及校務會議的合法權力，形成了獨特的清華模式。這種制度設計形式，既不同於北大的德國模式，與東大的美國模式也有所差別。而且與北大、東大相比，清華「教授治校」的分權制衡、代議制特點更為突出，教授參與治校的範圍也更為廣泛，不僅僅局限於一般的學術性事務，也涵蓋其他非學術的行政性事務，教授掌握完全的治校權。

清華大學以「會通」之辦法，以中化西，結合自身發展實際對「教授治校」進行本土化改造，這也是「清華人一種自覺的文化選擇」。〔註48〕抗戰全面爆發後，西南聯大繼承和發揚了清華「教授治校」的體制模式，也注意結合自身發展實際，形成了以常務委員會、教授會和校務委員會為核心的治校模式。戰後北大、交大等多所大學，又借鑒清華模式，重新設立了教授會等組織，並結合時局形勢和自身實際，進行了本土化改造。除了清華依舊保留評議會外，其他大學則直接將教授會推向最高權力機構，並設立有校務會議或臨時校務維持會、各類委員會等組織機構，進行集體決策、民主治校，以應對動盪的時局和維護師生權益。

從「教授治校」在近代中國大學的發展歷程中可以看出，隨著國人民族、民主意識的不斷增強，中國近代大學在移植借鑒歐美大學制度的同時，也愈

〔註46〕《南開大學發展方案》（1928年），龔克主編：《張伯苓全集》第9卷（規章制度），南開大學出版社，2015年，第385～386頁。

〔註47〕（加）許美德：《中國大學1895～1995：一個文化衝突的世紀》，許潔英譯，教育科學出版社，2000年，第85～86頁。

〔註48〕吳立保：《大學校長與中國近代大學本土化研究》，中國社會科學出版社，2012年，第325頁。

發注意結合自身發展實際，對其進行合理性分析和本土化改造。如今國際化已成為中國高等教育發展的一個重要趨勢，如何處理好國際化與本土化的關係也是一個重要課題，「教授治校」在民國一些大學的實踐經驗，無疑提供了重要參考。

著名教育家陶行知明確指出：「中國教育還處在模仿外國的十字路口。它時而模仿日本制度，時而模仿德國制度，時而模仿美國制度。這種從外國搬來的教育制度，不論它們在本國多麼富有成效，經這樣照搬過來是不會結出成功之果的。」〔註49〕西方大學的「教授治校」在君主專制時期既已推行，而中國在號稱民主共和的民國時期仍然是曲折發展、艱難前行，其根源也在於東西方迥然不同的文化傳統、國情差異。〔註50〕1927至1929年間，蔡元培、李石曾等人仿行法國教育體制，試行大學院及大學區制的改革之所以失敗，也在於與當時的具體國情不適合，難以在中國教育的土壤上成功移植。〔註51〕因而，當前中國大學教育的發展及治理結構的建構，也決不能為縮短與發達國家之間的差距，而冒進式發展，脫離中國特定的政治、社會和文化環境。正如民國教育家王鳳喈所強調的那樣：「我們須知道新教育不能從模仿得來的，必須從思考與經驗中得來。西洋的教育不是能整個的搬到中國的，必須斟酌中國國情，為適當之選擇。」〔註52〕竺可楨亦同樣指出：「辦中國的大學，當然須知中國的歷史，洞明中國的現狀。我們應憑藉本國的文化基礎，吸收世界文化的精華，才能養成有用的專門人才；同時也必須根據本國的現勢，審察世界的潮流，所養成的人才才能合乎今日的需要。」〔註53〕

一點餘論與思考

如今有一部分人對「教授治校」的理解尚存在一定的誤區，認為現今中國大學的治理模式即是「教授治校」，理由緣於以下幾點考量：一是大學的正副校長、黨委書記等高層領導，以及學校的黨務、行政和學術等機構的管理人員

〔註49〕陶行知：《民國十三年中國教育狀況》，《陶行知全集》第6卷，四川教育出版社，2005年，第191頁。

〔註50〕袁征：《中西教育發展的差異與蔡元培推行教授治校的嘗試》，《浙江學刊》，2002年第6期，第115頁。

〔註51〕田正平、周谷平等主編：《教育交流與教育現代化》，浙江大學出版社，2005年，第12頁。

〔註52〕王鳳喈：《中國教育史大綱》，商務印書館，1930年，第5頁。

〔註53〕竺可楨：《大學教育之主要方針》，楊東平主編：《大學精神》，遼海出版社，2000年，第45頁。

多為教授。二是教務處、科研處等學術職能部門也主要由教授負責，各學院的院長、系主任和研究所、實驗室的負責人也皆為教授。三是學校、學院學術委員會和職稱評委會等學術機構所舉辦的各類學術活動也主要由教授主持。從表象上看似乎有一定道理，但這並非「教授治校」的實質內涵，真正的問題在於，治校遵循何種治理邏輯，教授在學校重要事務決策中的地位、作用和方式，以及在各類機構中教授的人員構成、話語權，校長、院長和系主任等人員的產生方式如何等問題。

　　西方及民國大學推行的「教授治校」，主要依循學術邏輯，評議會、教授會為大學事務的重要決策機構，校長〔註54〕、院長、系主任和教務長等人員一般也由教授推選產生，這些被選舉出的學校領導，被看作是教授們的「代理人」，而不是「獨立的行動者」，〔註55〕權力運行軌跡由下而上。各機構決策也主要採取民主合議方式，依循少數服從多數之原則議決各類事項。而現今中國大學則主要依循行政邏輯治校，組織結構的行政化傾向較為嚴重。政府往往將大學作為行政機構的附屬物來對待，決定大學的等級層次、機構設置和人員編制，並通過設定高校領導的行政級別，以強化官本位的特色。〔註56〕而「以行政職級『抬升』大學校長的地位，實在是文化教育的悲哀和無奈」。〔註57〕校長、院長等領導人員被賦予國家行政序列，他們雖有教授身份，但扮演的卻是行政角色，學術邏輯已異化為行政思維，決策方式依循行政邏輯，自上而下、逐級貫徹。〔註58〕這顯然並非真正意義上的「教授治校」。近年來，學

〔註54〕如周鯁生在《湖南大學組織令草案及說明書》中提出「校長由評議會提出」，任期五年，執行評議會一切決議事件；當「校長有故缺職時，得由評議會互選一人，暫時代理之。大學得推舉名譽校長，其推舉方法及條件，由評議會定之」。參見周鯁生：《湖南大學組織令草案及說明書》，《太平洋》第 3 卷第 5 期，1922 年，第 12～14 頁。1926 年 8 月 1 日，東南大學公布的《修正國立東南大學組織大綱》中也曾規定，教授會的職權之一為「選舉校長」。參見《修正國立東南大學組織大綱》（1926 年 8 月 1 日），《南大百年實錄》編輯組編：《南大百年實錄・中央大學史料選》上卷，南京大學出版社，2002 年，第 164 頁。

〔註55〕（美）羅伯特・伯恩鮑姆：《大學運行模式：大學組織與領導的控制系統》，別敦榮主譯，中國海洋大學出版社，2003 年，第 85 頁。

〔註56〕蔡海龍：《論高等學校中的學術權力》，《教育學報》，2016 年第 6 期，第 14 頁。

〔註57〕胡顯章主編：《世紀清華　人文日新：清華大學文化研究》，高等教育出版社，2011 年，第 515 頁。

〔註58〕徐超富：《中國大學是教授治校嗎？》，《湖南師範大學教育科學學報》，2013 年第 3 期，第 129 頁。

界和社會上一些人關注和呼籲「教授治校」，也間接說明現實中教授沒有治校。〔註59〕而這種呼聲背後所反映的，不僅僅是人們一種復古的願望或懷舊的情節，更深刻地是人們尋求大學精神回歸所發出的一種自然的聲音，實質上是對學術自治、大學精神的呼喚。

正如梅貽琦所說，辦大學之目的有二：「一是研究學術，二是造就人才。」〔註60〕而「教授是大學的靈魂」，〔註61〕也是決定大學發展的關鍵性資源，教授的「學術活動保證著大學的威望，沒有他們的積極工作，院校行政管理人員也就沒有什麼值得管理的了」。〔註62〕「教授治校」存在的合理合法性也正是大學作為特殊學術組織的客觀反映。如今為適應和推動高等教育改革，國內一些大學在借鑒國外「教授治校」治理模式的基礎上，也嘗試設立了教授委員會等機構，〔註63〕以激活教授群體的積極性和創造性，發揮他們在學校發展中的智力優勢。但由於受到體制環境、教育法規和觀念的影響，教授委員會的設置和運作常常陷入形式化和虛位化的兩難境地，位微而言輕，難以發揮真正的職能。而早先建立的教職工代表大會，又存在職能不清、教授比例小和未成制度化等諸多問題。〔註64〕結合「教授治校」在民國一些大學推行的實踐經驗，針對以上現狀，為保障和發揮教授參與治校的有效實施，筆者有以下思考：

現代大學是一個多功能、多目標、組織結構和運行機制相對複雜化的「巨型」社會組織。科學有效的大學治理是一項複雜的系統工程，只有對外規範和處理好與政府及社會的良好關係，對內精妙合理地配置和平衡大學中的學術、行政和民主權力，才能適應時代和社會發展的需要，維繫大學穩定、高效和可持續的發展。目前在中國高校普遍實行黨委領導下校長負責制的體制結

〔註59〕張楚廷：《大學的教育理念》，西南師範大學出版社，2015 年，第 162 頁。

〔註60〕《梅校長到校視事召集全體學生訓話》，《國立清華大學校刊》第 341 期，1931年 12 月 4 日，第 2 版。

〔註61〕竺可楨：《浙江大學就職演說》（1936 年），付義朝、鄭寧主編：《中國夢·教育情──名師名家論教師教育》，華中師範大學出版社，2015 年，第 79 頁。

〔註62〕（美）伯頓·克拉克：《高等教育新論──多學科的研究》，王承緒等譯，浙江教育出版社，2001 年，第 65 頁。

〔註63〕如在 2003 年，東北師範大學率先組建了教授委員會，作為「院（系）改革、建設與發展中重大事項的決策機構」，並制定了《東北師範大學教授委員會章程》。其後，深圳大學、蘇州大學等校也陸續宣布設立教授會。參見趙俊芳：《論大學學術權力》，中國社會科學出版社，2012 年，第 255 頁。

〔註64〕眭依凡：《論大學》，人民教育出版社，2017 年，第 339 頁。

構之下，完全實行「教授治校」、學術自治顯然難以做到。但可以通過改善和變革大學內外的治理環境，如轉換政府角色、調整大學內部權力配置等方式，充分發揮教授在教學科研和事務管理中的作用，推動管理的民主化、科學化，以消解行政權力泛化的影響。

首先，「大學為最高學術機關，應有校政自治和學術自由的精神。政府對大學的管轄，應有其限度。」〔註65〕受傳統府學關係的影響，中國大學的辦學活動長期在政府行政指導下進行，要想真正實現教授在大學事務決策中發揮應有的作用，政府需要理清與大學的關係和權力邊界，轉換理念和方式，調整和界定對大學的管理職能。在理念方面，政府應當秉持公共服務的價值理念，尊重高等教育自身的發展規律，積極推動由行政管制向服務大學轉型，以充分發揮高校自我組織管理的作用。在內容方面，政府需注重宏觀指導、統籌規劃和監督協調，切實做好教育立法、經費支持和保障教育公平等具體職能。在方式方面，需秉持依法治國的要求，落實高校的法人地位，明確辦學者、舉辦者和管理者之間的權利義務關係，排除對高校過度或隨意性的行政干預。

其次，大學內部可以從橫向和縱向兩個方向，來調整內部權力的配置和制度化建構。在橫向方面，堅持學術主導、行政服務的指導原則，推進大學學術權力的建制化、正規化和合法化建設，實現學術和行政權力的合理分配與協作。在學校黨委的領導下，推動大學學術管理機構（如教授會、學術委員會）與行政機構間的協作分工，借助以教授為主體的學術管理機構和在行政機構中的重要參與地位，來保障學術權力在大學管理中的地位和作用。在縱向方面，除在學校一級實現學術與行政管理機構並行設置和分工協作外，在學院和系所等基層單位中建立院（系）教授委員會基礎上的院長和系主任負責制，審議制定各層級教學科研政策、學科課程設置等事宜，實現學術權力主導下的適度行政集權。

此外，政府教育主管部門還需健全和完善現代大學制度，推進大學治理體系和治理能力現代化，有針對性地制定相關教育法規，賦予大學較大的自主權，協調行政、學術權力之間的關係，為教授參與治校提供有力的法制保障。大學則需加強頂層設計和系統謀劃，完善教授參與決策管理的學術組織機構（如教授會、學術委員會）建設，明確教授參與治校、治學的地位和作用機制，以及教授會等機構的職責和功能，實現行政權力與學術權力相得益彰

〔註65〕夏承楓：《現代教育行政》，中華書局，1932年，第386頁。

的良好工作體制，讓學術權力在校、院兩個層面真正發揮積極作用。大學還需努力健全和完善民主決策機制，推進決策的科學化和民主化，規範組織結構關係，實現決策、執行、評價和監督之間的平衡制約和良性互動，綜合提升治理效能。

參考文獻

一、檔案資料

1.《國立東南大學董事會簡章》（1921 年 1 月），中國第二歷史檔案館藏，國立中央大學檔案，檔案號：648-317。

2.《致函齊燮元請於本封翁壽辰倡捐建築東南大學圖書館函》（1921 年 8 月 15 日），中國第二歷史檔案館藏，國立中央大學檔案，檔案號：648-555。

3.《東南大學校董會常會上海商科大學委員會常會聯席會議記錄》（1923 年 11 月 15 日），中國第二歷史檔案館藏，國立中央大學檔案，檔案號：648-317。

4.《茅以升致郭秉文函》（1924 年 5 月 3 日），中國第二歷史檔案館藏，國立中央大學檔案，檔案號：648-388。

5.《校務會組織大綱》（1925 年 3 月），中國第二歷史檔案館藏，國立中央大學檔案，檔案號：648-318。

6.《段子燮、蕭純錦致校長辦公處函》（1924 年 10 月 23 日），中國第二歷史檔案館藏，國立中央大學檔案，檔案號：648-313。

7.《國立東南大學評議會草案》（1925 年 8 月），中國第二歷史檔案館藏，國立中央大學檔案，檔案號：648-514。

8.《公告》（1927 年 3 月 19 日），中國第二歷史檔案館藏，國立中央大學檔案，檔案號：648-350。

9.《國立中央大學臨時校務維持委員第一次會議記錄》（1949 年 1 月 31 日），中國第二歷史檔案館藏，國立中央大學檔案，檔案號：648-927。

10. 《國立中央大學臨時校務維持委員會第五次會議記錄》（1949 年 2 月 3 日），中國第二歷史檔案館藏，國立中央大學檔案，檔案號：648-927。

11. 《校務維持委員會、行政會議聯席會議第一次會議記錄》（1949 年 2 月 4 日），中國第二歷史檔案館藏，國立中央大學檔案，檔案號：648-927。

12. 《國立中央大學教授會第二次全體大會會議記錄》（1949 年 2 月 4 日），中國第二歷史檔案館藏，國立中央大學檔案，檔案號：648-977。

13. 《國立中央大學臨時校務維持委員第十次會議記錄》（1949 年 2 月 10 日），中國第二歷史檔案館藏，國立中央大學檔案，檔案號：648-927。

14. 《國立暨南大學組織大綱》（1929 年），中國第二歷史檔案館藏，教育部檔案，檔案號：5-2170。

15. 李壽雍：《擬將暨大遷臺事呈教育部文》（1948 年 12 月 6 日），中國第二歷史檔案館藏，教育部檔案，檔案號：5-5310。

16. 李壽雍：《電請預撥薪金兩月以便轉借教職員遷送眷屬由》（1949 年 1 月），中國第二歷史檔案館藏，教育部檔案，檔案號：5-3411。

17. 《第七次行政會議記錄》（1949 年 3 月 11 日），上海市檔案館藏，國立暨南大學檔案，檔案號：Q240-1-130。

18. 《暨大教授會之活動情況》（1949 年 6 月 17 日），上海市檔案館藏，國立暨南大學檔案，檔案號：Q240-1-226。

19. 《北京大學聘請在日德俘歐特曼來華事》（1920 年 1 月 12 日），臺北「中央研究院」近史所檔案館藏，北洋政府外交部檔案，檔案號：03-36-103-03-013。

20. 《俄人伊法爾傳播過激主義希令北京大學校長注意由》（1922 年 11 月 6 日），臺北「中央研究院」近史所檔案館藏，北洋政府外交部檔案，檔案號：03-01-018-09-002。

21. 《中央電工器材廠與清華大學無線電研究所合作》（1943 年 6 月），臺北「中央研究院」近史所檔案館藏，資源委員會檔案，檔案號：24-16-03-011-01。

22. 《大學院會同外交部訂定國立清華大學條例》（1928 年 9 月 6 日），臺北「國史館」藏，國民政府檔案，檔案號：001-091010-00001-000。

23. 《國立清華大學校長羅家倫呈國民政府為辦學政策不行懇請准予辭職》（1929 年 4 月 11 日），臺北「國史館」藏，國民政府檔案，檔案號：001-032320-00007-007。

24.《行政院長譚延闓呈國民政府主席蔣中正為國立清華大學校長羅家倫辭職案》(1929 年 4 月 19 日)，臺北「國史館」藏，國民政府檔案，檔案號：001-032320-00007-009。

25.《國民政府指令國立清華大學校長羅家倫為呈請辭職一案業經行政院決議慰留》(1929 年 4 月 19 日)，臺北「國史館」藏，國民政府檔案，檔案號：001-032320-00007-010。

26.《國立清華大學全體學生代表曹盛德等呈國民政府為請改訂國立清華大學組織條例》(1929 年 4 月 23 日)，臺北「國史館」藏，國民政府檔案，檔案號：001-091010-00001-003。

27.《國民政府文官處函行政院有關國立清華大學全體學生電請澈查改革外交部把持該校校政弊端一案》(1929 年 5 月 9 日)，臺北「國史館」藏，國民政府檔案，檔案號：001-091010-00001-007。

28.《國民政府文官處函行政院有關國務會議委員戴傳賢提議國立大學改由教育部專轄》(1929 年 5 月 11 日)，臺北「國史館」藏，國民政府檔案，檔案號：001-091010-00001-009。

29.《行政院長譚延闓函國民政府文官處》(1929 年 5 月 15 日)，臺北「國史館」藏，國民政府檔案，檔案號：001-091010-00001-010。

30.《國民政府明令任命國立清華大學校長吳南軒羅家倫准免本職》(1931 年 3 月 21 日)，臺北「國史館」藏，國民政府檔案，檔案號：001-032320-00007-012。

31.《行政院長蔣中正呈國民政府為據教育部呈為修正清華大學規程條文，請鑒核備案》(1931 年 6 月)，臺北「國史館」藏，國民政府檔案，檔案號：001-091010-00001-013。

32.《蔣中正電李煜瀛等處理清華大學學生反對校長糾紛》(1931 年 6 月 9 日)，臺北「國史館」藏，國民政府檔案，檔案號：002-060100-00037-009。

33.《行政院長譚延闓呈國民政府主席蔣中正為據教育部呈送清華大學規程請鑒核施行》(1929 年 6 月 11 日)，臺北「國史館」藏，國民政府檔案，檔案號：001-091010-00001-011。

34.《行政院長蔣中正呈國民政府為據教育部呈為修正清華大學規程條文》(1931 年 6 月 13 日)，臺北「國史館」藏，國民政府檔案，檔案號：001-091010-00001-013。

35.《吳南軒請辭校長職照准以梅貽琦繼任未到校前由翁文灝代理》（1931 年
9 月 24 日），臺北「國史館」藏，國民政府檔案，檔案號：001-032320-
00007-000。

36.《中國國民黨三民主義青年團中央擬事會書記長張治中呈團長蔣中正有
關西南聯合大學現況概述》（1944 年 8 月 10 日），臺北「國史館」藏，國
民政府檔案，檔案號：001-014100-00010-005。

37.《國立南開大學校長任免》（1948 年 4 月 13 日），臺北「國史館」藏，國
民政府檔案，檔案號：014-090203-0029。

38.《國立南開大學教授會電國民政府為近日北平、天津連續發生暴徒搗毀
學校情事》（1948 年 4 月），臺北「國史館」藏，國民政府檔案，檔案號：
001-090341-00001-067。

39. 中國第二歷史檔案館編：《中華民國史檔案資料彙編》第 3 輯、第 5 輯（教
育），南京：江蘇古籍出版社，1991、1994 年。

二、史料彙編

1. 杜元載主編：《抗戰前之高等教育》，《革命文獻》第 56 輯，臺北：「中央」
文物供應社，1971 年。

2. 黃季陸主編：《抗戰前教育概況與檢討》，《革命文獻》第 55 輯，臺北：
「中央」文物供應社，1971 年。

3. 陳學恂主編：《中國近代教育史教學參考資料》上、中、下冊，北京：人
民教育出版社，1986、1987 年。

4.《交通大學校史》撰寫組：《交通大學校史資料選編》，西安：西安交通大
學出版社，1986 年。

5. 王文俊等選編：《南開大學校史資料選（1919～1949）》，天津：南開大學
出版社，1989 年。

6. 璩鑫圭、唐良炎編：《中國近代教育史資料彙編·學制演變》，上海：上海
教育出版社，1991 年。

7. 清華大學校史研究室編：《清華大學史料選編》第 1～4 卷（1911～1948），
北京：清華大學出版社，1991、1994 年。

8. 朱有瓛主編：《中國近代學制史料》，上海：華東師範大學出版社，1992
年。

9. 吳惠齡、李墊編：《北京高等教育史料》第 1 集（近現代部分），北京：

北京師範學院出版社，1992 年。

10. 北京大學、清華大學等編：《國立西南聯合大學史料》，昆明：雲南教育出版社，1998 年。

11. 王學珍、郭建榮主編：《北京大學史料》第 2～4 卷（1912～1948），北京：北京大學出版社，2000 年。

12. 《南大百年實錄》編輯組編：《南大百年實錄‧中央大學史料選》，南京：南京大學出版社，2002 年。

13. 王學珍、張萬倉編：《北京高等教育文獻資料選編（1861～1948）》，北京：首都師範大學出版社，2004 年。

14. 潘懋元、劉海峰編：《中國近代教育史資料彙編‧高等教育》，上海：上海教育出版社，2007 年。

15. 孫燕京、張研主編：《民國史料叢刊續編》第 1073 冊（文教‧高等教育），鄭州：大象出版社，2012 年。

16. 王強主編：《民國大學校史資料彙編》，南京：鳳凰出版社，2014 年。

17. 李景文主編：《民國教育史料叢刊——教育學》，鄭州：大象出版社，2015 年。

18. 南開大學黨委宣傳部、南開大學校史研究室編：《抗戰烽火中的南開大學》，開封：河南大學出版社，2015 年。

三、民國報刊

（一）報紙

1. 《申報》（上海，1872～1949 年）

2. 《大公報》（天津，1902～1966 年）

3. 《順天時報》（北京，1901～1930 年）

4. 《晨報》（北京，1916～1928 年）

5. 《益世報》（天津，1915～1949 年）

6. 《中央日報》（南京，1928～1949 年）

（二）刊物

1. 《北京大學日刊》（北京，1917～1932 年）

2. 《清華週刊》（北京，1914～1947 年）

3. 《清華副刊》（北京，1929～1937 年）

4.《國立清華大學校刊》（北京，1928～1948 年）

5.《交大週刊》（上海，1930～1948 年）

6.《交大友聲》（上海，1941～1949 年）

7.《同濟校刊》（上海，1948～1949 年）

8.《國立暨南大學校刊》（上海，1947～1948 年）

9.《廈大校刊》（廈門，1936～1949 年）

10.《教育世界》（上海，1901～1908 年）

11.《教育雜誌》（北京，1909～1948 年）

12.《教育部編纂處月刊》（北京，1913 年 2～11 月）

13.《教育公報》（北京，1914～1927 年）

14.《新教育》（上海，1919～1925 年）

15.《中華教育界》（上海，1912～1949 年）

16.《東方雜誌》（上海，1904～1948 年）

17.《新青年》（上海、北京，1915～1922 年）

18.《現代評論》（北京，1924～1928 年）

19.《太平洋》（上海，1917～1925 年）

20.《白河週刊》（天津，1931～1933 年）

21.《消夏週刊》（北京，1928～1931 年）

22.《鞭策週刊》（北京，1932～1933 年）

23.《中央黨務月刊》（南京，1928～1936 年）

四、全集、日記、書信、回憶錄

（一）全集

1. 中國蔡元培研究會編：《蔡元培全集》，杭州：浙江教育出版社，1998 年。

2. 馮友蘭：《三松堂全集》，鄭州：河南人民出版社，2001 年。

3. 陳寅恪：《陳寅恪集》，北京：生活・讀書・新知三聯書店，2001 年。

4. 胡適：《胡適全集》，合肥：安徽教育出版社，2003 年。

5. 聞一多：《聞一多全集》，武漢：湖北人民出版社，2004 年。

6. 陶行知：《陶行知全集》，成都：四川教育出版社，2005 年。

7. 張元濟：《張元濟全集》第 5 卷，北京：商務印書館，2008 年。

8. 張百熙：《張百熙集》，長沙：嶽麓書社，2008 年。

9. 歐陽哲生等編:《范源濂集》,長沙:湖南教育出版社,2010 年。

10. 龔克主編:《張伯苓全集》,天津:南開大學出版社,2015 年。

(二)日記

1. 吳虞:《吳虞日記》,成都:四川人民出版社,1986 年。

2. 吳宓:《吳宓日記》,北京:生活·讀書·新知三聯書店,1998 年。

3. 浦江清:《清華園日記·西行日記》,北京:生活·讀書·新知三聯書店,
   1999 年。

4. 胡適:《胡適日記全編》,合肥:安徽教育出版社,2001 年。

5. 顧頡剛:《顧頡剛日記》,北京:中華書局,2011 年。

6. 楊天石主編:《錢玄同日記》,北京:北京大學出版社,2014 年。

7. 翁文灝:《翁文灝日記》,北京:中華書局,2014 年。

8. 梅貽琦:《梅貽琦西南聯大日記》,北京:中華書局,2018 年。

9. 鄭天挺:《鄭天挺西南聯大日記》,北京:中華書局,2018 年。

10. 朱自清:《朱自清日記》,北京:石油工業出版社,2019 年。

(三)書信

1. 水如編:《陳獨秀書信集》,北京:新華出版社,1987 年。

2. 吳晗:《吳晗自傳書信文集》,北京:中國人事出版社,1993 年。

3. 高平叔、王世儒編:《蔡元培書信集》,杭州:浙江教育出版社,2000 年。

4. 羅久芳:《五四飛鴻:羅家倫珍藏師友書簡集》,天津:百花文藝出版社,
   2010 年。

5. 耿雲志、宋廣波編:《胡適書信選》,北京:外語教學與研究出版社,2012
   年。

6. 中國社會科學院近代史研究所中華民國史研究室編:《胡適來往書信選》,
   北京:社會科學文獻出版社,2013 年。

7. 聞一多:《聞一多書信集》,北京:群言出版社,2014 年。

(四)回憶錄、自述

1. 中國人民政治協商會議全國委員會文史資料研究委員會編:《文史資料
   選輯》第 83 輯,北京:文史資料出版社,1982 年。

2. 中國人民政治協商會議北京市委員會文史資料研究委員會編:《文史資
   料選編》第 18 輯,北京:北京出版社,1983 年。

3. 西南聯合大學北京校友會編：《笳吹弦誦情彌切──國立西南聯合大學五十週年紀念文集》，北京：中國文史出版社，1988 年。

4. 雲南省政協文史資料研究委員會等合編：《雲南文史資料選輯》第 34 輯（西南聯合大學建校五十週年紀念專輯），昆明：雲南人民出版社，1988 年。

5. 陳立夫：《陳立夫回憶錄》，臺北：正中書局，1994 年。

6. 周作人：《自傳‧知堂回想錄》，北京：群眾出版社，1999 年。

7. 唐德剛：《胡適雜憶》，上海：華東師範大學出版社，1999 年。

8. 高增德、丁東編：《世紀學人自述》，北京：北京十月文藝出版社，2000 年。

9. 錢穆：《八十憶雙親　師友雜憶》，北京：生活‧讀書‧新知三聯書店，2005 年。

10. 浦薛鳳：《浦薛鳳回憶錄》，合肥：黃山書社，2009 年。

11. 馮友蘭、吳大猷等：《聯大教授》，北京：新星出版社，2010 年。

12. 馮友蘭：《馮友蘭自述》，北京：中國人民大學出版社，2011 年。

13. 馬敘倫：《馬敘倫自述》，北京：中國大百科全書出版社，2012 年。

14. 梁漱溟：《憶往談舊錄》，北京：北京聯合出版公司，2012 年。

15. 陳達：《浪跡十年之聯大瑣記》，北京：商務印書館，2013 年。

16. 何炳棣：《讀史閱世六十年》，北京：中華書局，2014 年。

17. 王雲五、羅家倫等：《民國三大校長》，長沙：嶽麓書社，2015 年。

18. 羅家倫：《逝者如斯集》，北京：商務印書館，2015 年。

19. 蔣夢麟：《西潮‧新潮：蔣夢麟回憶錄》，北京：新星出版社，2016 年。

20. 陳岱孫：《往事偶記》，北京：商務印書館，2016 年。

21. 何兆武：《上學記》，北京：人民文學出版社，2016 年。

22. 蔣廷黻：《蔣廷黻回憶錄》，長沙：嶽麓書社，2017 年。

23. 任繼愈：《自由與包容：西南聯大人和事》，南昌：江西教育出版社，2017 年。

五、著作

（一）中文著作類

1. 舒新城：《近代中國教育思想史》，上海：中華書局，1928 年。

2. 陳翊林：《最近三十年中國教育史》，上海：上海太平洋書店，1930 年。

3. 王鳳喈：《中國教育史大綱》，上海：商務印書館，1930 年。

4. 莊俞、賀聖鼐編：《最近三十五年之中國教育》，上海：商務印書館，1931 年。

5. 國聯教育考察團：《中國教育之改進》，南京：國立編譯館譯，1932 年。

6. 程湘帆：《中國教育行政》，上海：商務印書館，1932 年。

7. 夏承楓：《現代教育行政》，上海：中華書局，1932 年。

8. 蔣夢麟：《過渡時代之思想與教育》，上海：商務印書館，1933 年。

9. 常導之：《德國教育制度》，南京：鍾山書局，1933 年。

10. 周予同：《中國現代教育史》，上海：良友圖書印刷公司，1934 年。

11. 孫百剛：《各國教育制度及概況》，上海：新中國建設學會出版，1934 年。

12. 教育部教育年鑒編纂委員會編：《第一次中國教育年鑒》，上海：開明書店，1934 年。

13. 丁致聘：《中國近七十年來教育記事》，南京：國立編譯館，1935 年。

14. 常導之：《各國教育制度》，上海：中華書局，1936 年。

15. 陳青之：《中國教育史》，上海：商務印書館，1936 年。

16. 西南聯大除夕副刊主編：《聯大八年》，昆明：西南聯大學生出版社，1946 年。

17. 教育部教育年鑒編纂委員會編：《第二次中國教育年鑒》，上海：商務印書館，1948 年。

18. 清華大學校史編寫組編：《清華大學校史稿》，北京：中華書局，1981 年。

19. 蕭超然等編：《北京大學校史（1898～1949）》，北京：北京大學出版社，1988 年。

20. 黃延復：《梅貽琦教育思想研究》，瀋陽：遼寧教育出版社，1994 年。

21. 樑柱、王世儒主編：《蔡元培與北京大學》，太原：山西教育出版社，1995 年。

22. 熊明安：《中華民國教育史》，重慶：重慶出版社，1997 年。

23. 涂又光：《中國高等教育史論》，武漢：湖北教育出版社，1997 年。

24. 李華興主編：《民國教育史》，上海：上海教育出版社，1997 年。

25. 高平叔：《蔡元培年譜長編》，北京：人民教育出版社，1999 年。

26. 金以林：《近代中國大學研究（1895～1949）》，北京：中央文獻出版社，2000 年。

27. 蘇雲峰：《從清華學堂到清華大學（1911～1929）》，北京：生活・讀書・新知三聯書店，2001 年。

28. 蘇雲峰：《從清華學堂到清華大學（1928～1937）》，北京：生活・讀書・新知三聯書店，2001 年。

29. 王德滋等主編：《南京大學百年史》，南京：南京大學出版社，2002 年。

30. 金林祥：《思想自由　兼容並包——北京大學校長蔡元培》，濟南：山東教育出版社，2004 年。

31. 張耀傑：《歷史背後：政學兩界的人和事》，桂林：廣西師範大學出版社，2006 年。

32. 張雪蓉：《美國影響與中國大學變革（1915～1927）——以國立東南大學為研究中心》，北京：華齡出版社，2006 年。

33. 蘇雲峰：《中國新教育的萌芽與成長（1860～1928）》，北京：北京大學出版社，2007 年。

34. 劉少雪：《中國大學教育史》，太原：山西教育出版社，2007 年。

35. 方明、谷成久主編：《現代大學制度論》，合肥：安徽大學出版社，2007 年。

36. 趙文華、龔放主編：《現代大學制度：問題與對策》，上海：上海交通大學出版社，2007 年。

37. 朱新梅：《知識與權力：高等教育政治學新論》，北京：教育科學出版社，2007 年。

38. 張正峰：《權力的表達：中國近代大學教授權力制度研究》，福州：福建教育出版社，2007 年。

39. 金耀基：《大學之理念》，北京：生活・讀書・新知三聯書店，2008 年。

40. 左玉河：《中國近代學術體制之創建》，成都：四川人民出版社，2008 年。

41. 潘懋元主編：《現代高等教育思想的演變——從 20 世紀至 21 世紀初期》，廣州：廣東高等教育出版社，2008 年。

42. 許紀霖：《近代中國知識分子的公共交往》，上海：上海人民出版社，2008 年。

43. 謝泳：《西南聯大與中國現代知識分子》，福州：福建教育出版社，2009 年。

44. 張曉京：《近代中國的「歧路人」——羅家倫評傳》，北京：人民出版社，2008 年。

45. 許小青：《政局與學府：從東南大學到中央大學（1919～1937）》，北京：中國社會科學出版社，2009 年。

46. 聞黎明：《抗日戰爭與中國知識分子——西南聯合大學的抗戰軌跡》，北京：社會科學文獻出版社，2009 年。

47. 葉雋：《大學的精神尺度》，福州：福建教育出版社，2011 年。

48. 賀國慶：《還原大學》，合肥：安徽教育出版社，2012 年。

49. 周谷平等：《中國近代大學的現代轉型：移植、調適與發展》，杭州：浙江大學出版社，2012 年。

50. 陳媛：《中國大學教授研究——近代教授、大學與社會的互動史》，太原：山西教育出版社，2012 年。

51. 朱斐主編：《東南大學史（1902～1949）》，南京：東南大學出版社，2012 年。

52. 郭為祿、林炊利：《大學運行模式再造——大學內部決策系統改革的路徑選擇》，上海：上海教育出版社，2012 年。

53. 耿雲志：《胡適年譜》，福州：福建教育出版社，2012 年。

54. 謝泳：《逝去的年代中國自由知識分子的命運》，福州：福建教育出版社，2013 年。

55. 張曼菱：《西南聯大行思錄》，北京：生活·讀書·新知三聯書店，2013 年。

56. 肖衛兵：《中國近代國立大學校長角色分析》，福州：福建教育出版社，2013 年。

57. 茹寧：《大學學術場域論：府學關係的視角》，北京：中央編譯出版社，2014 年。

58. 陳金聖：《大學學術權力的制度化建構——基於組織分析的新制度主義視角》，北京：中國社會科學出版社，2014 年。

59. 李海萍：《清末民初大學內部職權研究》，北京：教育科學出版社，2014 年。

60. 舒新城：《近代中國留學史·近代中國教育思想史》，北京：商務印書館，2014 年。

61. 劉超：《學府與政府：清華大學與國民政府的衝突及合作 1928～1935》，天津：天津人民出版社，2015 年。

62. 余子俠、冉春：《抗日戰爭時期中國教育研究》，北京：團結出版社，2015年。

63. 蔣寶麟：《民國時期中央大學的學術與政治（1927～1949）》，南京：南京大學出版社，2016年。

64. 桑兵：《歷史的本色：晚清民國的政治、社會與文化》，桂林：廣西師範大學出版社，2016年。

65. 李紅惠：《民國時期國立大學學術休假制度研究》，北京：商務印書館，2017年。

66. 眭依凡：《論大學》，北京：人民教育出版社，2017年。

67. 湛中樂：《高校行政權力與學術權力運行機制研究》，北京：北京大學出版社，2018年。

68. 彭陽紅：《「教授治校」論》，青島：中國海洋大學出版社，2020年。

（二）譯著類

1. 〔德〕彼得・扎格爾：《牛津──歷史和文化》，朱劉華譯，北京：中信出版社，2005年。

2. 〔德〕卡爾・雅斯貝爾斯：《大學之理念》，邱立波譯，上海：上海人民出版社，2007年。

3. 〔法〕雅克・勒戈夫：《中世紀的知識分子》，張弘譯，北京：商務印書館，1996年。

4. 〔法〕愛彌爾・涂爾幹：《教育思想的演進》，李康譯，上海：上海人民出版社，2003年。

5. 〔荷蘭〕弗蘭斯・F・范富格特主編：《國際高等教育政策比較研究》，王承緒等譯，杭州：浙江教育出版社，2001年。

6. 〔日〕吉田熊次：《德國教育之精神》，華文祺等編譯，上海：商務印書館，1916年。

7. 〔日〕大冢豐：《現代中國高等教育的形成》，黃福濤譯，北京：北京師範大學出版社，1998年。

8. 〔加〕許美德、〔法〕巴斯蒂主編：《中外比較教育史》，朱維錚等譯，上海：上海人民出版社，1990年。

9. 〔加〕露絲・海荷主編：《東西方大學與文化》，趙曙明譯，武漢：湖北教育出版社，1996年。

10. 〔加〕許美德：《中國大學 1895～1995：一個文化衝突的世紀》，許潔英譯，北京：教育科學出版社，2000 年。

11. 〔加〕約翰·范德格拉夫等編：《學術權力——七國高等教育管理體制比較》，王承緒等譯，杭州：浙江教育出版社，2001 年。

12. 〔英〕博伊德：《西方教育史》，任寶祥、吳元訓譯，北京：人民教育出版社，1985 年。

13. 〔英〕托尼·布什：《當代西方教育管理模式》，強海燕主譯，南京：南京師範大學出版社，1998 年。

14. 〔英〕海斯汀·拉斯達爾：《中世紀的歐洲大學——博雅教育的興起》，鄧磊譯，重慶：重慶大學出版社，2011 年。

15. 〔英〕艾倫·B·科班：《中世紀大學：發展與組織》，周常明、王曉宇譯，濟南：山東教育出版社，2013 年。

16. 〔美〕Clark. Kerr：《大學的功用》，陳學飛等譯，南昌：江西教育出版社，1993 年。

17. 〔美〕伯頓·克拉克：《高等教育系統——學術組織的跨國研究》，王承緒等譯，杭州：杭州大學出版社，1994 年。

18. 〔美〕華勒斯坦：《學科·知識·權力》，劉健芝等編譯，北京：生活·讀書·新知三聯書店，1999 年。

19. 〔美〕亞伯拉罕·弗萊克斯納：《現代大學論：英美德大學研究》，徐輝、陳曉菲譯，杭州：浙江教育出版社，2001 年。

20. 〔美〕伯頓·克拉克：《高等教育新論——多學科的研究》，王承緒等譯，杭州：浙江教育出版社，2001 年。

21. 〔美〕伯頓·克拉克：《探究的場所——現代大學的科研和研究生教育》，杭州：浙江教育出版社，王承緒等譯，2001 年。

22. 〔美〕約翰·S·布魯貝克：《高等教育哲學》，王承緒等譯，杭州：浙江教育出版社，2002 年。

23. 〔美〕蓋瑞·J·米勒：《管理困境——科層的政治經濟學》，王勇等譯，上海：上海人民出版社，2002 年。

24. 〔美〕伯頓·克拉克：《建立創業型大學：組織上轉型的途徑》，王承緒譯，北京：人民教育出版社，2003 年。

25. 〔美〕約翰·E·丘伯、泰力·M·默：《政治、市場和學校》，蔣衡等譯，

北京：教育科學出版社，2003 年。

26.〔美〕羅伯特‧伯恩鮑姆：《大學運行模式：大學組織與領導的控制系統》，別敦榮主譯，青島：中國海洋大學出版社，2003 年。

27.〔美〕E‧馬克‧漢森：《教育管理與組織行為》，馮大鳴譯，上海：上海教育出版社，2005 年。

28.〔美〕詹姆斯‧杜德斯達：《21 世紀的大學》，劉彤等譯，北京：北京大學出版社，2005 年。

29.〔美〕查爾斯‧霍默‧哈斯金斯：《大學的興起》，王建妮譯，上海：上海人民出版社，2007 年。

30.〔美〕愛德華‧希爾斯：《學術的秩序——當代大學論文集》，李家永譯，北京：商務印書館年，2007 年。

31.〔美〕大衛‧沃德：《令人驕傲的傳統與充滿挑戰的未來：威斯康星大學150 年》，李曼麗、李越譯，北京：清華大學出版社，2007 年。

32.〔美〕易勞逸：《毀滅的種子：戰爭與革命中的國民黨中國（1937～1949）》，王建朗等譯，南京：江蘇人民出版社，2009 年。

33.〔美〕易社強：《戰爭與革命中的西南聯大》，饒家榮譯，北京：九州出版社，2012 年。

34.〔美〕葉文心：《民國時期大學校園文化（1919～1937)》，馮夏根、胡少誠等譯，北京：中國人民大學出版社，2012 年。

35.〔美〕吉爾伯特‧羅茲曼主編：《中國的現代化》，國家社會科學基金「比較現代化」課題組譯，南京：江蘇人民出版社，2014 年。

36.〔美〕魏定熙：《權力源自地位：北京大學、知識分子與中國政治文化（1898～1929）》，張蒙譯，南京：江蘇人民出版社，2015 年。

37.〔美〕費正清：《費正清中國回憶錄》，閻亞婷、熊文霞譯，北京：中信出版社，2017 年。

38.〔美〕克拉克‧克爾：《大學之用》，高銛等譯，北京：北京大學出版社，2019 年。

39.〔美〕史景遷：《追尋現代中國（1600～1949）》，溫洽溢譯，成都：四川人民出版社，2019 年。

六、期刊論文

1. 聞黎明：《論抗日戰爭時期教授群體轉變的幾個因素——以國立西南聯

合大學為例的個案研究》,《近代史研究》,1994 年第 5 期。

2. 桑兵:《近代中國學術的地緣與流派》,《歷史研究》,1999 年第 3 期。

3. 王晴佳:《學潮與教授:抗戰前後政治與學術互動的一個考察》,《歷史研究》,2005 年第 4 期。

4. 蔡磊砢:《蔡元培時代的北大「教授治校」制度:困境與變遷》,《高等教育研究》,2007 年第 2 期。

5. 張君輝:《中國大學教授委員會制度的本質論析》,《教育研究》,2007 年第 1 期。

6. 左玉河:《堅守與維護:中國現代大學之「教授治校」原則》,《北京大學教育評論》,2008 年第 2 期。

7. 徐秀麗:《1940 年代後期的國立高校治理——以清華、北大為例》,《史學月刊》,2008 年第 3 期。

8. 郭卉:《我國大學學術權力制度演進的歷史考察》,《現代教育科學》,2007 年第 4 期。

9. 於化民:《「一二・一」運動中的西南聯大教授會》,《史學月刊》,2008 年第 6 期。

10. 秦惠民:《我國大學內部治理中的權力制衡與協調——對我國大學權力現象的解析》,《中國高教研究》,2009 年第 8 期。

11. 桑兵:《國民黨在大學校園的派系爭鬥》,《史學月刊》,2010 年第 12 期。

12. 陳何芳:《教授治校:高校「去行政化」的重要切入點》,《教育發展研究》,2010 年第 13 期。

13. 雷金火、鄧小紅:《中國近代大學內部權力考析》,《江西社會科學》,2011 年第 7 期。

14. 趙章靖:《梅貽琦時期教授會在清華校務管理中的作用探析》,《清華大學教育研究》,2011 年第 3 期。

15. 畢憲順:《教授委員會:學術權力主導的高校內部管理體制教育研究》,《教育研究》,2011 年第 9 期。

16. 朱慧欣:《教育民主化程進中「教授治校」的內涵及實現因素》,《高校教育管理》,2012 年第 2 期。

17. 陳金聖:《從蔡元培北大改革看大學學術圈裏的制度構建》,《復旦教育論壇》,2012 年第 1 期。

18. 張正峰：《中國近代大學教授治校的制度設計及其局限》，《高教探索》，2012 年第 1 期。

19. 楊克瑞：《教授治學，也要治校——兼論現代大學制度建設》，《教育發展研究》，2012 年第 9 期。

20. 彭陽紅：《「教授治校」與「教授治學」之辨——論中國大學內部治理結構變革的路徑選擇》，《清華大學教育研究》，2012 年第 6 期。

21. 徐超富：《中國大學是教授治校嗎？》，《湖南師範大學教育科學學報》，2013 年第 3 期。

22. 周川：《中國近代大學「教授治校」制度的演進及其評價》，《高等教育研究》，2014 年第 3 期。

23. 蔣寶麟：《1949 年中央大學的「應變」與抉擇》，《近代史研究》，2013 年第 5 期。

24. 趙章靖、朱俊鵬：《20 世紀 20 年代清華「教授治校」制度的形成》，《教育學報》，2014 年第 3 期。

25. 許小青：《郭秉文與民國教育界》，《教育學報》，2014 年第 5 期。

26. 田正平：《關於民國教育的若干思考》，《教育學報》，2016 年第 4 期。

27. 葉雨薇：《清華大學「教授治校」制度的萌發與成型》，《學術研究》，2017 年第 7 期。

28. 嚴海建：《抗戰時期西南聯大內部校際分合的界限與爭論》，《高等教育研究》，2020 年第 3 期。

29. 戚文闖：《民國時期大學「教授治校」制度的特點分析》，《高教探索》，2020 年第 10 期。

七、學位論文

1. 李濤：《「教授治校」在我國 20 世紀上半葉引進的回顧與反思》，山西大學碩士學位論文，2005 年。

2. 徐峰：《西方大學教授治校研究》，華中師範大學碩士學位論文，2006 年。

3. 蔡磊砢：《教授治校與蔡元培時代的北大改革》，北京大學博士學位論文，2007 年。

4. 葛春霞：《美國大學教授治校的理論與實踐研究》，山東師範大學碩士學位論文，2009 年。

5. 袁耀梅：《參與式管理：現代大學「教授治校」和「教授治學」的調節器》，蘭州大學碩士學位論文，2010 年。

6. 李元勝：《西南聯大「教授治校」的產權理念與辦學成效研究》，雲南大學碩士學位論文，2010 年。

7. 楊燕江：《國立西南聯合大學「三常委」大學理念比較研究》，雲南師範大學碩士學位論文，2011 年。

8. 張慶曉：《歐美大學教授治校運行模式研究》，杭州師範大學碩士學位論文，2012 年。

9. 胡曉蓉：《梅貽琦「教授治校」思想研究》，山西大學碩士學位論文，2012 年。

10. 付春梅：《人與制度的互動：20 世紀二三十年代清華大學「教授治校」制度研究》，中國人民大學博士學位論文，2012 年。

11. 高慧敏：《中央大學內部治理結構研究》，南京大學碩士學位論文，2015 年。

12. 張珂：《民國公立大學與政府關係研究（1912～1937）》，西南大學博士學位論文，2016 年。

13. 任小燕：《博弈中的生存：晚清民國大學董事會制度變遷研究》，南京師範大學博士學位論文，2016 年。

14. 回瀟涵：《近代國立東南大學「教授治校」研究》，蘇州大學碩士學位論文，2021 年。

附　錄

一、附表

附表1　民國時期實行「教授治校」的主要大學及其時段

時期	校　名	重要組織機構	實行的大致時段
北洋政府時期	國立北京大學	評議會、各科（後改為系）教授會、行政會議、教務會議等	1917 至 1927 年
	國立北京高等師範學校	評議會、學系會議（類似系教授會）、行政會議、教務會議等	1920 至 1923 年
	國立東南大學	董事會（1926 年被廢除）、評議會、教授會（校、科系兩級皆有）、行政委員會等	1921 至 1928 年
	交通大學	董事會、評議會、各科教授會、行政會議、教務會議等	1921 至 1922 年
	國立自治學院	董事會、評議會、教務會議（類似教授會）、總務處等	1924 至 1927 年
	周鯁生草擬的《湖南大學組織令草案》	校董會、評議會、分科教員會等	未能成行
	蔡元培等人籌辦的杭州大學	董事會、校政會議（由全體教授或推選教授代表組成）、學院和學系教授會	未能成行
	國立廣東大學	參議會（校外人士佔了很大比例，負責籌集經費、審定預算）、評議會、教授聯席會議、分科和學系教授會等	1924 至 1927 年

	清華學校	董事會（1929 年被廢除）、評議會、教授會、學系會議等	1926 至 1928 年
南京國民政府時期	國立清華大學	評議會、教授會、校務會議等	1929 至 1949 年
	國立西南聯合大學	常務委員會、教授會、校務會議、系教授會等	1937 至 1946 年
	國立北京大學	教授會、校務會議、教務會議、系務會議（以系主任、教授、副教授組織之）等	1947 至 1949 年
	國立交通大學	教授會、校務會議、聘任、福利等各種委員會等	1947 至 1949 年
	國立暨南大學	教授會、校務會議、行政會議、各類事務委員會等	1949 年 2～4 月
	國立同濟大學	教授會、校務會議、各類事務委員會等	1949 年 2～4 月
	國立中央大學	教授會、臨時校務維持委員會、各類事務委員會等	1949 年 1～4 月

注：表中為民國時期實行「教授治校」的主要大學，是筆者在查閱相關大學章程、校史資料的基礎上歸納整理而成。其中推行的時間段上因缺乏一些可靠的資料信息，可能存在一定的偏差，但從表中可以基本看出不同時期「教授治校」的實踐特點和變化趨勢。表中所列並非全部，其他一些大學在正文中提及而未被列入，還有一些大學限於史料缺乏或筆者未關注到而遺漏，特此說明。

附表 2　民國時期國立大學一覽表

序號	校名（校址，存續時間）	名稱變更概要
1	國立北京大學（北京，1912～1948）	1912 年京師大學堂改為國立北京大學；1927 年 8 月，組並為京師大學校；1929 年 8 月，宣布自行復校，恢復國立北京大學。
2	國立北洋大學（天津，1918～1928、1945～1949）	1918 年為國立北洋大學；1928 年為北平大學區第二工學院；1929 年改為北洋工學院；1945 年教育部正式下令恢復國立北洋大學。
3	國立山西大學（太原，1918～1931、1943～1949）	1918 年為國立山西大學；1931 年改為省立山西大學；1937 至 1939 年停辦；1943 年改為國立。
4	國立東南大學（南京，1921～1927）	1921 年 9 月，國立東南大學正式開學；1923 年 7 月，南高師併入東南大學；1927 年 6 月，與其他院校合併成國立第四中山大學。

5	國立北京法政大學（北京，1923～1927）	1923 年北京法政專門學校升格為國立北京法政大學；1927年撤銷，參與合併組建京師大學校。
6	國立北京農業大學（北京，1923～1927）	1923 年北京農業專門學校改為國立北京農業大學；1927年撤銷，參與合併組建京師大學校。
7	國立北京工業大學（北京，1923～1927）	1923 年北京工業專門學校改為國立北京工業大學；1927年撤銷，參與合併組建京師大學校。
8	國立北京（北平）師範大學（北京，1923～1937）	1923 年北京高等師範學校改為國立北京師範大學；1927年，改稱京師大學校師範部；1929 年 8 月，重新獨立設置，稱國立北平師範大學。
9	國立北京醫科大學（北京，1924～1927）	1923 年 9 月，改建為國立北京醫科大學；1927 年撤銷，參與合併組建京師大學校。
10	國立北京女子師範大學（北京，1924～1927）	1924 年北京女子高等師範學校改為國立北京女子師範大學；1927年撤銷，參與合併組建京師大學校。
11	國立武昌大學（武昌，1924～1926）	1923 年 6 月，武昌高師改名為國立武昌師範大學；1924 年 9 月，又改名為國立武昌大學；1926 年冬，與其他高校合併，建立國立武昌中山大學。
12	國立中山大學（廣州，1924～1949）	1925 年為國立廣東大學；1926年定名為國立中山大學。
13	國立同濟大學（上海，1927～1949）	1927 年 8 月，命名為國立同濟大學；1949 年 5 月上海解放，6 月 25 日上海市軍管會接管同濟大學。
14	國立暨南大學（上海，1927～1949）	1927 年 6 月，由暨南學校擴充為國立暨南大學；1949 年 6 月，暨大被上海市軍管會接管。
15	國立中央大學（南京，1928～1949）	1928 年，經國立第四中山大學、國立江蘇大學等校名，改稱為國立中央大學。
16	國立清華大學（北京，1928～1948）	1928 年 8 月，由清華學校改名為國立清華大學；1948 年 12 月，清華大學獲得解放。
17	國立浙江大學（杭州，1928～1949）	1928 年 4 月，定名為國立浙江大學；1949 年 6 月，杭州市軍事管制委員會實行軍事接管。
18	國立武漢大學（漢口，1928～1949）	1928 年，南京國民政府以原國立武昌中山大學為基礎，組建國立武漢大學。
19	國立交通大學（上海，1928～1949）	1928 年 10 月，三校合併為國立交通大學，上海為本部、北京為鐵道管理學院、唐山為土木工程學院。

20	國立山東大學（青島，1930～1938、1946～1949）	1930 年國立青島大學正式成立；1931 年改為國立山東大學；1938 年「暫行停辦」；1946 年復校。
21	國立四川大學（成都，1931～1949）	1926 年 11 月 10 日，教育部批准成立國立成都大學；1931 年 11 月，組並為國立四川大學。
22	國立廈門大學（廈門，1937～1949）	1937 年 7 月 1 日，經陳嘉庚函請，南京國民政府同意將私立廈門大學改為國立。
23	國立湖南大學（長沙，1937～1949）	1926 年 2 月，湖南工業、法政等專門學校合併成立省立湖南大學；1937 年 7 月，由省立改為國立。
24	國立雲南大學（昆明，1938～1949）	1934 年 9 月，省立東陸大學改稱省立雲南大學；1938 年，省立雲南大學改為國立雲南大學
25	國立廣西大學（桂林，1939～1949）	1939 年，由廣西省立廣西大學升格為國立廣西大學。
26	國立中正大學（南昌，1940～1949）	1940 年，國立中正大學在江西泰和杏嶺成立；1945 年 8 月，國立中正大學遷往南昌望城崗。
27	國立復旦大學（上海，1941～1949）	1941 年 11 月，經國民政府行政院批准，復旦大學由私立改為國立。
28	國立河南大學（開封，1942～1948）	1942 年，省立河南大學改為國立河南大學。
29	國立貴州大學（貴陽，1942～1949）	1942 年 5 月，行政院決議成立國立貴州大學；1949 年 11 月，貴陽市軍管會正式接管。
30	國立重慶大學（重慶，1942～1949）	1935 年 5 月，重慶大學被批准為省立大學，改為「四川省立重慶大學」；1942 年 12 月，學校被批准為國立大學，直屬於教育部。
31	國立南開大學（天津，1946～1949）	抗戰勝利後，西南聯大三校復員北歸，1946 年，南開大學遷回天津，並改為國立。
32	國立安徽大學（安慶，1946～1949）	1946 年，由省立安徽大學改為國立安徽大學。
33	國立蘭州大學（蘭州，1946～1949）	1931 年 5 月，甘肅大學更名為省立甘肅學院；1944 年 3 月，又改為國立甘肅學院；1946 年，在原基礎上成立國立蘭州大學。
34	國立長春大學（長春，1946～1948）	1946 年 10 月，國民政府將長春的「滿洲建國大學」、「新京大同學院」、等原滿洲國高校，合併組建國立長春大學，歸教育部管轄。

注： 上表所列國立大學並非全部，本表是依據各大學校史資料，並參考肖衛兵的《中國近代國立大學校長角色分析》（福建教育出版社，2013 年，第 43～46 頁）和李紅惠的《民國時期國立大學學術休假制度研究》（商務印書館，2017 年，第 45～47 頁）等著作中的相關內容，整理製作而成。

附表 3　　1912～1949 年國立大學數量統計

年份	1912	1913	1914	1915	1916	1917	1918	1919	1920	1921	1922
數量	1	1	1	1	1	1	3	2	2	4	5
年份	1923	1924	1925	1926	1927	1928	1929	1930	1930	1932	1933
數量	12	16	19	19	20	18	15	16	14	14	13
年份	1934	1935	1936	1937	1938	1939	1940	1941	1942	1943	1944
數量	13	13	13	15	15	17	16	18	21	23	23
年份	1945	1946	1947	1948	1949						
數量	24	31	31	31	25						

注：表格主要依據《第一次中國教育年鑒》《第二次中國教育年鑒》中的大學數量統
　　計，並參考肖衛兵的《中國近代國立大學校長角色分析》（福建教育出版社，2013
　　年，第 47 頁）和李紅惠的《民國時期國立大學學術休假制度研究》（商務印書
　　館，2017 年，第 48 頁）等著作中的相關內容，整理製作而成。

　　其實無論是北洋政府時期，頒行的《大學令》（1912 年）和《國立大學校
條例》（1924 年），還是國民政府時期頒布的《大學組織法》（1929 年）和《大
學法》（1948 年），針對的對象主要是以上國立大學。從表中可以直觀地看出，
1912 年教育部雖然頒布《大學令》，規定大學設立評議會、各科教授會，但在
1920 年之前，由於大學數量極少，故「教授治校」的推行十分有限，以北大
為典型代表。20 世紀 20 年代，隨著「壬戌學制」的頒行，出現了興辦、改辦
大學的熱潮，為「教授治校」的推行提供了平臺；同時北洋政府也頒布《國立
大學校條例》，規定國立大學設立評議會、教授會等機構，賦予其教授治校之
權，「教授治校」在多所大學實行，迎來發展高峰期。南京國民政府建立後，
雖然高等教育有了很大發展，但在教育政策上，一改北洋時期自由放任之政
策，強化對對大學的干預控制。並頒行《大學組織法》取消了評議會、教授會
等組織，倡導校長集權治校，校長掌握著全校主要的人事任免權，改設的校
務會議中雖允許教授推選若干代表參加，但其他教務、行政和院務等會議中，
則將教授排除在外。大部分大學依照《大學組織法》的規定，實行校長集權
治校，「教授治校」備受壓制而轉入低潮，僅清華大學及後續的西南聯大等極
個別大學實行「教授治校」。至 1948 年，在國共內戰的背景下，國民政府調整
大學組織法規，頒行《大學法》，增強教授在校、院務等組織機構中的發言決
策權，恢復民初《大學令》中「教授治校」的精神理念後，「教授治校」才迎
來復興。

二、教育法規

大學令〔註 1〕（1912 年 10 月 24 日）

第一條　大學以教授高深學術，養成碩學閎材，應國家需要為宗旨。

第二條　大學分為文科、理科、法科、商科、醫科、農科、工科。

第三條　大學以文、理二科為主，須合於左列各款之一，方得名為大學：一、文、理二科並設者。二、文科兼法、商二科者。三、理科兼醫、農、工三科或二科、一科者。

第四條　大學設預科，其學生入學資格，須在中學校畢業，或經試驗有同等學力者。

第五條　大學各科學生入學資格，須在預科畢業，或經試驗有同等學力者。

第六條　大學為研究學術之蘊奧，設大學院。

第七條　大學院生入院之資格，為各科畢業生，或經試驗有同等學力者。

第八條　大學各科之修業年限，三年或四年。預科三年，大學院不設年限。

第九條　大學預科生修業期滿，試驗及格，授以畢業證書，升入本科。

第十條　大學各科學生修業期滿，試驗及格，授以畢業證書，得稱學士。

第十一條　大學院生在院研究，有新發明之學理，或重要之著述，經大學評議會及該生所屬某科之教授會認為合格者，得遵照學位令授以學位。

第十二條　大學設校長一人，總轄大學全部事務。各科設學長一人，主持一科事務。

第十三條　大學設教授、助教授。

第十四條　大學遇必要時，得延聘講師。

第十五條　大學各科設講座，由教授擔任之。教授不足時，得使助教授或講師擔任講座。

第十六條　大學設評議會，以各科學長及各科教授互選若干人為會員，大學校長可以隨時齊集評議會，自為議長。

第十七條　評議會審議左列諸事項：一、各學科之設置及廢止。二、講座之種類。三、大學內部規則。四、審查大學院生成績、及請授學位者之合格與否。五、教育總長及大學校長諮詢事件。凡關於高等教育事項，評議會如有意見，得建議於教育總長。

〔註 1〕《教育部公布大學令》，《教育雜誌》，1913 年第 4 卷第 10 期，第 34～35 頁。

第十八條　大學各科各設教授會，以教授為會員，學長可隨時召集教授會，自為議長。

第十九條　教授會審議左列渚事項，一、學科課程。二、學生試驗事項。三、審查大學院生屬於該科之成績。四、審查提出論文、請授學位者之合格與否。五、教育總長、大學校長諮詢事件。

第二十條　大學預科，須附設於大學，不得獨立。

第二十一條　私人或私法人亦得設立大學，除本令第六條，第十一條，第十七條第四款、第十九條第三款、第四款外，均適用之。

第二十二條　本令自公布日施行。

國立大學校條例〔註2〕（1924 年 2 月 23 日）

第一條　國立大學校以教授高深學術，養成碩學閎才，應國家需要為宗旨。

第二條　國立大學校分科為文、理、法、醫、農、工、商等科。

第三條　國立大學校得設數科或單設一科。

第四條　國立大學校各科分設各學系。

第五條　國立大學校收受高級中學校畢業生或具有同等資格者。國立大學校錄取學生，以其入學試驗之成績定之。

第六條　國立大學校修業年限，四年至六年，其課程得用選科制。

第七條　國立大學校學生修業完畢試驗及格者，授以畢業證書，稱某科學士。

第八條　國立大學校設大學院，大學校畢業生及具有同等程度者入之。大學院生研究有成績者，得依照學位規程給予學位。學位規程另訂之。

第九條　國立大學校設圖書館、觀測所、實習場、試驗室等。

第十條　國立大學校得附設各項專修科及學校推廣部。

第十一條　國立大學校設校長一人，總轄校務，由教育總長聘任之。

第十二條　國立大學校設正教授、教授由校長延聘之。國立大學校得延聘講師。

第十三條　國立大學校得設董事會，審議學校進行計劃及預算、決算暨其他重要事項，以左列人員組織之：（甲）例任董事，校長。（乙）部派董事，由教育總長就部員中指派者。（丙）聘任董事，由董事會推選呈請教育總長聘任

〔註 2〕《國立大學校條例》，《教育公報》第 11 卷第 3 期，1924 年 4 月 30 日。

者。第一屆董事由教育總長直接聘任。國立大學校董事會議決事項，應由校長呈請教育總長核准施行。

第十四條　國立大學校設評議會，評議學校內部組織及各項章程暨其他重要事項，以校長及正教授、教授互選若干人組織之。

第十五條　國立大學校各科、各學系及大學院，各設主任一人，由正教授或教授兼任之。國立大學校遇必要時，得設教務長一人，由正教授或教授兼任之。

第十六條　國立大學校設教務會議，審議學則及關於全校教學、訓育事項，由各科各學系及大學院之主任組織之。

第十七條　國立大學校各科、各學系及大學院，各設教授會，規劃課程及其進行事宜，各以本科本學系及大學院之正教授、教授組織之。各科系規劃課程時，講師並應列席。

第十八條　國立大學校圖書館、觀測所、實習場、試驗室等各設主任一人，以正教授或教授兼任之。

第十九條　國立大學校得分設事務各課，辦理各項事宜。

第二十條　本條例自公布日施行。

附　則

第一條　高級中學校未遍設以前，國立大學校得暫設預科，收受舊制中學及初級中學校畢業生，其修業年限在四年制畢業者二年，在三年制畢業者三年。

第二條　私立大學校應參照本條例辦理。

第三條　大學令、大學規程自本條例施行日起廢止之。

三、大學章程、條例

北京大學評議會規則〔註3〕（1917年）

第一條　本會以下列人員組織之：（甲）校長。（乙）學長及主任教員。（丙）各科教授。每科二人，自行互選。以一年為任期，任滿得再被選。

第二條　本會議長一人，以校長任之。書記一人，由會員中推選。

第三條　選舉於每年暑假後第一個月內行之。

〔註 3〕《北京大學評議會規則》（1917 年），中國蔡元培研究會編：《蔡元培全集》第
　　　　18 卷，浙江教育出版社，1998 年，第 228～229 頁。

第四條　本會討論下列各事項：（甲）各學科之設立及廢止。（乙）講座之種類。（丙）大學內部規則。（丁）關於學生風紀事項。（戊）審查大學學生成績及請授學位者之合格與否。（己）教育總長及校長諮詢事件。（庚）凡關於高等教育事項將建議於教育總長者。

第五條　本會每月開常會一次，由議長指定日期，於三日前通知。

第六條　本會遇有特別事件，由議長徑行或過半會員之提議，召集臨時會議。

第七條　本會非有過半人數以上列席，不得決議事件。

第八條　本會議決事件，凡關於校內者，由校長分別交該管職員辦理，惟第四條庚項之建議，得以本會名義行之。辦理情形，會員可隨時請該管職員出列報告。

北京大學學科教授會組織法〔註4〕（1917年）

（一）本校各科各門之重要學科，各自合為一部。每部設一教授會。其附屬各學科，或以類附屬諸部，或各依學科之關係互相聯合，組合成部。每一合部，設一教授會。例如國文部、英文部、哲學部、史學部、數學部、物理學部、化學部、經濟學部、法律學部、政治學部，皆可各自成部，自設教授會。又如生物學、社會學、人類學之類，可依類附屬諸部。又如德文、法文、拉丁文，可聯合組成合部。

（二）每一部教員，無論其為研究科、本科、預科教授，講師，外國教員，皆為本部教授會之會員。

（三）每一部設主任一人，任期二年，由本部會員投票選舉之。

（四）每部有事務所一處，為主任與各教員接洽之所。

（五）本部教授會，每月開會一次，商議本部應辦事宜。開會時由主任主持。

（六）本部遇有要事，可隨時由主任召集臨時會議。

（七）凡關於下列諸事，本部教授會皆有討論議決之責：本部之教授法良否；本部教科書之採擇。

（八）凡關於下列諸事，本部教授會皆有參與討論之責：本部學科之增設及廢止；本部應用書籍及儀器之添置。

〔註4〕《北京大學學科教授會組織法》（1917年），中國蔡元培研究會編：《蔡元培全集》第18卷，浙江教育出版社，1998年，第230～231頁。

　　（九）每部應編纂本部學科課程詳表一冊，列舉各學科為有統系的編纂，並略說各科之內容及應用之課本及參考書。此冊須於每前一學年第二學期編成發行之。

修正國立東南大學組織大綱〔註5〕（1926 年 8 月 1 日）

第一章　名稱

第一條　本校定名為東南大學。

第二章　宗旨

第二條　本大學以研究學術、發揚文化、培養通材，以應社會需要為宗旨。

第三章　學制

第三條　本大學現設預科、本科，分為文科、理科、教育科、農科、商科。

第四條　本大學各科現設下列各系：

　　文科：一、國文系；二、外國語文系；三、哲學系；四、歷史系；五、政治系；六、經濟系

　　理科：一、數學系；二、物理系；三、化學系；四、地學系；五、心理系；六、植物系；七、動物系

　　教育科：一、教育系；二、心理系；三、鄉村教育系；四、體育系

　　農科：一、植物系；二、動物系；三、農藝系；四、園藝系；五、畜牧系；六、蠶桑系；七、病蟲害系

　　商科：一、普通商業系；二、會計系；三、工商管理系；四、銀行理財系；五、國際貿易系；六、保險系；七、交通運輸系

第五條　本大學為研究高深學術起見，得增設研究院。

第六條　本大學為推廣教育起見，得設暑期學校及各種專修科。

第七條　本大學為研究中小學教育起見，設附屬中學、附屬小學。

第四章　學位

第八條　本大學本科畢業生為學士。

第五章　行政組織

一、校長

第九條　本大學設校長一人，總理校務，由教務會投票選舉，呈請教育部

〔註5〕　《修正國立東南大學組織大綱》（1926 年 8 月 1 日），《南大百年實錄》編輯組編：《南大百年實錄·中央大學史料選》上卷，南京大學出版社，2002 年，第164～168 頁。

聘任之。

第十條　校長選舉法另訂之。

二、總務處

第十一條　本大學總務處設立主任一人，協助校長執行校務，由校長於教授中聘任之。

第十二條　總務處設下列各部：

（一）教務部，（二）群育部（附齋務股及醫藥衛生股），（三）圖書部，（四）文牘部，（五）事務部（附工程股），（六）會計部。

第十三條　各部設立主任一人，職員若干人，由校長延聘之。

三、各科系

第十四條　本大學各科各設主任一人，由校長於教授中聘任之。

第十五條　本大學各系主任一人，由校長於教授中聘任之。

第十六條　各科系得設正教授、教授、講師、教員助理，由校長聘任之。

第十七條　各科行政事宜，由科主任商承校長處理之。

第十八條　各系行政事宜，由各系主任會商科主任處理之。

第六章　會議

一、評議會

第十九條　本大學設評議會，其職權如下：

（一）議決本校教育方針；（二）提議科與系之變更；（三）議決行政各部之增設、廢止或變更；（四）議決重要之建築及設備事項；（五）審查經費出納事項；（六）審定本校通則；（七）議決本校訓育事項；（八）議決本校其他對內對外重要事項。

第二十條　評議會為商榷校務便利起見，得設各種委員會。

第二十一條　各委員（會）設主任一人，委員若干人，由主席於教授中指認之。

第二十二條　評議會以下列各人組織之：

（一）校長；（二）總務處主任；（三）各科主任；（四）教授會推選五人；（五）科教授會各推選一人。以上會員除校長、總務主任及各科主任外，其餘會員任期均為一年，但連選得連任。

第二十三條　評議會開會時，以校長為主席；校長因故缺席時，由總務處主任代理之。

第二十四條　評議會遇有不能解決之問題，得提出於教授會議決之。

第二十五條　評議會議事細則另訂之。

二、教授會

第二十六條　本大學設教授會，其職權如下：

（一）選舉校長；（二）議決評議會提議事項；（三）議決教務上一切公共事項；（四）議決其他重要事項。

第二十七條　教授會以校長、總務處主任、教務部主任、圖書部主任、群育部主任暨各科各系之主任及教授組織之。

第二十八條　教授會開會時以校長為主席，校長因故缺席時，由總務處主任代理之。

第二十九條　教授會得設各種臨時委員會。

第三十條　各種臨時委員會設主任一人，委員若千人，由主席於教授中指任之。

第三十一條　教授會議事細則另訂之。

三、科教授會

第三十二條　本大學各科設科教授會，其職權如下：

（一）議決本科教育方針；（二）規劃本科發展事業；（三）建議本科各系預算於校長；（四）建議本科各系之變更於評議會；（五）編訂本科之課程及其他規程；（六）審定本科學生畢業資格；（七）決定給予免費學額；（八）協助教育部處理訓育事宜；（九）建議贈與名譽學位於教授會；（十）其他關於本科之重要事宜。

第三十三條　科教授會以本科主任及教授組織之。

第三十四條　科教授會議以科主任或其代表人為主席。

第三十五條　科教授會議事細則另訂之。

四、預算委員會

第三十六條　本大學設預算委員會，審定全校預算。

第三十七條　預算委員會以下列各人組織之：

（一）校長；（二）教授會推選三人；（三）科教授會各推選一人。以上會員除校長外，任期均為一年，但連選得連任。

第三十八條　預算委員會細則另訂之。

五、聘任委員會

第三十九條　本大學設聘任委員會，審查教職員資格及規定聘任條件。

第四十條　聘任委員會以下列各人組織之：

（一）校長；（二）總務處主任；（三）各科主任；（四）教授會推選五人，任期一年，但連舉得連任。

第四十一條　聘任委員會細則另訂之。

第四十二條　本大學設行政會，其職權如下：

（一）規劃全校行政各部事務；（二）審查行政各部事務；（三）執行評議會及教授會之決議案；（四）執行臨時發生之各種事務。

第四十三條　行政會以下列各人組織之：

（一）校長；（二）總務處主任；（三）各科部主任。

第四十四條　行政會以校長為主席，校長缺席時，以總務處主任代理之。

第四十五條　行政會議事細則另訂之

第七章　附則

第四十六條　本大綱如有應行修改之處，得由校長或教授五人提出建議案，經教授會總人數過半數之出席，並經出席人數四分之三通過，隨時修正，呈報教育部備案。

國立清華大學規程〔註6〕（1929 年 6 月 22 日通過）

第一章　總綱

第一條　國立清華大學根據中華民國教育宗旨，以求中華民族在學術上之獨立發展，而完成建設新中國之使命為宗旨。

第二條　國立清華大學，直轄於教育部。

第二章　本科及研究院

第三條　國立清華大學本科設文理法三學院。其分屬之各學系如下：

（一）文學院　中國文學系、外國語文學系、哲學系、歷史學系、社會人類學系。

（二）理學院　物理學系、化學系、算學系、地理學系、生物學系、心理學系、土木工程學系（附屬）。

（三）法學院　法律學系，政治學系、經濟學系。

〔註 6〕《國立清華大學規程》（1929 年 6 月 22 日），劉志鵬等主編：《20 世紀的中國高等教育・教學卷》下冊，高等教育出版社，2006 年，第 160～164 頁。

第四條　國立清華大學，得設研究院，以備訓練大學畢業生繼續研究高深學術之能力，並協助國內研究事業之進展。

第三章　校內組織

第五條　國立清華大學，置校長一人，總理校務，由教育部部長提請國民政府任命之。

第六條　國立清華大學，置教務長一人，商承校長，管理關係大學全部之教務，並監督圖書館、註冊部、軍事訓練部、體育館等機關，由校長聘任之。

第七條　文理法三學院，各置院長一人，商承校長，會同教務長，主持各該院之教育實施計劃，及其他僅涉各該院內部之教務，由校長就教授中聘任之。

第八條　各學系各置系主任一人，商承院長、教務長，主持各該系教務，由校長就教授中聘任之。

第九條　研究院各研究所，得暫由各學系之主任兼管。

第十條　各學系置教授、副教授、講師若干人，由校長得聘任委員會之同意後聘任之；置助教若干人，由各系主任，商承校長、教務長、院長同意後聘任之。

第十一條　國立清華大學，置秘書長一人，承校長之命，處理全校事務，管轄文書科、庶務科、會計科、醫院等機關，由校長聘任之。

第十二條　國立清華大學，依行政及設備上需要而設之事務機關，得分置主任及事務員若干人，由校長任命之。

第十三條　國立清華大學，設校務會議，由校長、教務長、秘書長及各院長組織之，議決一切通常校務行政事宜。

第十四條　國立清華大學設評議會，以校長、教務長、秘書長、各院長及教授會所互選之評議員七人組織之。其職權如下：一、議決重要章制；二、審議預算；三、依據部定方針，議決建築及他項重要設備；四、依據部定方針，議決各學系之設立或廢止；五、依據部定方針，議決本大學派遣及管理留學生之計劃，與留學經費之分配；六、議決校長交議之事項。

第十五條　國立清華大學設教授會，以全體中國教授組織之，外國教授，亦得同等參加。其審議事項如下：一、教課及研究事業改進之方案；二、學風改進之方案；三、學生之考試成績及學位之授與；四、建議於評議會之事項；五、由校長或評議會交議之事項。

第十六條　國立清華大學，依校務上之需要，得分設委員會，其委員由校長就教職員中聘任之。

第四章　留美學生監督處

第十七條　國立清華大學為監督本大學所派遣留學美國之學生起見，暫設留美學生監督處。

第十八條　留美學生監督處置監督一人，承教育部部長及本大學校長之命，監督本大學留學美國或他國學生之求學事項，由校長呈請教育部部長任命之。

第十九條　留美學生監督處，辦事細則另定之。

第五章　基金

第二十條　國立清華大學基金，委託中華教育文化基金董事會負責保管。

第二十一條　國立清華大學基金，無論何時，不得動用。其利息非至賠款終了之年，不得動用。

第二十二條　前項基金之詳細帳目，依照中華教育文化基金董事會基金辦法，按期公布。

第二十三條　國立清華大學校長及評議會，得隨時調查基金保管及其經理存放之實況，並得隨時建議於中華教育文化基金董事會，請其酌採。

第六章　學生

第二十四條　國立清華大學本科學生入學資格，須在高級中學或同等學校畢業，經入學試驗及格者。

第二十五條　國立清華大學研究院學生入學資格，須在大學或同等學校畢業，經考試合格者。

第二十六條　國立清華大學轉學學生資格，須得有國立、省立或經教育部立案之私立大學修業證書，其所習學科程度，與本大學相同，在學年開始以前，經入學試驗及格者。

第二十七條　國立清華大學本科學生修業年限，至少四年，修業期滿，試驗及格，得依學位條例，領受學士學位。

第二十八條　國立清華大學研究院學生修業期限無定，其學位之授與，依學位條例辦理之。

第七章　附則

第二十九條　本規程自公布之日施行。